그림책과 함께하는
하브루타 수업

그림책과 함께하는
하브루타 수업

발행일	2022년 4월 20일 초판 1쇄 발행
지은이	김보연, 유지연, 조혜선
발행인	방득일
편 집	박현주, 허현정, 한해원
디자인	강수경
마케팅	김지훈

발행처	맘에드림
주 소	서울시 도봉구 노해로 379 대성빌딩 902호
전 화	02-2269-0425
팩 스	02-2269-0426
e-mail	momdreampub@naver.com

ISBN 979-11-89404-57-4 93370

※ 책값은 뒤표지에 있습니다.
※ 잘못된 책은 구입처에서 교환하여 드립니다.
※ 이 책은 저작권법에 의하여 보호를 받는 저작물이므로 무단 전재와 무단 복제를 금합니다.
※ 이 책에 등장하는 아이들의 이름은 모두 가명입니다.

그림책과 함께하는 하브루타 수업

김보연
유지연
조혜선
지 음

저자서문

아이들이 책을 읽지 않은 이유가 무엇일까?

아이들을 만나는 시간이 쌓일수록 아이들의 독서 활동이 글자를 읽는 활동에 그치고 있다는 생각을 많이 하게 된다. 글자는 읽지만 내용을 파악하지 못하는 아이, 대충 훑어보는 아이, 독서에 관심 없는 아이들이 많다. 책에 담긴 세상은 자신과 동떨어진 세상이라는 생각에 흥미를 잃은 듯하다. 나를 둘러싼 환경 속에서 수많은 경험들과 책 속의 세계가 비슷하다는 것을 느끼는 시간을 주고 싶었다.

왜 아이들은 생각하는 것을 싫어할까?

정답을 요구하는 교육 현실과 궁금한 것은 검색을 통해 바로 나오는 미디어 세상에서 살아가는 아이들은 생각하는 기회를 놓치고 있다. 아이들은 상상을 통해 내면의 아이를 키워 회복탄력성을 높이고 이를 바탕으로 세상을 살아가며 다양한 생각을 받아들이고 존중하는 태도를 길러야 한다. 그림책 하브루타는 서로 질문하고 대답하는 과정을 통해 스스로 답을 찾고 삶의 의미를 찾아가는 발판이 된다. 끊임없이 "왜?"라는 질문을 던져 호기심을 자극하고 창의적인 사고를 길러 세상에 당당히 맞설 힘을 맛보게 해 주고 싶었다.

자기중심적인 성향이 강해지는 이유가 무엇일까?

소통의 부재로 인해 관계 형성을 못 하는 아이들은 자신을 우선시하는 경향이 강하다. 이로 인해 타인의 감정을 이해하지 못하여 공감력이 떨어지고 서로의 다름을 인정하지 못하여 오해를 불러일으킨다. 함께할 때의 기쁨 느끼기, 자신의 감정을 조절하기 등 다양한 생각의 기회를 마련해 주고 타인과의 관계 형성을 할 수 있도록 도와주고 싶었다.

그림책과 하브루타의 만남은 우리들의 고민을 해결해 주었다.

그림책은 글과 그림으로 이루어져 읽는 사람에 따라, 자신의 현

재 상황에 따라, 한 번 읽었을 때, 여러 번 읽을 때마다 매번 느끼는 감정이 달라진다. 그림책은 우리가 쉽게 구할 수 있는 교수 학습자료이며, 글과 그림이 조화를 이루어 의미를 전달한다. 하브루타는 짝, 전체와 질문으로 소통하여 하나의 주제에 대해 다양한 의견을 경험하여 새로운 아이디어와 해결법을 찾아내는 경험을 준다. 그림책 하브루타는 마음을 열어 자신을 사랑하고 타인과의 관계 형성에 도움을 준다. 또한 생각의 즐거움을 느끼며 내면의 변화와 성장을 이끌어 낸다.

"한 아이를 키우려면 온 마을이 필요하다."라는 아프리카 속담이 있다. 한 명의 교사의 노력도 중요하나 여러 교사가 하나가 되어 노력한다면 어른이 될 우리 아이들의 미래가 밝아질 것이라고 생각한다.

그림책을 학급 경영에 활용해 보고 싶으신 분, 질문을 통해 사고 확장을 시켜 주고 싶은 분, 그림책의 매력은 알고 있으나 어떻게 시작해야 할지 두려운 분, 하브루타를 하고 싶은데 그 과정이 어렵게 느껴진 분 등 다양한 분들에게 이 책이 그림책 하브루타를 실천해 볼 수 있는 내비게이션이 되길 바란다.

'말하는 독서 하브루타' 방법을 소개할 수 있도록 허락해 준 (주)생각나무 양동일 대표님, 그림책의 세상에 눈을 뜨게 도와준 (사)대한독서문화예술협회 심명자 대표이사님, 그림책 하브루타에 늘 즐겁게 참여해 준 학생들, 바쁜 일상 속에서도 옆에서 도와준 가족들, 모두 언급할 수 없으나 책이 완성되기까지 도움을 주신 모든 분들에게 감사의 마음을 전한다.

2022년 4월

김보연 · 유지연 · 조혜선

차례

저자 서문 • 4

1장 그림책 하브루타 씨 뿌리다

01. 그림책의 품격 • 12
02. 하브루타의 품격 • 28
03. 그림책과 하브루타의 아름다운 만남 • 48
04. 그림책 하브루타 거름 주기 • 66

2장 그림책 하브루타 싹 틔우다

01. 그 소문이 가짜일까? 진짜일까? • 76
『감기 걸린 물고기』, 『배고픈 거미』
02. 혼자와 함께의 의미를 알고 있나요? • 92
『장갑』
03. 상대방의 마음을 얼마나 헤아리고 있나요? • 106
『앙통의 완벽한 수박밭』
04. 내 감정의 색깔을 알고 있나요? • 120
『물속에서』
05. 조금만 달리 보면 단점이 장점이 돼요 • 134
『여우』

06. 말하는 독서 하브루타 • 148
『오늘 상회』

07. 당연히 여겼던 것들에 고마운 시간을 가져 보자 • 166
『손손손!』

3장 그림책 하브루타 꽃 피우다

01. 아픈 지구를 위해 어떤 준비를 해야 할까? • 178
『눈보라』

02. 세상을 어떻게 바라보고 있나요? • 190
『위를 봐요!』

03. 역사는 현재와 과거의 끝없는 대화이다 • 206
『오늘은 5월 18일』

04. 전쟁은 아직 끝나지 않았다 • 220
『숨바꼭질』

05. 독도는 외롭지 않아요! • 236
『바다사자의 섬』

06. 사라지고 싶은 마음이 든 적이 있나요? • 248
『하루거리』

07. 나는 꿈을 꾸고 싶어요 • 262
『꾸고』

4장　그림책 하브루타 열매 맺다

01. 자신의 목소리를 들려준 경험이 있나요? • 276
　　『꽃잎 아파트』
02. 아이들의 행복을 지켜 주세요! • 290
　　『아빠의 술친구』
03. 그림책이 음악과 통(通)하다! • 308
　　『여름이 온다』
04. 나라를 버려야 하는 아픔을 아나요? • 322
　　『두 마리 당장 빠져!』
05. 우리는 북큐레이터! • 340
　　『우린 모두 기적이야』
06. 아는 것과 모르는 것이 뭘까? • 360
　　『당나귀 실베스터와 요술 조약돌』

1장

그림책 하브루타 씨 뿌리다

그림책의 품격

좋은 그림책은 무엇이라고 생각하는가?

'삶을 자극해 주는 책', '미술관 같은 책', '누구나 즐길 수 있는 책', '마음의 울림이 있는 책' 등 다양한 대답이 나온다. 그림책은 감수성을 키워 주고 행복한 삶을 영위하는 통로가 될 수 있다. 필자는 '마음의 울림으로 다가와 생각을 잠시 머물게 하며, 삶의 방향을 안내해 주는 그림책'이 좋은 그림책이라고 생각한다. 내 삶과 연결이 되는 그림책을 만날 때 감동이 온다. 그림책은 건강하게 살아가기 위해 필요한 기틀을 마련해 주는 선물이다.

그림책의 개념에 대해서는 연구자들마다 다양한 견해를 제시한다. 니콜라예바(Nikolajeva)와 스콧(Scott)[1]은 "그림책은 시각적이고 언어적인 2가지 수준의 의사소통에 기초를 둔 고유한 예술 형태", 최윤정[2]은 "회화처럼 공간적이면서 영화처럼 시각적인 이미지들이 시의 언어와 만나는 일종의 종합 예술"이라고 정의했다.

---

1. 현은자·김세화, 『그림책의 이해』, 18쪽, 사계절, 2005
2. 최윤정, 『그림책』, 12쪽, 비룡소, 2001

마음을 깨우는 그림책의 마법

  그림책은 아이들이 읽는 책이라고 생각하는 사람들이 많았지만 요즘은 그림책을 찾아 읽고 생각을 나누는 성인들이 점점 많아지고 있다. 그렇다면 사람들이 그림책에 열광하는 이유는 무엇일까?
  최근 스토리텔링의 중요성이 강조되고 있다. 그림과 이야기로 어울러진 그림책은 스토리텔링의 범주에서 보면 상당히 매력적인 요소를 가지고 있다. 아이들의 눈높이를 고려한 그림책은 바로 스토리가 녹아 있어 생생한 이야기로 설득력 있게 전달할 수 있다는 점에서 흥미와 관심을 이끌 수 있는 적합한 좋은 자료이다. 이는 시각적 이미지에 익숙한 아이들에게 생각할 수 있는 볼거리를 제공하며, 생각과 판단을 할 수 있게 한다. 그렇다면 그림책이 가진 힘은 무엇일까?

사유와 함께 마음을 되돌아보게 하는 힘

  그림책은 독자로 하여금 사유하게 하는 힘이 있다. 그림책은 글과 그림으로 이루어져 있기 때문에 시각 언어를 읽을 수 있어야만 그림책이 이야기하고자 하는 바를 이해할 수 있다. 그림이 무엇을 상징하는지 끊임없이 생각하고, 글과 그림의 의미를 이해할수록 공감의 폭이 넓어진다. 그림책의 내용에 공감할수록 감정이입이 가능하고 이를 통해 나의 이야기로 동일시되어 통찰력이 길러지며 창의적인 사고력을 키울 수 있다.

또한 그림책은 감정을 불러일으켜 마음을 건드려 준다. 마음을 건든다는 것은 정서 기억을 건드는 것이고 이는 곧 장기 기억으로 넘어간다. 장기 기억으로 넘어간 감정은 행동으로 실천하게 하는 발판이 된다. 자신이 미처 생각지 못했던 마음을 돌아보게 함으로써 자신의 마음을 확장할 수 있는 경험을 선사한다.

삶의 방향을 가르쳐 주는 힘

코로나19 팬데믹 시대에서 사람들은 전에 없이 혼란을 겪고 있다. 기존의 도덕적 가치와 윤리는 무너지고 새로운 가치 기준이 형성되면서 지금껏 자신의 삶의 모토가 되었던 가치관이 흔들리기도 한다. 이런 시기가 되면 인간은 스스로 무기력함을 느끼며 존재의 이유에 대해 심각하게 고민을 하게 된다. 그러나 다양한 형식과 주제가 담겨 있는 그림책은 언제나 북쪽을 가리키는 나침반처럼 나의 삶의 기준이나 흔들림 없이 나아가야 할 방향을 이야기해 준다. "왜?"라는 질문을 통해 삶의 방향을 찾아 길잡이가 되어준다.

힐링하는 힘

현대를 살아가는 사람들에게 자기를 관리하는 능력 중 가장 중요한 것은 자신의 감정을 조절할 줄 아는 능력이다. 하지만 스트레스로 인해 자신의 감정을 조절하지 못하는 사람들이 많다. 이런 상황에 우리에게 힐링을 주는 것이 그림책이다. 많은 사람이 그림책의 그림이 주는 시각적 포만감과 언어의 아름다움에 매료된다. 짧지만 완결성 있는 서사와 아름다운 그림으로 이루어진 그림책은 분주하게 바쁜 일상을 살아가는 우리들의 마음에 쉼표가 되어 준다. 특히 그림만 있는 그림책은 스트레스를 완화시키기도 하고, 단지 그림을 보는 것만으로도 마음을 위로하는 힘을 준다. 그림책을 읽으며 여유롭고 마음의 행복을 찾아가게 한다.

특히 그림책은 아이들에게 세상을 보는 안목을 키워 주고, 서로의 다름을 인정하게 하며, 나의 삶을 돌아보며, 스스로 자존감을 키우고, 공감 능력을 신장할 수 있는 좋은 기회를 선물한다.

다양한 삶과 접하며 가치를 찾아가는 힘

그림책은 나를 둘러싼 환경과 인권, 자살, 전쟁과 같은 사회 문제와 소수자의 삶 등 다양한 플롯을 다룬다. 내가 살고 있는 사회의 축소판인 것이다. 이렇듯 그림책은 삶의 다양한 요소를 담고 있어 아이들에게 세상을 직간접적으로 경험하게 해 준다. 나부터 시작하여 지구촌에서 살아가는 모두가 어울려 살기 위해서는 자율, 존중, 연대의 가치가 담긴 그림책으로 서로 공감하고 존중하는 마음을 키우고, 자신이 알지 못한 미지의 세계나 경험하지 못한 것에서 오는 이해 못함을 줄일 수 있다. 그림책으로 내 삶의 주인 되기,

문제 상황에 대한 판단력과 개선 능력, 사회 일원으로서 권리와 의무, 아는 것을 함께 실천하는 것 등을 습득할 수 있다. 즉 아이들이 겪고 있는 다양한 갈등을 해결할 수 있는 방법을 제시해 줌으로써 긍정적인 삶을 영위할 수 있는 가치를 제공해 준다.

그림책이 가진 힘을 바탕으로 교사는 학생들이 자신의 마음을 스스로 들여다볼 수 있게 하고, 올바른 가치관을 심어 주며, 삶의 방향을 제시하여 행복한 삶을 살도록 도움을 줄 수 있어야 한다. 생각을 나누고 공감하며 함께 성장하는 교육을 전개한다면 호기심과 질문이 가득한 교실이 될 것이다.

그림책 읽기

그림책의 그림은 생각이 시각화되어 상징성을 지니고 있다. 또한 그림책은 글과 그림이 각각의 정체성과 독자성을 유지하고 있어 글과 그림 사이의 대화가 필수적이다.

그림책을 어떻게 읽을 것인가?

그림책은 그림 읽기 중심이나 질문과 답을 주고받으며 읽기 등 빈 자리와 틈을 인식하면서 읽어야 한다. 글과 그림이 서로 다른 이야기를 하거나, 글에서 드러나는 1차적 의미가 숨겨져 있는 2차적 의미와 충돌하는 경우도 있다. 독자는 자신이 살아온 문화와 역사적 배경에 따라 그림과 글을 해석하고 자기중심적으로 그림책을 읽는다. 그러므로 어떻게 읽어 주면 좋을지 생각하며 그림책을 만난다면 자신의 철학을 가지고 그림책을 해석할 수 있다. 그림책의 그림은 단순히 보는 것이 아니라 시각 언어 속의 상징을 생각하며 읽어야 한다.

　그림책 상징 읽기에서 주의해야 할 점은 서로의 생각이 다르다고 비난하지 않는 것이다. 상징을 읽어 내는 것은 독자 고유의 감상이므로 존중하는 태도를 지녀야 한다. 그림책은 소설처럼 사건, 시간, 배경이 쭉 연결되어 있는 것이 아니라 페이지를 넘길 때마다 공간과 시간이 생략되어 있다는 것을 생각하며 읽어야 한다.

그림책을 어떻게 읽어 줄 것인가?

　그림책을 읽어 주는 교사의 화술 능력은 그림책 읽기에서 중요하게 작용한다. 구연 동화처럼, 혹은 보통의 말하기, 내레이션 방법 중 그림책에 어울리는 화술 방법을 선택하여 읽어 주면 된다. 다만, 대화체뿐 아니라 본문도 감정을 담아 읽어야 한다. 그림책의 글밥이 많을 경우에는 끊어 읽기를 하면 된다. 드라마 시작 전 전편을 잠시 보여 주는 것처럼 앞부분의 그림을 보여 주고 다시 이어서 읽어 주기를 하면 좋다.

> **Tip**
> 그림책을 읽어 주기 전 생각할 질문
> - 무엇을 읽고 무엇을 나눌 것인가?
> - 어디에 집중했는가?(그림책의 장면 또는 문장)
> - 나누고 싶은 감상(주제)은 무엇인가?
> - 아이들과 활동할 방향은?

그림책과 친해지기

첫 만남에서 좋은 인상을 가지게 하는 데 필요한 시간은 3초라고 한다. 첫인상은 쉽게 변하지 않으며 우리에게 평가 결과의 이미지로 남게 된다. 인상이 좋은 않을 경우 그 이미지를 없애기 위해서는 60일 이상이 걸린다. 처음에 별 관심 없던 사람들도 가까이 있으면서 만나는 시간이 잦아지면 자연스럽게 좋은 감정이 생기고 친해지게 된다. 좋은 관계를 형성하기 위해서는 첫인상과 더불어 상대방에 대해 알아보는 시간이 필요하다.

그렇다면 그림책과의 첫 만남은 어떻게 하며, 그림책과 친해지기 위해서 우리는 무엇을 해야 할까? 그림책은 어린아이만 본다는 기존의 생각에서 벗어나 아이들의 호기심을 충족하는 그림책과 만남을 갖게 하는 것이 필요하다.

■ 책표지로 이야기 만들기 활동

그림책에 대한 관심과 호기심을 느끼게 하기 위한 방법 중 하나가 책표지로 이야기 만들어 보기다. 이 활동은 4~5권의 그림책 표지만으로 이야기를 만들어 보는 활동이다. 아이들의 무한한 상상력을 자극해 창의적으로 사고할 수 있게 도와주며, 자연스럽게 그림책에 호기심을 느끼고 읽고자 하는 욕구를 자극시켜 준다. 또한 만든 이야기를 서로 공유하는 과정에서 의사소통 능력을 키우고 동시에 공감 능력도 향상시키는 데 효과적이다. 책 표지를 활용하는 방법 외에도 그림책의 한 장면으로 이야기를 만들어 보는 활동도 좋다.

활동 방법

① 교사가 전시한 그림책 중 마음에 드는 그림책을 한 권씩 선택한다.
② 4명의 친구가 한 모둠으로 만나 책 표지만 보고 가상의 이야기를 만들어 본다.
③ 만든 이야기를 발표해서 친구들과 공유한다.
④ 자신이 선택했던 그림책을 읽는다.
⑤ 그림책을 읽고 가장 인상 깊은 장면을 선택한다.
⑥ 장면을 선택한 후 다른 모둠원을 만난다.
⑦ 선택한 인상 깊은 한 장면으로 가상 이야기를 만들어 본다.

⑧ 만든 이야기를 발표해서 공유한다.

⑨ 활동 후 소감을 나눈다.

책 표지로 이야기 만들기 활동 모습

동시에 펼친 그림책 장면으로 이야기 만들기 예시작

한 소녀가 편지를 받았는데 편지에는 "넘어!"라고 쓰여 있어서 집을 뛰어넘었다. 또 가다가 오늘 상회라고 적힌 집을 보고 들어가 보니 여자 한 명과 남자 한 명이 있어서 집을 나갔다.	아이가 선을 따라가는데 할머니를 만났다. 할머니도 나와 같이 선을 따라가고 있었다. 할머니와 헤어지고 선을 계속 따라가는데 어떤 사람이 울고 있었다. 그래서 "왜 울고 있어요?"라고 물었다. 그 사람은 "내 아들이 죽어서 슬퍼서 우는 거야."라고 대답했다. 나는 다시 선을 따라갔는데 앉아 있는 소녀를 만났다.

책 표지로 이야기 만들기, 읽기 전 모둠원끼리 각자 동시에 그림책을 펼쳐서 나온 장면으로 이야기 만들기 활동을 진행하였다. 그림책의 내용과 전혀 상관없는 내용이어도 괜찮다. 아이들에게 허용적인 분위기를 만들어 자유롭게 상상을 하도록 만드는 것이 중요하다. 이야기를 만든 아이들은 자신이 선택한 그림책 내용을 궁금해 하며 읽어 보고 싶어 한다. 궁금증을 자아 내는 것이 중요하므로 활동을 하는 중에는 읽지 못하게 하여 그림책을 보고 싶어 하는 욕구를 끌어 낸다. 그림책 표지 하나만 바꿔어도 새로운 이야기가 탄생되므로 새로운 그림책을 선택하기보다 모둠원 한 명을 이동시켜 활동을 지속해 나가는 것도 좋다. 아이들과 그림책을 만나기 전 친해지기 활동으로 추천한다. 그림책을 읽은 후 인상 깊은 장면으로 이야기 만들기를 해 보는 것도 좋은 경험이 된다.

■ 다양한 방법으로 필사하기 도전!

필사란 '베껴 쓰기', '손으로 읽는 독서 방법', '천천히 읽는 독서법'이라고도 할 수 있다. 『태백산맥』을 쓴 조정래 작가는 "필사란 책을 되새김질하는 과정"이라고 말했다. 눈으로 글자를 읽는 방법보다 책에 있는 내용을 한 글자, 한 글자 따라 써 봄으로써 작가의 영혼을 담은 책과 가장 깊게 교감할 수 있다.

그림책의 글을 전부 필사하거나 마음에 와 닿은 문장만 필사할 수도 있다. 필사만 하지 않고 그림책을 읽고 느꼈던 나만의 생각이나 경험 등을 간단한 그림과 함께 기록할 수도 있다. 무엇보다 필사하기는 일회성의 활동으로 끝나지 않고 꾸준히 하는 것이 중요하다. 필사할 때 재료나 방법을 변형시켜 아이들에게 부담이 되지 않고 흥미를 높여 주는 것도 중요하다.

1. 전체 필사 방법으로, 그림책의 글을 그대로 베껴 써 보기

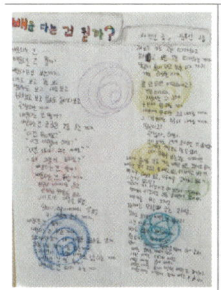

『배운다는 건 뭘까?』(채인선 글, 윤봉선 그림)
- 지금 내가 공부하는 이유를 그림책에서 말해 주고 있어서 선택함.
- 글을 똑같이 써 봄으로써 아이들은 어휘력을 높이고 맞춤법, 띄어쓰기 같은 능력도 높일 수 있음.

2. 부분 필사 방법으로, 그림책의 일부분을 베껴 써 보기

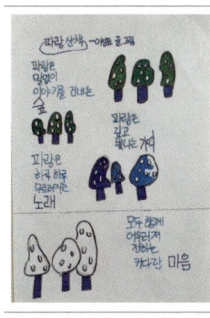

『파랑 산책』(이성표 지음)
- 모두가 평화롭게 살아가는 세상에 대해 말하는 동시가 마음에 와 닿아 선택함.
- 짧은 글의 동시들이라 부담감 없이 필사 활동을 할 수 있음.

3. 스크래치 페이퍼를 이용해 인상적인 장면이나 글을 써 보기

『고구마구마』(사이다 글·그림)

- 하나의 고구마도 같은 것이 없다는 것을 알게 되었을 때 나도 이 세상에 유일한 사람이란 것이 좋아서 선택함.
- 긁어 내는 기법으로 그림책의 장면이나 글을 표현함으로써 밝음과 어둠의 대비, 이미지의 변화를 얻어 미적 효과도 얻음.

4. 인상 깊었던 장면을 선정하고, 나와 비슷한 경험 떠올리기

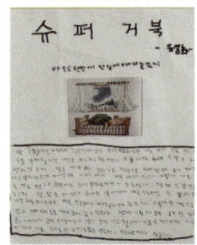

『슈퍼 거북』(유설화 글·그림)

- 친구들과 다르게 느리다는 말을 많이 들었지만 그것이 틀린 것이 아닌 다르다는 것을 알게 되어 선택함.
- 그림책을 읽고 자신의 경험도 떠올려서 적어 봄으로써 글쓴이나 주인공의 마음도 더 잘 공감할 수 있음.

5. 캘리그래피로 미덕이나 메시지 아름답게 써보기

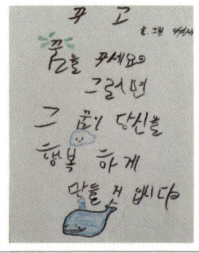

『꾸고』(이범재 글·그림)

- 꿈을 꾸고 이루기 위해 노력하는 것이 내가 행복해질 수 있는 최고의 방법이라는 생각이 들어서 선택함.
- 짧은 문장으로 표현하여 그림책에서 받은 감동을 간직할 수 있음.

6. 그림책 내용의 일부분을 나의 경험과 어울리게 바꾸기

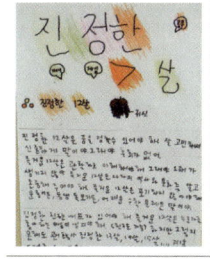

『진정한 일곱 살』(허은미 글, 오정택 그림)

▸ 열두 살의 나는 무엇을 할 수 있을지 생각할 수 있고, 그런 내가 진정한 열두 살이라고 말할 수 있는지 생각해 볼 수 있어 선택함.
▸ 그림책 내용을 나의 삶과 연결되는 내용으로 바꾸어 깊이 있게 이해가 가능함.

7. 그림책의 내용 비주얼싱킹으로 표현하기

『마음 먹기』(자현 글, 차영경 그림)

▸ 마음을 요리로 표현한 것이 재미있고 나의 마음 요리를 생각하고 싶어서 선택함.
▸ 자신의 생각을 이미지와 글로 표현하여 공유할 수 있음.

8. 그림책의 감동과 생생한 느낌을 동시로 쓰기

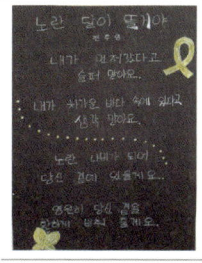

『노란 달이 뜰 거야』(전주영 지음)

▸ 세월호 사건으로 희생된 사람들을 추모하고, 소중한 이를 잃은 사람들을 위로해 주고 싶어서 선택함.
▸ 동시로 내 마음을 표현하기 위해 끊임없이 생각해 볼 수 있는 기회를 제공함.

9. 인상적인 글과 사진과의 만남

『살아갑니다』(최은영 글, 이장미 그림)

- 산을 좋아하는데 지리산의 사계절 변화를 나타내면서 환경의 중요성을 우리에게 말해 주는 것 같아서 기억하기 위해 선택함.
- 인상적인 글과 이미지를 연결하는 것으로 좌뇌와 우뇌를 자극하는 효과를 줌.

■ 나의 인생 찾기

인상적인 글이나 장면에서 생각을 더하여 삶과 연결해 보는 활동이다. 인상적인에서의 '인', 생각에서의 '생'으로 '인생은 삶'임을 뜻하고 삶의 방향에 대해 생각해 보는 시간이다.

아이들이 각자 읽었던 그림책을 바탕으로 필사 작품집을 만들어 봄으로써 그림책과 함께한 추억을 완성할 수 있다. 그림책 필사를 지속적으로 모아 한 권의 책으로 만들어 두면, 나중에 그림책으로 느꼈던 감동을 다시 한번 찾아볼 수 있다. 더불어 자신의 생각이 변화하는 과정도 눈으로 확인할 수 있어 감동을 선사할 수 있다.

활동 방법

① 인생 찾기의 뜻을 설명한다.
② 인생 찾기의 표지를 만든다.
③ 그림책을 모조지에 필사한다(위에서 제시한 방법 활용).

④ 필사한 모조지를 30타공기로 구멍을 뚫어 루즈링에 끼운다. 지속적으로 모아 한 권의 책으로 만든다.
⑤ 모음집을 보고 소감을 나눈다.
⑥ 학예회 작품 전시로 연계한다.

 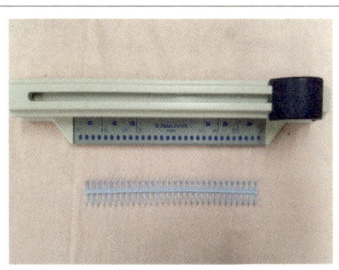

교실 한쪽에 위험도가 낮은 30타공기를 비치해 놓으면 아이들이 스스로 구멍을 뚫고 루즈링에 끼워 그림책 필사를 차곡차곡 모아 갈 수 있다.

그림책 필사 모음집의 제목을 만들고 무지 공책을 활용하여 인생 찾기 필사 활동을 전개해 나갈 수도 있다. 아이들은 그림책으로 인생 찾기를 꾸준히 완성하며 성취감도 맛볼 수 있고, 그림책을 읽었을 때의 감정과 느낌도 간직할 수 있다.

하브루타의 품격

책을 읽고 난 뒤 질문하고 토론하며 내 삶에 적용할 부분을 찾기 전까지 그 책은 아직 내 것이 아니다. 독서에 생기를 불어넣는 전제 조건은 비판적인 해석과 새로운 관점이다. 그렇게 그 깊이와 넓이를 동시에 경험할 수 있으면 박제된 고전을 팔딱거리는 물고기처럼 숨 쉬게 할 수 있다.[3]

하브루타란?

하브루타(Havruta)란 '짝', '파트너'를 의미하는 아람어이다. 히브리어의 '하베르'와 같은 말이다. 하브루타의 형태적 의미는 "짝을 지어 질문하고 대화하고 토론하고 논쟁"하는 것으로 짝과 둘이 하나의 학습 단위가 되는 공부 방법이다. 하브루타는 짝이 중요하다. 짝이란 텍스트와 상대방이다. 짝과 함께 텍스트에 말을 거는 것으로 시작하여 자신의 틀을 깨고 열린 태도로 '자기 이해'를 향

---

3. 전성수, 『부모라면 유대인처럼 하브루타로 교육하라』, 98쪽, 예담, 2015

해 나아간다. 앎과 삶을 생각하는 하브루타는 철학이다.

하브루타를 짝과의 대화적 상호작용만으로 생각할 수 있지만 짝과의 상호작용 이전에 텍스트에 대한 철저한 연구가 선행되어야 한다. 상호작용 중에도 끊임없이 텍스트에 대한 재해석이 이루어져야 깊이 있는 하브루타가 가능하기 때문이다. 더 나아가 함께 생각을 나눔으로써 우정을 키우고, 공동체의 삶을 배우면서 자신의 삶을 가꾸어 갈 수 있다.

"하브루타는 나이와 계급, 성별과 관계없이 구성되는데 서로 논쟁을 통해 진리를 찾아가는 과정에서 승자를 가리는 것이 아니라 더 넓고 깊게 사고하는 방법을 배우게 된다. 나는 이 과정이 항상 즐겁다." [4]

하브루타 수업 모형

엘리 홀저(Elie Holzer)와 오릿 켄트(Orit Kent)[5]는 하브루타 학습 기술을 3가지로 분류하고 있다. 이는 질문-답하기의 형태로 독해 연습, 자아 성찰, 대인 관계 연습으로 나뉜다.

---

4. 힐 마골린, 『공부하는 유대인』, 「4장 글로벌 인재를 넘어 미래의 인재로」, 일과이상, 2013
5. 엘리 홀저 · 오릿 켄트, 『하브루타란 무엇인가』, 87~89쪽, D6코리아하우스, 2018

- 독해 연습은 학습자와 본문 사이의 상호작용에 집중하는 연습이다.
  - 본문 반복해서 읽기
  - 본문 소리 내어 크게 읽기
  - 본문 풀어서 설명하기
  - 본문의 구조 분석하기
  - 개방형 질문하기
  - 다중 해석 평가하기

- 자아 성찰 연습은 하브루타 학습법에 동원되는 학습자 자신의 선입견, 가치관, 신념 등을 인식하는 연습이다.
  - 자신의 선입견에 의해 본문 해석이 왜곡되지 않도록 학습자가 본문에 제시된 정보와 파트너의 말에 귀 기울이기

- 대인 관계 연습은 학습자와 학습자의 하브루타 파트너 사이의 상호작용에 집중하는 연습이다.
  - 해석의 과정에서 파트너의 의견, 질문 등을 귀 기울여 듣고 반응하기
  - 파트너에게 질문하기
  - 파트너의 해석에 문제를 제기하거나 지지해 주기

이와 같은 하브루타의 학습 기술은 다양한 교실이나 교육에 이용될 수 있는 방법이다.

전성수는 『최고의 공부법』에서 하브루타 수업의 모형을 '질문 중심', '논쟁 중심', '비교 중심', '친구 가르치기', '문제 만들기' 5가지로 구분하였고, 일반적인 다섯 단계의 과정을 거친다고 하였다.[6] 이 책에서는 질문 중심, 논생 중심, 비교 중심 모형만 소개하고자 한다.

일반적인 다섯 단계 과정

① 도입(동기) 하브루타 : 여러 가지 재미있는 놀이나 게임, 이야기 등을 통해 뇌에 자극을 주어 뇌를 깨우는 과정. '동기 유발'에 해당

② 내용(사실) 하브루타: 텍스트를 읽고 사실적 내용을 이해하는 과정

③ 심화(상상) 하브루타: 상상을 자극하는 질문을 통해 학생들이 마음껏 상상하여 하브루타를 하는 과정

④ 적용(실천) 하브루타: 본문의 내용과 관련된 것들을 직접 실생활에서 실천하고 적용하기

⑤ 메타(종합) 하브루타: 지금까지 나눈 것을 바탕으로 종합하고 정리하는 종합 하브루타이며, 선생님이 되어 정리하고 가르치거나 사고를 확장하는 과정

---
6. 전성수, 『최고의 공부법』, 256~287쪽, 경향BP, 2014

질문 중심 하브루타 수업 모형

질문 중심의 하브루타는 학생들이 본문을 읽고 질문을 만들어서 먼저 짝과 일대일 토론을 한 다음에 둘이서 가장 좋은 질문을 뽑고, 그 뽑은 질문으로 모둠끼리 토론하고, 그 모둠에서 가장 좋은 질문을 뽑아서 그 질문을 가지고 집중 토론을 한 다음 그 내용을 정리, 발표하고 교사가 정리해 주는 수업이다.

질문 만들기	① 교재 읽고 질문 만들기

⇩

짝 토론	② 만들어 온 질문 유형별로 구분하기 ③ 만들어 온 질문으로 둘씩 짝 지어 먼저 토론하기 ④ 짝과의 질문 중에서 최고 질문 뽑기

⇩

모둠 토론	⑤ 최고의 질문으로 모둠별로 토론하기 ⑥ 최고의 질문 뽑기 ⑦ 그 질문으로 토론하기 ⑧ 토론 내용 정리하기

⇩

발표	⑨ 각 모둠 발표하기

⇩

쉬우르	⑩ 교사와의 쉬우르(교사가 학생 전체를 대상으로 하는 활동)

논쟁 중심 하브루타 수업 모형

　논쟁 중심 하브루타는 논쟁할 논제, 즉 이슈를 정한 다음에 그 논제를 중심으로 짝 토론과 모둠 토론을 진행하는 방법이다. 가위바위보나 의논을 통해 논제에 대해 짝끼리 찬성과 반대 입장을 각각 정하게 한다. 미리 집에서 인터넷이나 신문 등을 읽고 조사하거나 부모에게 물어 각 입장에 대한 근거 자료들을 조사한다. 각각 조사한 내용을 바탕으로 먼저 짝과 일대일 토론을 한 다음 둘이서 논쟁을 통해 더 좋은 입장을 정하고, 그 입장에 근거하여 모둠끼리 토론을 하고, 그 모둠의 입장을 정해 근거들을 정리한다. 논제에 대한 입장과 근거들을 정리한 다음, 그 내용을 정리 발표하고 교사가 정리해 주는 수업이다.

논제 조사하기	① 논제 정하기 ② 논제에 대해 찬성, 반대 정하기 ③ 각각의 입장에 따라 철저하게 조사하기

⇩

짝 토론	④ 각각의 입장에 따라 둘씩 짝 지어 논쟁하기 ⑤ 짝과의 논쟁을 통해 짝 입장 정하기

⇩

모둠 토론	⑥ 각각의 입장 내놓고 모둠별로 토론하기 ⑦ 모둠별로 입장 정하기 ⑧ 그 입장의 근거 정리하기

⇩

| 발표 | ⑨ 각 모둠의 입장과 근거 발표하기 |

⇩

| 쉬우르 | ⑩ 교사와의 쉬우르(교사가 학생 전체를 대상으로 하는 활동) |

비교 중심 하브루타 수업 모형

비교 중심의 하브루타는 교과서나 교재 등에서 비교할 대상을 정한 다음에 그것에 대해 자세하게 조사하고 질문을 뽑아 온 다음, 그 질문을 중심으로 비교 대상에 대해 다양하게 하브루타를 하는 수업이다. 비교가 토론을 자극하고, 사고를 자극한다. 유사점과 차이점을 논의하고 대조하면서 다양하게 사고를 하게 된다.

| 비교 대상 선정하기 | ① 비교 대상 선정하기 |

⇩

| 조사하고 질문 만들기 | ② 비교 대상에 대해 철저하게 조사하기
③ 질문 만들기 |

⇩

| 짝 토론 | ④ 질문을 내용, 심화, 적용, 메타로 구분하여 질문 순서를 정하기
⑤ 일대일로 짝을 지어 토론하기
⑥ 좋은 질문을 짝별로 1~3개 고르기 |

⇩

모둠 토론	⑦ 고른 질문을 가지고 4~6명이 모둠으로 토론하기 ⑧ 최고의 질문을 뽑아 집중 토론하기
발표	⑨ 좋은 질문과 토론 내용 발표하기
쉬우르	⑩ 교사가 학생들이 뽑은 질문을 중심으로 개념과 주제에 맞게 쉬우르하기

 배움 자체를 목적으로 그 과정에서 재미와 흥미, 그리고 만족감을 느낀다면 교육은 행복 그 자체가 된다. 자신이 잘할 수 있는 것을 배우고 익히며 자신이 하고 싶은 것을 경험해 나간다면 학생들은 적극적으로 배움에 참여하고 몰입하게 된다. 서로의 의견이 다를 때 자기의 주장만 하지 않고, 조금씩 개방적이고 유연한 사고를 하면서 친구들의 의견을 수용하는 모습을 보인다. 교사의 도움 없이도 스스로 배움을 실천해 나가는 것이다. 생각이 행동을 바꾸고 행동이 습관을 바꾸고 습관이 성품을 바꾸고 성품은 운명을 바꾼다. 생각하고 실천하는 힘! 그것이 하브루타의 진짜 힘이다.

하브루타 질문 놀이

하브루타 수업의 핵심은 질문과 짝이다. 짝과 소통하기 위해서는 질문이 중요한 역할을 한다. 질문 놀이는 비슷한 듯 보이나 재미 요소를 가미해야 질문 만들기에 더 쉽게 다가간다. 질문 만들기를 막연하게 생각하거나 힘들어하는 아이들에게는 도움을 준다.

꼬꼬물 질문 놀이

꼬꼬물 질문 놀이는 늘 똑같다고 생각한 일상에 대해 서로에게 묻고 답하는 놀이이다. 처음에는 평서문을 의문문으로 바꾸는 '까바 놀이'를 통해 서로에게 질문을 주고받는 활동을 하도록 한다. 질문을 주고받는 것이 익숙해지면 꼬리에 꼬리를 무는 꼬꼬물 질문 놀이를 할 수 있다. 앞 문장의 단어를 연결하며 이어 가는 놀이를 통해 사고를 확장하고 대화의 깊이를 더할 수 있다.

활동 방법

① 등교하면서 봤던 장면, 점심시간에 있었던 일 등 일상생활의 일 중 짝에게 궁금한 점을 물어본다.
"급식 시간에 어떤 반찬이 맛있었나요?"
② 질문을 받은 학생은 평서문으로 답을 한다.
"스파게티가 맛있었습니다."

③ 답변과 동시에 평서문에 들어간 단어를 이용하여 질문을 만들어 짝에게 말한다.
"스파게티는 무엇으로 만들었나요?"
④ ②-③을 반복한다.
"토마토 소스와 스파게티 면으로 만들었습니다. 어떤 스파게티를 좋아합니까?"
⑤ 가장 인상적인 질문을 가지고 친구들과 느낌을 나눈다.
⑥ 놀이에 대한 느낌을 나눈다.

질문하고 답하기를 '질문하고 질문하기'로 변형할 수 있다. 짝의 질문 속에 포함된 단어나 서술어 중 하나가 포함된 새로운 질문을 만들면 된다.
"아침에 무엇을 먹었나요?" → "아침에 빵과 우유를 먹었나요?" → "어떤 빵을 좋아하나요?" → "빵은 무엇으로 만들었을까요?"

스캠퍼 질문 놀이

스캠퍼 질문 놀이는 브레인스토밍 기법 중 스캠퍼 7가지 기법을 접목하여 만든 놀이이다. '바꾸어 보기 질문', '합하기 질문', '응용하기 질문', '수정하기 질문', '변경하기 질문', '제거하기 질문', '반전하기 질문'의 7가지 질문을 만들어 보는 활동이다. 돌림판을 활용하여 게임 형식으로 진행하면 아이들이 더욱 즐겁게 활동할 수 있다.

활동 방법

① 그림책을 읽어 준다.

② 짝과 한 팀이 된다.

③ 스캠퍼 7가지 영역을 적어 놓은 회전판을 돌린다.

④ 나온 영역에 따라 질문을 만든다.

예 신데렐라

- ▶ 바꾸어 보기 질문(~대신에, 바꾸어 보기)
  - 요정이 착한 요정이 아니었다면?
  - 이 이야기의 배경을 현재로 바꾼다면?

- ▶ 합하기 질문(~과 ~을 합치기)
  - 신데렐라 아빠가 집에서 계속 살았다면?

- ▶ 응용하기 질문(비슷한 것 찾기)
  - 구두가 벗겨지지 않고 목걸이를 떨어뜨렸다면?
  - 이 이야기와 비슷한 이야기는?

- ▶ 수정하기 질문(크게 또는 작게 변형하기)
  - 신데렐라 계모가 착한 사람이었다면?
  - 언니와 신데렐라의 발 크기가 같았다면?

- ▶ 변경하기 질문(다른 용도로 사용하기)
  - 계모가 아닌 친엄마였다면?
  - 언니들이 친동생처럼 신데렐라를 챙기고 아꼈다면?

- ▶ 제거하기 질문(없애 보기)

- 계모가 언니들을 데리고 오지 않았다면?

- 요정이 나타나지 않았다면?

▶ 반전하기 질문(순서나 역할 바꾸기)

- 신데렐라 아빠가 무도회에 가기 전에 집으로 돌아왔다면?

- 신데렐라와 언니들의 성격이 바뀌었다면?

⑤ 주어진 시간 동안 질문을 가장 많이 만든 팀이 이긴다.

⑥ 놀이에 대한 느낌을 나눈다.

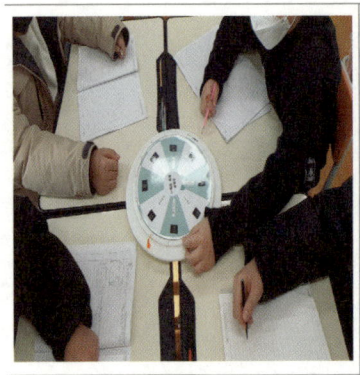
스캠퍼 질문 놀이 활동 모습

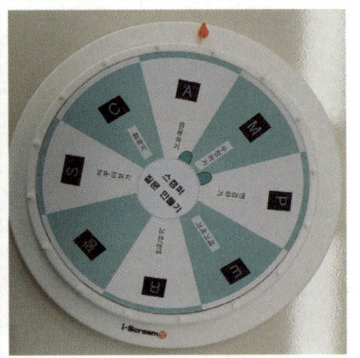
스캠퍼 질문판

구름 질문 놀이

구름 질문 놀이는 문장 속 단어들을 하나하나 연상하여 마인드맵 활동 후 질문을 만들어 보는 놀이이다. 마인드맵 활동을 한 후 질문 만들기로 연결하면 평소에 질문을 만들어 보지 않아 힘들어하는 친구들도 부담없이 참여할 수 있다.

활동 방법

① 그림책을 읽어 준다.
② 그림책을 보고 떠오르는 단어를 적는다.
③ 짝에게 그 단어를 생각한 이유를 말한다.
④ 짝과 대화를 통해 생각나는 단어를 추가해서 적는다.
⑤ 마인드맵에 기록한 단어가 포함되도록 질문을 만든다.
⑥ 자신의 질문 중 친구와 비슷하거나 같은 질문에 표시한다.
⑦ 짝의 질문 중 생생 질문(생각이 살아 있는 질문)을 표시하고 하브루타를 한다.

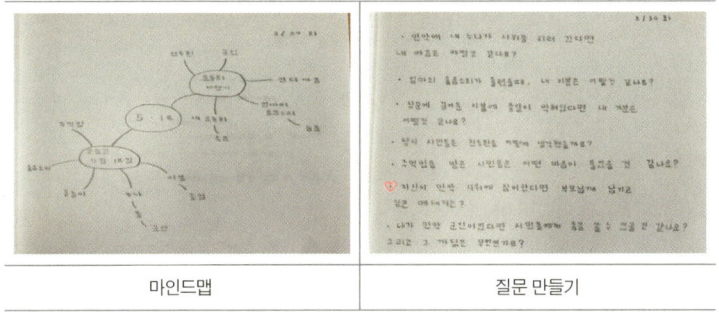

| 마인드맵 | 질문 만들기 |

번개 질문 놀이

번개가 순간적으로 아주 짧은 시간에 빛을 내고 사라지는 것처럼 번개 질문 놀이는 학생들이 준비가 되어 있지 않은 상황에서 갑작스럽게 질문을 하는 것이다.

번개 질문은 뜬금없는 질문을 통해 주의를 환기시키고 뇌 활동을 자각시켜 사고를 확장시키며, 학생들이 그림책 하브루타에 대한 흥미와 관심을 갖도록 한다. 또한 그림책에 흥미와 주의 집중을 이끌어 내기 위해서 그림책의 주제와 관련 있는 시사적인 질문들을 던져 줌으로써 학습에 집중력을 높일 수 있다.

번개 질문을 통해 학생의 진심이나 평소에 알지 못했던 의외의 모습을 만날 수도 있으며, 현재 학생들의 관심사에 대해 알 수 있는 계기가 된다.

활동 방법 1. 돌발 핵심 단어 제시

① 교사가 돌발적으로 그림책의 내용이나 주제와 관련 있는 핵심 단어를 제시한다.
② 질문을 만든다.
③ 짝 하브루타를 한다.
④ 전체 질문을 한다.
⑤ 활동 후 소감 나누기를 한다.

활동 방법 2. 키워드 게시하여 번개 질문 만들기

① 교실 구석구석에 그림책 키워드가 적힌 종이가 보이도록 붙여 놓는다.
② 학생들은 키워드가 적힌 종이에 질문을 만들어 적는다.
③ 질문이 적힌 종이를 전체적으로 돌려 읽는다.

④ 마음에 드는 번개 질문에 체크한다.
⑤ 학생들이 많이 선택한 질문으로 전체 학생들과 함께 이야기를 나눈다.

> **Tip**
> - 학생들에게도 번개 질문 놀이의 키워드를 적을 수 있는 기회를 주어 참여를 유도한다.
> - 활동 방법 2에서 핵심 단어를 적은 쪽지를 교실 구석구석에 숨겨 놓고, 질문을 빨리 만든 팀에게 다음 번개 질문 놀이의 키워드 만들기와 숨겨 놓은 역할을 넘기는 것도 좋다.

질문 주사위 놀이

질문 주사위 놀이는 주사위와 질문을 결합한 활동이다. 게임에서 흔히 사용하는 주사위는 놀이에 재미와 긴장감을 준다. 질문 주사위 활동을 통해 대인관계 역량, 의사소통 능력, 지식 정보 처리 역량을 신장할 수 있다.

6×6 질문판에는 사실 질문, 상상 질문, 적용 질문, 종합 질문으로 구성된 36개의 질문이 적혀 있다. 다양한 질문에 답을 하다 보면 질문을 친근감 있게 느낄 수 있다. 질문판의 종류는 학습자 수준에 맞추어 3×3, 4×4, 5×5, 6×6 등으로 만들 수 있다. 예를 들어 3×3인 경우에는 1, 2, 3의 숫자만 나오도록 바꿀 수 있다. 이 놀이는 주사위를 던지고 질문판을 사용하는 간단한 방식과 빠른 시간 내에 즐길 수 있다는 장점이 있다.

활동 방법

① 주어진 그림책 텍스트를 두 번 읽는다(소리 내어 읽기, 중요한 부분에 밑줄 그으며 읽기).
② 질문판과 주사위 2개를 준비한다(주사위 1개를 두 번 던져도 된다).
③ 주사위를 던져서 나온 주사위의 눈으로 질문을 확인한다(가로-큰 주사위, 세로-작은 주사위).
④ 질문판의 해당 칸에 나온 질문에 답을 한다.
⑤ 활동이 끝나면 활동 소감을 나눈다.

질문판 (앞)

질문\주사위	1	2	3	4	5	6
1	누가?	언제?	어디서?	무엇을?	어떻게?	왜?
2	~의 단어 뜻은?	~라는 문장의 의미는?	~에 대해 어떤 생각이 드나요?	~과 ~의 공통점은 무엇일까요?	~과 ~은 어떻게 다를까요?	~의 장단점은 무엇인가요?
3	~의 원인은 무엇일까요?	~의 해결 방법은 무엇일까요?	~의 목적은 무엇인가요?	이 글을 읽고 난 뒤 기억나는 단어는?	인상 깊었던 내용은?	흥미로운 부분은?
4	이 글을 읽고 아쉬운 점은?	이해가 잘 안 되는 부분은?	어려운 단어는?	이 글을 읽고 알게 된 것은?	중요한 내용은?	이 글과 비슷한 이야기가 있나요?

5	만약 ~라면?	만약 ~했다면?	만약~ 한다면?	비슷한 경험이 있나요?	비슷한 경험에서 어떻게 했나요?	비슷한 상황에 처하면 어떻게 할 건가요?
6	우리에게 말하고자 하는 바는 무엇일까요?	교훈은 무엇일까요?	반성할 점은 무엇일까요?	다른 친구에게 읽은 글의 내용을 말해 주세요.	보이는 문제 상황이 있나요?	이 글을 읽고 생각나는 장면은?

Tip
- 주사위 1개를 두 번 던져도 된다.
- 학기초 서로에 대해 알 수 있는 취미와 특기 등의 질문으로 바꾸어도 좋다(관계 맺기를 위한 질문).
- 불편함을 주지 않는 선에서 미션을 넣어 재미 요소를 부각해도 좋다.
- 질문판 뒤에는 빈칸으로 두고 아이들이 질문을 만든 후 질문 주사위 놀이를 하여도 좋다.

생각 주머니 놀이

학생들이 제일 싫어하는 3가지가 생각하기, 말하기, 글쓰기라고 한다. 말하고 글을 쓰기 위해서는 생각이 우선되어야 하는데 생각하는 것조차 싫어하는 학생들이 많다.

생각을 하도록 유도하는 생각 주머니 놀이는 그림책과 관련한 질문을 적은 종이가 담겨 있고 학생들이 주머니 속 질문을 뽑아서 짝과 함께 활동하는 방법이다. 단순히 학습지에 질문을 만들어 활동을 하다 보면 지루하거나 같은 것을 반복한다는 느낌이 올 때가 있다. 이런 상황에서 질문을 색다르게 접근하기에 좋은 방법이다.

또 다른 방법으로는 생각 주머니에 질문 대신 그림책 내용과 관련한 단어를 넣는 것이다. 뽑은 단어들을 연결하여 하나의 문장을 만드는 활동이다. 문장을 만든 이유를 설명해야 하기 때문에 생각을 하게 된다. 이러한 활동을 통해 생각하는 힘, 사고의 유연성이 향상된다. 생각해서 말하고 질문하고 다시 말하는 과정이 놀이처럼 진행되어 흥미로운 시간을 만들 수 있다.

활동 방법 1. 질문을 활용하는 경우

① 그림책과 관련한 질문을 종이에 적어 주머니 안에 넣는다.
② 돌아가면서 주머니 안의 질문을 하나씩 뽑는다.
③ 짝과 함께 하브루타를 한다.
④ 친구들과 함께 나누고 싶은 생생 질문을 추천한다.
⑤ 선택된 생생 질문으로 반 전체 하브루타를 한다.
⑥ 놀이를 한 후 소감을 나눈다.

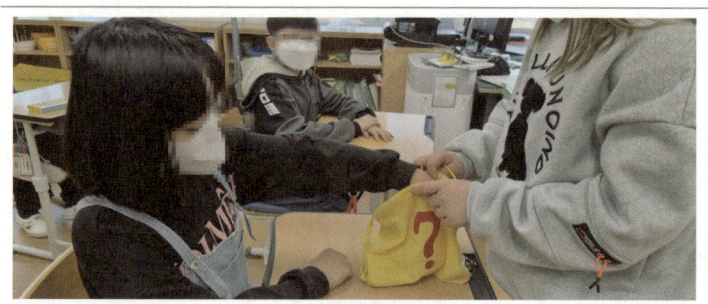

생각 주머니에서 질문을 뽑는 모습

활동 방법 1. 단어를 활용하는 경우

① 교사는 그림책과 관련한 단어를 제시한다(예: '레이저').
② 미리 준비된 주머니 안의 단어에서 대표 학생이 하나 뽑는다 (예: '태극기').
③ 뽑은 두 단어를 연결하여 하나의 문장으로 만든다(예: 태극기를 들고 있는 유관순 눈에서 레이저가 나온다).
④ 문장을 읽고 그렇게 만든 이유를 설명한다.
⑤ 친구들의 문장을 듣고 질문을 만들어 주머니에 넣는다.
⑥ 돌아가며 주머니의 질문을 뽑고 그 질문에 대한 답변을 한다.
⑦ 놀이를 한 후 소감을 나눈다.

생각 주머니에서 뽑은 두 단어를 활용하여 문장 만들기

> **Tip**
> - 책갈피 모양인 단면 코딩지를 교실 한곳에 두고 질문을 연필로 적어 주머니나 통에 넣어 두길 권한다.
> - 생각 주머니 속의 단어는 그림책과 관련한 핵심어를 사용한다.
> - 저학년은 단어, 그림 카드, 감정 카드를 넣어 두어 활용하면 좋다.

그림책과 하브루타의
아름다운 만남

　모든 인문학의 공통점은 무엇인가? 이상세계를 구현하고 평화를 추구하는 것이다. 쉽게 말해 '사이좋게 지내자'라는 의미다. 과학이 발달하여 잘 사는 세상이 되었음에도 우리는 사이좋게 지내지 못하고 있다.

　최근 뉴스를 보면 가족과 함께 보기 어려운 자극적인 사건들이 너무 많이 일어난다. 사람들은 관계를 형성하는 방법을 잃어버린 것처럼 보이며, 자신의 이익을 위해 타인이 가진 것들은 무시해도 좋다고 생각하는 듯하다. 가장 근본적인 원인은 자신의 욕구를 정확히 알지 못하고 감사할 줄 모르며, 신뢰와 존중의 부재 때문이다. 세상은 혼자서 살아갈 수 없다. 공동체 속에서 서로의 다름을 인정하고 건강한 사람으로 성장할 수 있도록 밑거름이 되는 교육이 가장 중요한 이유이다.

　그림책은 쉽고 재미있게 구성되어 있으면서도 많은 내용을 담고 있어 '삶과 연계된 교육'을 하기에 가장 좋은 자료이다. 다양한 생각을 두려움 없이 펼칠 수 있고 창의성, 공감 능력, 사회성을 기르기에 충분하다. 그림책에는 세상을 살아가는 데 필요한 다양한 요소가 함축적으로 담겨 있어 하브루타를 하기에 좋다.

그림책 하브루타는 그림책을 읽고 그림책 속의 다양한 그림과 글을 보면서 질문을 만들어 서로 대화하며 생각을 나누는 것을 의미한다. 그림책을 보며 만들어진 다양한 질문으로 서로의 생각을 나누다 보면 자신이 생각하지 못한 더 깊고 다양한 사고로 연결되어진다. 그림책 하브루타는 짝과 함께 대화하는 과정에서 다른 사람을 이해하고 장점을 찾아내며 서로 소통할 수 있는 열린 마음을 갖게 하고, 틀린 것이 아니라 나와 다름을 인정하게 된다. 의사소통과 배려, 인정이 자연스럽게 묻어나는 교육 방법으로 생각하고 다른 시각에서 바라보는 힘을 키워 준다.

한 장면 깊게 들여다보기(see deep scene)

인간에게 예술은 왜 필요할까? 시공간을 초월하여 인류의 역사를 만날 수 있기 때문이다. 시대는 달라도 어느 시대나 요구되는 삶의 방식, 공생과 평화, 공존에 대한 철학이 예술 작품에 응축되어 있다. 예술가들은 아낌없이 자신이 가진 것을 우리에게 건네주고 우리는 보고 느끼고 사유한다. 시대를 담은 김홍도와 신윤복의 작품, 노동의 숭고함을 담은 고흐의 작품, 인간의 욕망을 담은 카라바조 작품 등은 지식의 암기가 아닌 사유하게 하는 힘을 지녔다. 숨겨진 의도, 재미있는 요소를 발견하면서 시야가 더 넓어지고 자신만의 시선을 가지게 된다.

그림책은 어떠한가? 한 장면 한 장면을 모두 작품으로 바라본다면 한 권의 그림책은 여러 작품들의 모음집인 셈이다. 동시에 작가의 철학을 담아 낸 한 권의 에세이라고도 할 수 있다. 문학 작품과는 다르게 장면이나 그림, 글이 함축적이고 제한적이기 때문에 그림책 한 권을 읽고 감상하는 아이들은 여러 예술 작품을 만나고 있는 것이다.

아이들은 모두 저마다의 고유한 세계를 가진 작은 작가다. 매번 자신의 철학과 생각을 담아 그림책을 읽고 상상하며 사유한다. 작품 감상은 공감을 불러일으키며 소통하고 생각의 폭을 넓히는 힘을 지녔다. 그림책의 한 장면을 깊게 감상하다 보면 그림에서 느낄 수 있는 다양한 감정들을 만끽하고, 사물을 바라보는 새로운 시각을 배우며, 독창적으로 생각하는 능력이 키워진다.

■ '그림책 한 장면에 말 걸기' 활동

활용 그림책: 『노를 든 신부』, 오소리 글·그림, 이야기꽃

활동 방법

① 그림책의 한 장면을 선택하고 보여 준다(최근에 나온 작품으로 선정하면 아이들이 호기심을 갖고 재미있게 참여할 수 있다).

② 그림책의 한 장면을 보고 느껴지는 감정과 생각을 낱말로 적는다.

③ 감정과 생각을 공유한다.

④ 감상 질문 활동지를 활용하여 질문을 만든다.

⑤ 짝 하브루타를 한다.

⑥ 내 마음에 선물로 다가온 질문을 선택하고 그 이유를 나눈다.

⑦ 그림책 제목을 짓고 그 이유를 발표한다.

⑧ 그림책을 읽어 준다.

⑨ 그림책을 읽기 전과 후의 느낌 변화를 공유한다.

⑩ 활동 후 소감을 나눈다.

| 그림책 한 장면 감상 나누기 | 질문 만들기 |

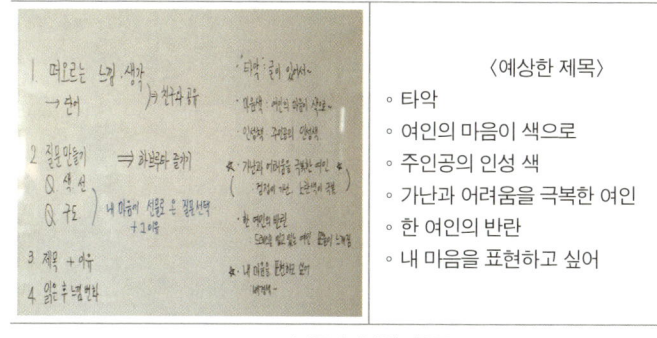

〈예상한 제목〉
◦ 타악
◦ 여인의 마음이 색으로
◦ 주인공의 인성 색
◦ 가난과 어려움을 극복한 여인
◦ 한 여인의 반란
◦ 내 마음을 표현하고 싶어

아이들이 생각한 제목들

(추가 활동1)

① 교사가 전시한 그림책 중 한 권을 짝과 함께 선택한다.
② 제목과 선택한 그림책을 함께 읽고 인상적인 한 장면을 고른다.
③ 자신이 선택한 한 장면을 친구들에게 소개한다.
  - 소개 문구
  "그림책 제목은 ~~입니다. 그리고 선택한 장면은 이 장면입니다. 왜냐하면 ~~이기 때문입니다."
④ 친구들의 책 소개 시간이 끝나면 어떤 책을 가장 읽고 싶은지 투표한다.
⑤ 투표한 그림책을 읽어 보고 한 줄 평을 포스트잇에 적어 그림책 표지에 붙인다.
⑥ 활동 후 소감을 나눈다.

| 그림책 선택하기 | 친구에게 그림책 읽어 주기 |

| 선택한 그림책 한 장면 소개하기 | 그림책[7] 한 줄 감상 |

(추가 활동2)

① 자신이 선택한 그림책을 읽는다.

② 가장 인상적인 장면을 선택한다.

③ 교사에게 장면을 보여 주면, 교사는 한 장면만 스캔하여 출력한다.

④ 출력된 그림을 절반으로 자유롭게 자른다.

⑤ 절반은 붙이고, 잘린 절반을 보면서 똑같이 그리거나 자신의 예술적 감각이 드러나게 꾸며 본다.

---

7. 고혜진 글·그림, 『행복한 여우』, 달그림, 2018

⑥ 완성된 작품에 자신만의 제목을 붙이고 작품의 의도를 적는다.
⑦ 자신의 작품을 교실 3면에 전시한다(창문, 복도, 뒷면).
⑧ 친구들의 작품을 보면서 감상 소감을 포스트잇에 기록하여 붙인다(갤러리 워크 방법을 활용하여 감상하는 것도 좋다).
⑨ 활동 후 소감을 나눈다.

그림책의 한 장면[8]

학생이 바꿔 그린 장면

공룡과 앉아서 대화하는 소년은 평온한 마음이 되었다. 그 마음이 느껴져서 이 장면을 선택하였고, 소년을 응원하는 마음을 담아 맑은 하늘을 희망이 빛나는 보름달로 바꿔 별똥별이 떨어지는 하늘을 보며 마음을 나누는 장면으로 바꿔 그렸다.

작품을 읽고 작가가 의도한 것을 찾아보는 것도 좋지만 자신의 내면에서 어떤 소리를 내고 있는지, 어떤 느낌이 드는지 감각에 집중하는 것도 중요하다. 그림과 자신이 대화하는 느낌으로 감상하는 것이 좋다. 그림책의 한 장면만으로도 마음의 변화가 생기고 그로 인해 자신의 마음을 솔직하게 들여다볼 수 있게 된다. 그림책은 힐링과 치유의 힘을 지니고 있다.

8. 박주현 글·그림, 『공룡이 왔다』, 노란상상, 2021

그림책 읽고 질문 만들기 사례
— 『친구가 올까?』, 우치다 린타로 글, 후리야 나나 그림, 길지연 옮김, 주니어RHK

스스로 질문을 만들어 보는 훈련은 잠자던 호기심을 일깨우는 좋은 방법이다. 아이작 뉴턴은 "사과는 왜 떨어질까?"라는 질문으로 중력의 힘을 발견했다. '질문'이 없으면 지식과 지혜를 얻을 수 없다.

하브루타 수업은 일반적인 과정(도입, 동기-내용, 사실-심화, 상상-적용, 실천-메타, 종합)을 거치면서 해당 단계마다 질문의 종류가 달라진다. 질문의 종류는 사실, 상상, 적용, 종합 질문으로 나뉘지만 하나의 종류뿐 아니라 상황에 맞게 고루 사용 가능하다.

사실 질문은 내용을 이해하기 위한 과정이다. 그림책을 읽고 짝에게 책에서 답을 찾을 수 있는 퀴즈를 낸다고 생각하면 쉽게 이해할 수 있다. 육하원칙에 맞추어 그림책의 내용에서 질문을 만들거나 그림에서 보이는 것을 질문한다. 가장 쉽게 사실 질문을 만드는 방법은 '언제, 어디서, 누가, 무엇을, 왜, 어떻게'라는 육하원칙을 이용하면 된다. 글을 읽는 도중 보이는 단어의 뜻이나 개념에 관한 질문도 좋다.

〈사실 질문 예시〉
Q. 늑대가 슬픈 이유는 무엇 때문이었나요?

Q. 늑대는 무엇을 없어지게 했나요?

Q. 늑대는 누구를 기다리고 있었나요?

Q. 늑대는 왜 마음을 없애 버렸나요?

Q. 늑대가 기다리는 친구는 누구였나요?

Q. 늑대가 큰 소리로 마음한테 "마음아, 없어져라." 하고 외친 까닭은 무엇인가요?

Q. 늑대는 친구가 오지 않자 어떻게 했나요?

상상 질문은 아이들의 창의성을 향상시켜 주는 질문이다. 그림책을 읽고 난 뒤 생기는 궁금한 것에 대한 질문이다. 주인공의 마음, 그렇게 행동한 이유, 뒷이야기 등을 이용해 질문을 만든다. 육하원칙에 '만약에~'라는 단어를 활용하면 쉽게 만들어진다.

〈상상 질문 예시〉

Q. 늑대는 왜 여우가 좋았을까요?

Q. 늑대는 어떻게 여우와 친구가 되었을까요?

Q. 여우가 끝까지 나타나지 않았다면 어떻게 될까요?

Q. 주인공을 늑대가 아닌 다른 동물로 바꾼다면?

Q. 늑대의 마음이 돌아오지 않았다면 어떻게 되었을까요?

Q. 여우는 어떤 선물을 준비했을까요?

Q. 만약에 나에게 기쁜 날이 오지 않는다면 어떨까요?

적용 질문은 그림책의 내용을 나와 연결하는 질문이다. 경험, 감정, 그림책 내용과 비슷한 상황에 대한 견해 등으로 만들어진다. '나라면~'이란 단어를 적용하면 쉽게 접근할 수 있다.

〈적용 질문 예시〉

Q. 슬픔 마음이 사라지길 바랐던 적이 있나요?
Q. 내가 늑대였다면 어떻게 했을까요?
Q. 내가 만약 늑대에게 괴롭힘을 당한 동물이었다면 늑대에게 어떤 말을 해 주고 싶나요?
Q. 내 생일날 친구가 오지 않는다면 어떤 마음이 들까요?
Q. 내 마음이 사라진다면 어떨 것 같나요?
Q. 나의 오해로 인해 일어난 일이란 것을 알았을 때는 어떻게 하는 것이 좋을까요?
Q. 자신이 늑대처럼 슬픔을 극복하는 방법이 있나요?

종합 질문은 사고를 확장하는 질문이다. 그림책의 글과 그림을 전체적으로 바라보며 시사점, 그림책의 메시지, 나에게 주는 교훈, 작가의 의도 등에 관해 질문을 만든다. 단순한 감상을 넘어 그림책이 담고 있는 주제를 찾을 수 있으며, 자기 주도적 감상이 되도록 돕는 역할을 한다.

〈종합 질문 예시〉

Q. 친구란 무엇일까요?
Q. 마음은 살아가는 데 얼마나 중요할까요?
Q. 작가는 우리에게 어떤 말을 하고 싶은 걸까요?
Q. 이 그림책을 통해 내가 실천하고 싶은 것이 있다면 무엇인가요?
Q. 오해로 인해 벌어진 역사적인 사실에는 무엇이 있을까요?
Q. 이 그림책을 읽고 어떤 점을 반성하게 되었나요?
Q. 이 그림책은 어떤 주제와 가치를 말하고 있나요?

Tip
- 질문을 만들지 못하는 아이들에게는 단어를 제시하여 질문을 만들 수 있도록 도와준다.
- 말을 더 잘하는 아이, 경청을 잘하는 아이 두 명이 만났을 경우 너무 한쪽으로 치우치지 않고 말하고 듣는 양이 비슷하게 하브루타를 진행하도록 안내한다.
- 건물을 지을 때도 기초공사가 튼튼해야 하는 것처럼 그림책 하브루타도 기본을 잘 다져야 한다. 처음부터 모든 질문을 만들기보다 사실, 적용, 질문, 적용 질문 순으로 시간(2주 정도)을 충분히 주어 단계별로 추가한다.

질문 피라미드로 생생 질문 선택 사례
— 『친구가 올까?』, 우치다 린타로 글, 후리야 나나 그림, 길지연 옮김, 주니어RHK

질문 피라미드는 생생 질문을 선택할 토론의 종류 중 하나인 피라미드 토론을 응용한 것이다. 피라미드 토론에서는 의견이나 해결책을 제시하지만 질문 피라미드에는 질문만 제시한다. 질문 피라미드는 모둠 활동으로 이루어지며 각자의 생생 질문을 견주는 활동이다. 생생 질문은 생각('생')하고 살아 있다('생')는 뜻을 담은 것으로, 혼자만의 생각이 아닌 친구들과 나누고 싶은 살아 있는 질문을 의미한다.

활동 방법

① 자신이 만든 질문 중 나만의 생생 질문을 선택한다.
② 포스트잇에 생생 질문을 적는다.
③ 질문 피라미드 맨 아래쪽 칸에 붙인다.
④ 각자(모둠 친구는 보통 4명으로 구성) 자신의 생생 질문을 설명한다.
⑤ 친구의 생생 질문에 대해 질문한다.
⑥ 4개의 질문 중 2개를 선정해 위 칸으로 이동하여 붙인다.
⑦ 자신이 선택한 생생 질문에 대해 설명하고 친구들과 의견을 주고받는다.
⑧ 맨 위에 붙인 질문 1개가 모둠의 생생 질문이 된다.
  ※ 모둠에서 선정한 1개의 질문이 모둠 대표 생생 질문이 되고 위의 과정을 다시 한번 진행한다. 어떤 모둠의 생생 질문이 '오늘의 생생 질문'이 되는지 모르기 때문에 모든 모둠이 더 진지하게 참여한다.

📖 『친구가 올까?』, 우치다 린타로 글, 후리야 나나 그림, 길지연 옮김, 주니어RHK

▶ 각자의 생생 질문 말하기

👧 나의 생생 질문은 "여우와 늑대는 서로를 어떤 존재라고 생각할까요?"로 정했습니다. 왜냐하면 서로 어떻게 생각하는지 궁금했기 때문입니다.

👧 나의 생생 질문은 "늑대는 무슨 이유 때문에 여우가 좋은 애라고 생각했을까요?"입니다. 늑대가 여우를 간절히 기다리는 이유가 분명 있을 것이고 둘 사이에 일어난 일들이 궁금하기 때문입니다.

👧 나의 생생 질문은 "늑대에게 친구란 무엇일까요?" 입니다. 왜냐하면 늑대는 여우가 좋은 애라고 생각하고 그리워하면서 기다리기 때문입니다. 늑대에게는 친구가 무엇이길래 마음까지 없애고 싶었는지 궁금하기 때문입니다.

👧 나의 생생 질문은 "자신이 늑대처럼 슬프고 외로울 때 무엇을 하며 극복할 건가요?"입니다. 우리는 하루에도 많은 행동과 말을 하는데 슬플 때는 어떤 행동을 하는지 궁금해서 이 질문을 선택하게 되었습니다.

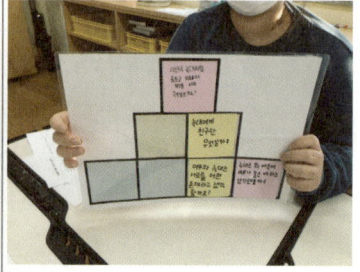

| 질문 피라미드 활동 모습 | 선택된 질문 |

▶ 4개의 질문 중 2개의 질문 선택하기

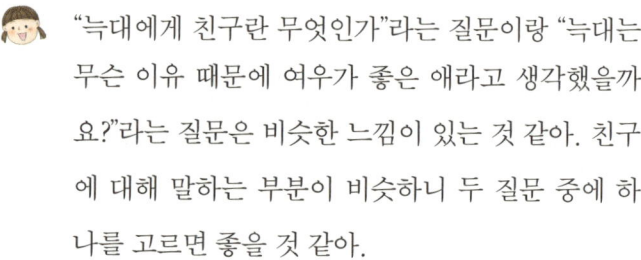

"늑대에게 친구란 무엇인가"라는 질문이랑 "늑대는 무슨 이유 때문에 여우가 좋은 애라고 생각했을까요?"라는 질문은 비슷한 느낌이 있는 것 같아. 친구에 대해 말하는 부분이 비슷하니 두 질문 중에 하나를 고르면 좋을 것 같아.

친구들의 생각을 많이 들어서 답이 많이 나오는 질문을 선택하면 좋을 것 같아.

늑대와 여우의 존재, 여우가 좋은 애라고 생각한 이유는 비슷한 의미가 담긴 질문 같아.

"무슨 이유 때문에 좋은 애라고 생각했을까요?"라는 질문의 좋은 애라는 말에서 '좋은'에 대한 질문이 더 들어간 것 같아.

4개의 질문 모두 여러 답변이 나올 것 같아. 상상

질문이랑 적용 질문이 각각 선택되면 좋겠어.

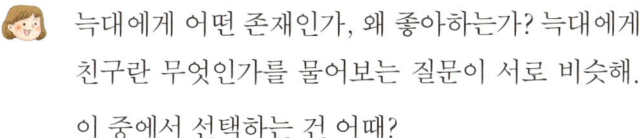 늑대에게 어떤 존재인가, 왜 좋아하는가? 늑대에게 친구란 무엇인가를 물어보는 질문이 서로 비슷해. 이 중에서 선택하는 건 어때?

비슷해 보이진 않아. 늑대에게 친구란 무엇인가라는 질문에는 '여우'라는 말이 들어가 있지 않아. 늑대에게 여우가 아닌 다른 친구들이 있을 수도 있을 것 같아.

결국 늑대의 입장에서 여우는 친구인 것 같아. 여우만 한정해서 생각하는 질문보다 늑대에게 친구란 무엇인지를 생각해 보면 좋을 것 같아. 그런 의미에서 "늑대에게 친구란 무엇인가?"라는 질문을 먼저 선택하자. 그리고 다른 질문인 "자신이 늑대처럼 슬프고 외로울 때 무엇을 하며 극복할 건가요?"를 선택하면 좋을 것 같아.

 좋아.

아이들은 각자 모둠 친구들에게 자신이 제시한 생생 질문으로 다른 친구들과 더 많은 이야기를 나눠 봐야 하는지를 설명했고, 4개의 질문 중 2개가 선택되었다.

Q. 늑대에게 친구란 무엇일까요?

Q. 자신이 늑대처럼 슬프고 외로울 때 무엇을 하며 극복할 건가요?

▶ 2개의 질문에서 모둠 생생 질문 선택하기

🙂 슬프고 외로울 때 무엇을 하는지 궁금해서 이 질문을 나의 생생 질문으로 선택했는데, 우리 모두에게 필요한 것 같아.

🙂 어떤 사람들은 슬플 때가 없을 수도 있잖아?

🙂 그렇게 생각한다면 어떤 사람들은 친구가 없을 수도 있잖아?

🙂 그렇게 생각하니 이상한 것 같아. 그런데 늑대에게 친구란 무엇인가라는 질문을 생각하다 보니, 늑대에게 친구는 여우밖에 없는 것 아닐까?라는 생각이 스쳐 갔어.

🙂 다른 지역에 여우가 아닌 친구가 있을지도 모르고, 이제 막 사귄 친구라서 더 그리울 수도 있지.

🙂 나는 "자신이 늑대처럼 슬프고 외로울 때 무엇을 하며 극복할 건가요?"라는 질문이 괜찮은 것 같아. 자신의 경험에서 '이렇게 극복했어'라는 답을 들을 수 있고 지금 슬픔을 겪고 있는 친구에게 도움을 줄 수 있는 질문이 될 것 같아.

내가 선택한 질문은 아니지만 자신을 빗대어 만든 질문이기 때문에 좋은 것 같아.

  아이들 모두 자신의 생생 질문이 선택되길 바라는 마음이 컸겠지만 친구들과 대화를 하면서 친구의 생생 질문을 지지하기도 했다. 다른 친구의 생생 질문을 선택하는 용기와 서로의 의견을 존중하는 모습이 돋보였다. 그렇게 선택한 모둠의 생생 질문은 "자신이 늑대처럼 슬프고 외로울 때 무엇을 하며 극복할 건가요?"로 선정되었다.

Tip
- 생생 질문 선택이 인기 투표가 되지 않도록 주의한다.
- 모둠의 생생 질문 선택 시간을 여유 있게 제공하면 좋다.
- 질문 피라미드판은 B4 용지로 포스트잇 크기에 맞추어 모둠원 수만큼 학기 초에 제작해 두면 좋다.

그림책 하브루타 거름 주기

그림책 하브루타를 위한 환경 조성

그림책은 여러 주제(플롯)와 표현 방식을 가지고 있고 다양한 삶의 모습을 담고 있다. 나, 너, 우리, 타인과의 소통, 현재 벌어지고 있는 갈등, 소수의 아픔 등이 모두 담겨 있다. 주제를 선정한 후 그림책을 선택할 때면 행복한 고민에 빠진다. 우리 반 아이들의 성향에 맞는 그림책을 선택하고 그림책 하브루타를 진행한다.

우리 반 아이들을 처음으로 맞이해 주는 것은 그림책이다. 아이들은 보통 뒷문을 열고 교실 안으로 들어오는데, 이때 제일 먼저 시선이 가는 곳은 자료대가 있거나 청소함이 있다. 그래서 아이들이 그림책과 친해졌으면 하는 바람을 담아 벽면을 꾸며 보았다. 많은 교실에서는 아이들의 활동 공간을 최대한 확보하기 위해 책 등이 보이도록 책을 꽂아 두기 때문에 책이 아무리 많아도 아이들의 관심을 받지 못한다. 그림책의 얼굴, 즉 표지가 보이도록 전시하여 그림이 주는 느낌으로 아이들의 시선이 머물도록 하는 것은 중요하다.

 |
그림책 전시 공간 | 그림책 여행 게시판

그림책 하브루타로 만나지 않았지만 아이들의 생각이 궁금한 그림책도 있다. 그런 그림책들은 그림책 여행판에 게시하여 자유롭게 읽고, 생각하고, 묻고, 답할 수 있도록 했다. 1년 동안 그림책을 읽으며 자신의 생각을 담아 둘 '그림책 생각 노트'도 만들었다. 글만 적지 않고 그림이나 마인드맵 등 다양한 표현의 공간으로 활용하기 좋은 무지 공책을 사용했다(저학년은 줄공책을 추천). 아이들의 생각은 무궁무진하다. 그냥 지나쳐 버리는 멋진 생각들을 담을 수 있는 '매일 한 줄 생각 기록장'도 활용하면 좋다.

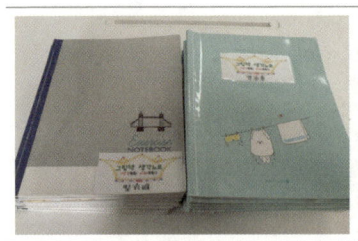 |
그림책 생각 노트 | 매일 한 줄 생각 기록장

그림책은 짧지만 작가의 철학이 담긴 한 권의 에세이이다. 개인적인 사유도 중요하나 아이들에게는 그림책에 담긴 주제를 함께 나누는 어른, 특히 교사라면 공통적인 사회 정서를 사유할 수 있어야 한다. 축약된 그림책의 행간을 읽어 내기 위해 인문학 서적을 꾸준히 접해 보길 권하고 싶다.

그림책 하브루타 수업의 규칙

학기 초에는 1년 동안 함께 생활하는 데 꼭 필요한 안전한 학급 세우기 활동을 한다. 아이들과 그림책 하브루타 수업을 위해서도 지속성과 일관성이 필요하다. 물리적·심리적 환경이 구축되어야 하며 규칙도 필요하다.

첫째, 바보 같은 질문은 없다. 수업을 할 때는 학습목표에 도달하기 위한 질문을 만드는 것에 초점이 맞춰진다. 하지만 그림책의 경우, 아이들 개개인의 경험과 가치관에 따라 느끼는 정도와 서사를 형성하는 것이 다르기 때문에 아이들의 질문 중 엉뚱하다고 생각되었던 질문이 오히려 더 빛을 보며 생각을 자극하는 경우가 많고, 그림책을 다양하게 해석하는 기회를 준다.

둘째, 친구의 질문에는 무조건 답을 해야 한다. 아이들 중에는 질문에 답을 하기 힘들어하는 아이들도 있다. 짝과의 대화에서 한 명이 말을 하지 않으면 진행이 되지 않는다. 질문을 받았지만 생각이 미치지 못한 경우 "나는 아직 생각을 못했는데 너의 생각은 어때?"라는 질문형 답으로 친구의 질문에 답을 해야 한다. 자신의 질문에 자신이 답하는 경우 생각을 정리할 수 있고, 답을 못한 학생도 들으면서 다시 생각을 이어갈 수 있다.

셋째, 서로 마주 보고 아이 콘택트를 한다. 사람과 대화할 때 가장 호감이 가는 사람은 아이 콘택트를 하며 이야기를 들어 주는 사람이다. 자신의 이야기를 경청하고 있다는 생각이 들기 때문이다. 아이 콘택트는 상대에 대한 호감도를 높이고 우정을 쌓는 데도 도움을 준다. 눈을 중심에 두고 눈을 7~8초 쳐다본 뒤 코에 시선을 2초 정도 두며 시선을 움직인다면 부담스럽지 않은 아이 콘택트가 된다. 아이 콘택트는 높은 가치를 가지고 있는 최고의 움직임이다.

넷째, 상대방의 말을 잘 경청한다. 자신이 동의하지 않는 생각에 대해서도 경청해야 한다. 경청은 그림책 하브루타의 원동력이며 대화를 완성시키는 요인이 된다. 소통이 잘되어야 창의적이고 다양한 의견을 낼 수 있다. 친구의 말에 반론을 제시하고 싶은 생각이 들어도 일단은 끝까지 들어 주어야 한다.

다섯째, 수용적인 태도를 보이며 맞장구를 친다. 그림책 하브루타는 찬반 토론이 아니며 자신의 생각이 친구를 돕고, 친구의 생각은 자신의 생각을 확장시켜 준다는 생각으로 공격적인 태도를 보이지 않도록 한다. 언어적 표현을 할 때도 비난을 하거나 단점을 말하는 직설적인 방법을 사용하지 않도록 한다. 비언어적 표현으로 친구의 생각을 존중하는 긍정적인 신호를 해 주는 것도 중요하다.

> **Tip**
> - 학급의 실정에 따른 하브루타 규칙을 정하는 것을 추천한다.
> - 틈틈이 하브루타 규칙이 잘 적용되고 있는지 확인하면서 수정 및 보완해 나가면 좋다.

미덕의 보석 & 나에게 주는 메시지 찾기

그림책 하브루타는 아이들이 올바른 삶을 살아가도록 이끌어 준다. 아이들은 학교에서 타인과 의사소통하는 능력, 상대방의 말과 행동을 존중하고 경청하는 미덕을 배워 실천 의지를 다지는 과정이 필요하다.

미덕의 보석 찾기

그림책 하브루타를 한 후에는 내가 마음에 품고 실천해야 할 미덕을 찾아보는 것이 중요하다. 그림책이 준 감동을 미덕으로 떠올리고 그 이유를 말해 봄으로써 공언을 하게 된다.

활동 방법

① 학기 초에 52가지 미덕의 종류와 의미를 알아보는 활동을 한다(미덕의 수가 많으므로 하루에 조금씩 그 의미를 알 수 있도록 한다).
② 내가 생각하는 미덕의 의미로 바꾸어 생각하게 하면 의미 이해가 더 쉽게 된다.
③ 그림책 하브루타를 하고 그림책과 관련한 미덕의 보석을 찾는다.
④ 찾은 미덕의 보석과 그렇게 생각한 이유를 이야기한다.

| 미덕 찾아내서 붙이는 장면 | 완성된 미덕 찾기 |

나에게 주는 메시지 찾기

그림책 하브루타를 통해 자신이 중요하게 생각하고 느낀 바를 한 문장으로 표현해 봄으로써 아이들의 삶이 풍부해질 수 있다. 그림책 하브루타 공책에 나에게 주는 메시지를 적을 수도 있지만 생각 기부 활동으로 대체해도 된다. 생각 기부 활동은 모둠 친구들과 창문 구조 학습지로 서로 소통하며 찾은 메시지를 공유한다는 장점이 있다.

> **활동 방법**
> ① 그림책에서 본 다양한 사람들과 삶을 떠올려 본다.
> ② 그림책이 나에게 주는 영감을 한 문장으로 표현한다.
> ③ 나에게 주는 메시지를 친구들과 공유한다.
> ④ 나에게 주는 메시지는 그림책을 통한 배움, 내 삶의 지침이 되는 선물 같은 존재가 된다.

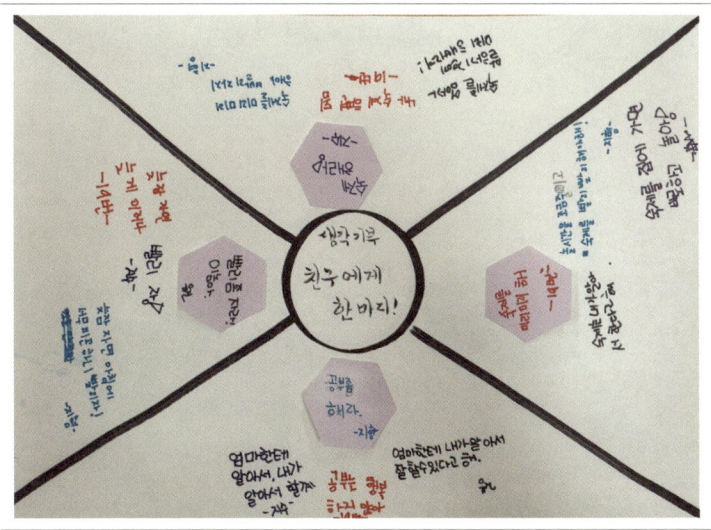

생각 기부 활동

Tip

- 학기초에 내가 생각하는 미덕의 의미가 담겨진 미덕 책받침을 만들면 미덕 찾기를 할 때 쉽게 접근할 수 있고, 1년 내내 사용할 수 있다.
- 미덕뿐만 아니라 교사가 가지고 있는 가치 덕목 카드를 활용해서 가치 찾아보기로 변형시켜도 된다.
- 이미지 프리즘 카드, 멘티미터, 패들렛 등 다양한 방법으로 변형해서 활동할 수 있다.
- 다양한 방법의 필사하기를 통해 나에게 주는 메시지를 적어 볼 수 있다.
- 미술 활동과 연계하여 여러 가지 표현 활동으로 계획하여 운영할 수 있다.

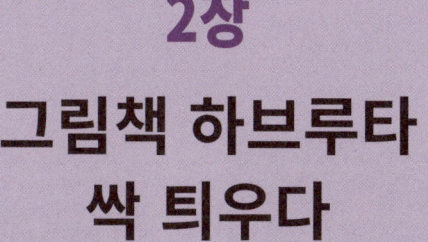

2장

그림책 하브루타 싹 틔우다

그 소문이 가짜일까?
진짜일까?

『감기 걸린 물고기』
박정섭 글·그림, 사계절

『배고픈 거미』
강경수 글·그림, 그림책공작소

교사용 지도안 및 함께 보면 좋은 책

"누가 봤다더라.", "누구한테 들었는데…." 진위의 판단은 차치하고 가볍게 전하는 말들인 소문이 생각보다 자주 들려온다. 친구 사이의 사소한 이야기부터 학교, 직장, 때로는 사회 전체를 술렁이게 하는 이슈도 있다. 소문을 통해 누군가의 못된 의도로 감춰져 있던 진실이 세상에 드러나기도 한다. 하지만 우리가 듣는 소문은 대부분 누군가를 상처 입히거나, 갈등을 일으키고, 공동체를 파괴시킨다. 어느 누구도 근거를 확인하려 하지 않는 것도 소문이 확산되는 원인이다.

소문에도 진짜와 가짜가 있듯이 정보를 제공하는 언론 매체에서도 가짜와 진짜 뉴스가 존재한다. "발 없는 말이 천리 간다."는 속담처럼 말의 영향력은 매우 크다. 어떤 소문이나 말은 진실 여부보다 사람들의 관심 정도에 따라 퍼지는 속도와 파급력이 결정된다. 우리는 언론이 제공하는 정보의 진위를 판별할 수 있어야 한다. 이를 위해 스스로 정보를 비판적으로 분석할 수 있는 능력과 소문과 사실을 구분할 수 있는 능력이 필요하다.

『감기 걸린 물고기』와 『배고픈 거미』는 우리가 소문을 어떻게 바라보고 판단해야 하는지에 대해 생각하게 한다. 자신의 이익을 위한 소문과 자신의 입장만 생각한 사실이 타인에게 어떻게 영향을 미치는지 비교하며 생각할 거리를 만들어 준다. 소문에 대해 비판적으로 사고하지 못하는 우리에게 진위에 대한 판단을 남에게 미루거나 일방적으로 수용하는 태도에 대해 경각심을 심어 주기도 한다. '나라면 어땠을까?' 스스로 질문하게 만들어 정보 수용자로서 지녀야 할 태도에 대해 생각해 보게 하는 그림책이다.

그림책과 마주하기

소문과 관련하여 자신이 경험한 이야기를 공유하고 그림책에 흥미를 가질 수 있도록 분위기를 조성했다.

- 소문 때문에 힘들었던 경험에 대해 이야기해 봅시다.
- 중학생 언니가 메신저로 저한테 은비(가명)를 괴롭혔다고 혼을 낸 경험이 있어요. 다른 애가 그런 거였는데 제가 했다고 소문이 난 거라 엄청 화가 났어요.
- 저는 좋아하는 애가 있었는데 친구가 다른 사람한테 제가 준영(가명)을 좋아한다고 말해서 부끄러웠던 적이 있어요.

🧢 친하게 지내는 형과 싸운 적이 있는데 그날 사과하고 끝났었거든요. 그 형이 3일 후에 명치가 아파서 병원에 갔는데 제가 때려서 간 거라고 소문이 나서 당황스러웠어요.

👩 소문이 났을 때 기분이 어땠나요?

🧒 비밀로 하기로 했는데 다른 사람이 알게 돼서 짜증났어요.

🧢 기분이 안 좋고 엄청 억울했어요.

🧒 혈압 오른다는 말이 무슨 의미인지 알게 됐어요. 머리가 멍해지고 아무 생각이 안 났어요.

🧒 제가 안 했다고 하는데도 아무도 안 믿어 줘서 눈물이 났어요.

하브루타로 그림책 톺아보기

『감기 걸린 물고기』와 『배고픈 거미』 그림책을 읽기 전에 제목만 제시하여 떠오른 생각이나 느낌을 나누어 보며 그림책에 대한 흥미를 높인다.

■ **그림책 제목 보고 떠오른 생각 나누기**

"저는 진짜 물고기가 감기에 걸리는지가 궁금해요."

"물고기가 감기에 걸려서 육지 밖으로 나와 치료 받을 것 같아요."

"감기 걸린 물고기가 콧물 흘리는 모습이 떠올라요."

"배고픈 거미가 어떻게 먹이를 잡았을지가 궁금해요"
"거미가 먹을 수 없는 것까지 다 먹어 버릴 것 같아요."

■ **질문 만들기**

『감기 걸린 물고기』와 『배고픈 거미』 그림책을 각각 살펴본 후 유사점과 차이점을 찾아 비교할 수 있는 질문을 만들었다. 유사점과 차이점을 찾아 비교하는 활동은 사고를 자극한다.

그런데 비교 질문 만드는 것을 어려워하는 아이들도 많다. 이럴 때는 다음 활동 방법에서 제시한 것과 같이 한 단계 한 단계 스텝을 밟아가는 것이 필요하다.

활동 방법

① 『감기 걸린 물고기』와 『배고픈 거미』의 표지를 보고 이야기를 나눈다.
② A4 용지를 나눠 주고 반으로 접도록 한다.
③ 『감기 걸린 물고기』 그림책을 먼저 읽어 주고 왼쪽 칸에 느낌이나 생각을 적는다.
④ 기록한 느낌이나 생각나는 단어로 문장을 만든다.
⑤ 『배고픈 거미』 그림책을 읽은 후 오른쪽 칸에 느낌이나 생각을 적는다.
⑥ 기록한 느낌이나 생각나는 단어로 문장을 만든다.

⑦ 왼쪽과 오른쪽에 적힌 문장을 보면서 공통점과 차이점이 드러난 문장을 만든다.
⑧ 문장으로 까바 놀이를 하고, 문장이 답이 되도록 비교 질문을 만든다.
⑨ 생생 질문을 짝별로 1~3개 고른다.
⑩ 짝별로 고른 생생 질문을 가지고 4~6명이 모둠으로 토론한다.
⑪ 우리 반 생생 질문을 뽑아 집중 토론한다.
⑫ 활동 후 소감을 나눈다.

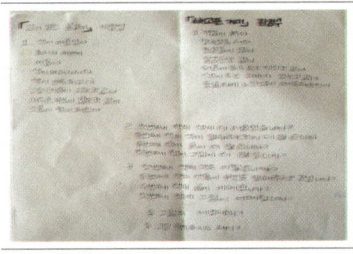
비교 질문 만들기

까바 놀이하는 모습

아이들은 두 그림책에서 찾은 유사점과 차이점을 이용해 다음과 같은 비교 질문을 만들고 짝과 함께 생각을 나누었다.

학생들이 만든 질문

- 물고기는 감기를, 동물들은 거미를 무서워한 이유는 무엇일까?
- 『감기 걸린 물고기』와 『배고픈 거미』의 공통점과 차이점은 무엇일까?

- 동물들과 물고기가 겁에 질린 이유는 무엇일까?
- 이 두 그림책이 이야기하고 싶은 주제는 무엇일까?
- 두 그림책에서 사건이 벌어진 원인은 각각 무엇일까?
- 물고기와 동물들은 어떤 상황에 처해 있나?
- 당신이 만약에 아귀나 파리라면 어떤 진실 또는 거짓을 말했을까?
- 당신이 만약에 『배고픈 거미』의 호랑이 또는 『감기 걸린 물고기』의 검정 물고기라면?
- 『감기 걸린 물고기』에서 검정 물고기는 의심을 시작했지만 『배고픈 거미』에 나온 동물들은 소문을 의심하지 않은 이유는?
- 『감기 걸린 물고기』는 어두운 배경, 『배고픈 거미』는 밝은 배경을 한 이유는?
- 『배고픈 거미』의 소문과 『감기 걸린 물고기』 속 소문의 차이는?
- 아귀와 파리의 미래는 어떻게 되었을까?
- 두 그림책이 주는 의미(메시지)의 차이는?

■ 하브루타 즐기기

짝과 함께 선정한 질문을 가지고 짝 대화를 해 본 후 모둠별 생생 질문을 선정하여 전체 하브루타를 진행하였다.

Q 『감기 걸린 물고기』에서 검정 물고기는 소문을 의심하기 시작했지만 『배고픈 거미』에 나온 동물들은 소문을 의심하지 않은 이유는?

A1 검정 물고기는 감기에 걸린 물고기를 보지 못해서 의심을 시작했고 동물들은 거미줄을 직접 눈으로 보았기 때문에 의심을 한 것 같아요.

A2 물고기들은 비슷한 소문이 자꾸 들리고 친구 물고기들이 하나 둘 사라지기 시작하니 의심을 한 것 같아요. 하지만 『배고픈 거미』에 나온 동물들은 자신이 걸린 거미줄을 만든 거미의 존재를 모르기에 파리 말을 의심하지 않은 것 같아요.

A3 『감기 걸린 물고기』의 물고기들은 아귀의 존재를 봐서 의심을 시작했고, 『배고픈 거미』의 동물들은 거미를 보지 못한 상태에서 목소리만 들으면서 두려움이 커져서 파리의 말을 믿을 수밖에 없었을 것 같아요.

Q 『배고픈 거미』의 소문과 『감기 걸린 물고기』 속 소문의 차이는?

A1 『배고픈 거미』에서는 파리 입장에서 사실 그대로를 이야기했고 『감기 걸린 물고기』에서는 자신의 이익을 위해 거짓 소문을 냈어요.

A2 『배고픈 거미』에 나온 동물들은 누군가의 말을 그대로 믿었고, 『감기 걸린 물고기』에서는 의심을 했어요.

A3 『배고픈 거미』 속 소문은 자신이 경험한 내용을 그대로 말한 사실이고, 『감기 걸린 물고기』 속 소문은 아귀가 지어 낸 거짓이에요.

Q 아귀와 파리, 또는 물고기와 도망간 동물들의 미래는 어떻게 되었을까요?

A1 아귀는 자신이 소문을 냈던 방법으로 다시는 물고기를 잡아먹을 수 없어서 굶었을 것 같고, 파리는 거미줄에 걸린 동물들을 다 풀어 준다고 이야기했으니 자신도 살려 달라고 빌었을 것 같아요.

A2 물고기들은 아귀에게 절대 속지 않고 뭉쳐서 잘 살아가면서 이상한 이야기가 들려오면 의심부터 하면서 사실인지 알아볼 것 같아요. 하지만 도망간 동물들은 다른 동물들에게 죽다가 살아났다면서 배고픈 거미의 존재에 대해 소문을 내고 다니면서 두려움 속에서 살 것 같아요.

A3 아귀를 양치기 소년처럼 생각하고 믿지 않을 것 같고, 파리는 거미줄에 걸려 욕심 부리고 거만했던 자신을 후회할 것 같아요.

아이들은 『감기 걸린 물고기』와 『배고픈 물고기』 그림책의 유사점과 차이점에 대해 질문을 주고받으며 비교 답변을 하는 것을 힘들어했다. 기존에 하나의 질문으로 하나의 답변을 하는 것과는 다른 경험이라고 했다. 1차원적인 질문이 아닌 한 단계 성장된 질문으로 두 질문을 비교하여 말하니 생각을 많이 한 느낌이 든다고도 했다. 아이들은 책을 깊이 있게 읽고 내용을 다시 곱씹어 보며 사고를 연결시키는 것에 익숙하지 않았다.

그림책 모꼬지 속으로

이번에는 두 그림책을 자신의 삶과 연결해 보고, 소문의 진위 여부를 확인해 보는 다양한 활동을 통해 소문을 받아들이는 자세와 함께 비판적 사고 능력을 키우고자 했다.

■ '나라면?' 활동

문제 상황에서 등장인물의 입장이 되어, 상대에게 어떤 말을 해 주고 싶은지에 대해 생각해 보았다. 또한 등장인물의 마음을 파악해 본 후 나라면 그 상황에서 어떻게 했을지에 대해 서로의 생각을 공유했다.

활동 방법

① 문제 상황 속 등장인물의 입장을 생각해 본다(어떤 생각을 했을지, 어떤 말을 해 주고 싶은지, 내가 만약 그 상황에 처했다면 어떻게 했을지 생각해 본다).
② 자신의 생각을 정리한 후 학습지에 정리한다.
③ 짝꿍과 함께 서로의 생각을 공유한다.
④ 학급 전체 아이들과 이야기를 나눈다.
⑤ 활동 후 소감을 나눈다.

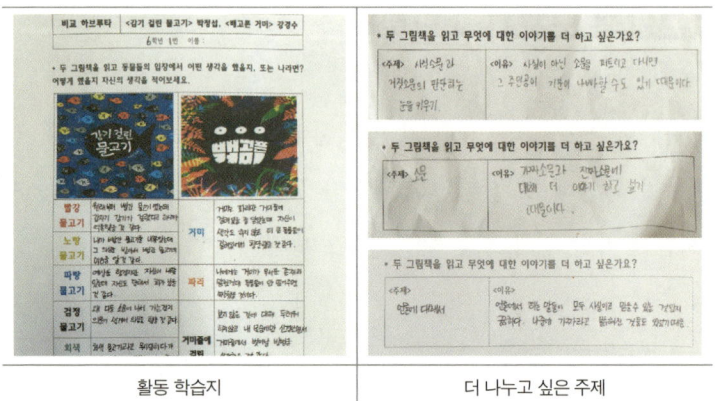

| 활동 학습지 | 더 나누고 싶은 주제 |

〈등장인물의 입장이 된 아이들 생각〉

검은 물고기의 입장
- 소문을 낸 사람이 누군지 밝히고 싶었는데 아무도 안 믿어 줘서 속상했을 것 같아요.
- 물고기들을 내쫓아서 후회했을 것 같다.
- 한 번쯤 의심해 보자고 한 것을 회색이 동의해 주지 않아서 당황스러우면서도 결국 잡아 먹히니 자신이 옳았음을 뽐낼 것 같아요

거미의 입장
- 자기보다 큰 동물들이 거미줄에 걸려 있어서 놀랐을 것 같다.
- 동물들을 보고도 떨지 않고 자기가 하고 싶은 말을 다하는 모습을 보니 용기가 있는 것 같다.
- 거미줄에 먹이가 많이 걸려 있어서 기분이 좋다.

물고기들이 아귀의 배에서 나올 수 있도록 결정적인 역할을 한 해파리에 대한 이야기는 나오지 않았다. 작고 미미한 힘을 지닌 해파리지만 갇혀 있던 물고기들을 다시 자기가 살던 터전으로 돌아오도록 했다는 것을 알려 주었다. 우리 아이들도 해파리 같은

역할을 하기 바라는 마음도 함께 전했다.

■ **모의재판 활동하기**

모의재판은 실제와 유사한 상황을 간접경험 하게 함으로써 의사결정 능력을 길러 주는 효과가 있다. 또한 올바른 가치관을 정립하고 근거의 타당성과 적절성을 판단하는 능력도 키워 준다.

활동 방법

① 각자가 읽은 그림책의 등장인물 중에서 피해를 입은 인물 중 하나를 선택한다.
② 자신에게 피해를 준 등장인물에게 고소장을 작성한 후 교사에게 제출한다(교사는 미리 고소장 양식을 준비한다).
③ 판사, 검사, 변호인, 피고인, 증인, 배심원의 역할을 정한다.
④ 교사는 고소장 중 1장을 선택하여 검사와 변호인에게 준다.
⑤ 각자 역할에 맞게 재판에 필요한 자료를 준비한다(증거 자료가 필요할 경우 교사는 그림책 일부를 복사하여 증거로 제시하도록 해 준다).
⑥ 각자 맡은 역할에 맞게 모의 재판을 한다(재판 시작 → 검사 측 입장 말하기 → 변호인 측 입장 말하기 → 양측 증거 및 증인 심문 → 최종 의견 말하기 → 판결하기).
⑦ 활동 후 소감을 나눈다.

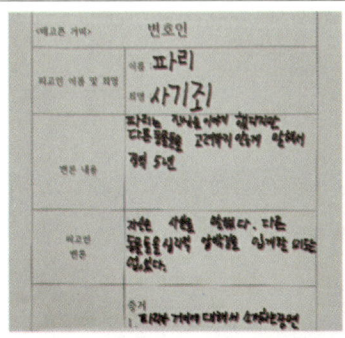	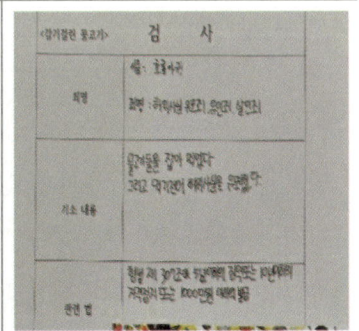
재판 전 자료 준비하기(변호인)	재판 전 자료 준비하기(검사)
	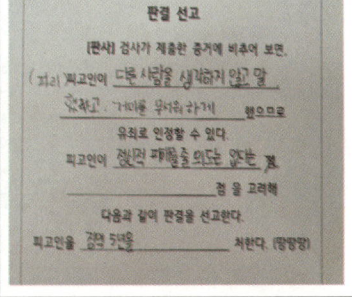
재판하는 모습	판결문

■ '하얀 뉴스 찾기' 활동

 소셜네트워크서비스(SNS)뿐 아니라 다양한 매체에서 정보가 쏟아지면서 각각의 정보에 대한 진위 여부를 확인하는 것이 어려운 세상이 되었다. 이럴수록 정보의 무조건적 수용보다는 스스로 비판적 시각을 가지고, 진위 여부를 검증해 보고 판단할 수 있는 능력이 중요하다.

활동 방법

① 교사는 가짜 뉴스와 진짜 뉴스가 적힌 학습지(사진과 뉴스기사)를 제공한다.
② 태블릿 PC를 활용해 뉴스 정보의 사실 여부를 검색해 본다.
③ 가짜 뉴스일 경우 어떤 부분이 잘못된 것인지 찾아서 학습지에 형광펜으로 표시한다.
④ 정리한 내용을 모둠과 공유하며 팩트를 체크한다.
⑤ 활동 후 소감을 나눈다.

| 하얀 뉴스 정보 확인하는 모습 | 하얀 뉴스 검색 학습지 |

■ '진실을 밝히다!' 활동

보편적으로 알고 있는 역사적 인물들이 한 일 중 오류이지만 사실로 알고 있는 몇 가지 내용을 아이들에게 제공하고, 역사적 진실을 찾아보면서 올바른 역사 인식과 함께 우리가 알고 있는 지식에도 잘못된 정보가 있을 수 있음을 깨닫게 한다.

활동 방법

① 교사는 역사적 인물에 대해 왜곡된 사실들을 5~6가지 찾는다.
② 아이들은 교사가 제시한 정보 중 4~5가지를 선택한다.
　태블릿 PC로 검색해 보고 정확한 사실을 공책에 정리한다.
③ 교사는 아이들에게 색지 2~3장을 나눠 준다.
④ 아이들은 색지를 1~2cm 정도 여유를 두고 겹친다.
⑤ 2~3장이 겹쳐진 색지 가운데를 접어 계단 모양으로 만들고 인덱스 부분에 질문을 적는다.
⑥ 페이지마다 1가지 주제에 따른 진위 여부를 검색하여 사실 정보를 적고, 계단북을 완성한 후 발표한다.

역사적 인물에 관한 정보 주제

자료 검색하기

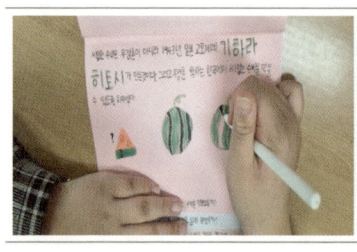
계단북 만드는 모습

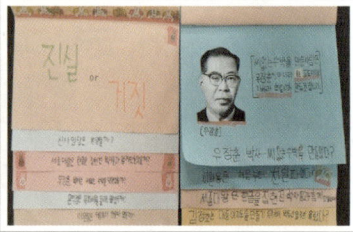
계단북 작품 완성

'진실을 밝히다' 활동만 선택하여 진행하는 경우 교사가 준비한 정보로 OX 활동을 해 보는 것도 좋다.

생각 기부 시간

정보화 시대에 정보 수용자로서 우리가 지녀야 할 마음의 보석을 찾으며, 자신의 삶과 연관지어 정보를 어떻게 받아들여야 할지 스스로 생각해 보는 시간을 가졌다.

■ 마음의 보석

정보 또는 소문에 대해 우리가 앞으로 어떻게 대처해야 하는지, 또는 스스로 지녀야 할 자세 또는 태도에 대해 생각해 보고 공유했다.

"호기심의 보석이 필요해요, 뉴스를 볼 때 진짜 뉴스인지 가짜 뉴스인지 호기심을 가지고 생각해서 받아들여야 하기 때문이에요."

"많은 정보들 중에서 어떤 것이 진실이고 거짓인지 스스로 분별할 줄 아는 '분별력'의 보석이 필요할 것 같아요."

> **아이들이 그림책에서 찾은 메시지**
> - 진실이든 거짓이든 다른 사람에게 퍼트리지 말자.
> - 어떤 정보든 의심해 보자.
> - 말 조심하자.

혼자와 함께의 의미를
알고 있나요?

『장갑』
에우게니 M. 라쵸프 그림, V. 투르코바 편저,
배은경 옮김, 한림출판사

교사용 지도안 및 함께 보면 좋은 책

교실에 있는 많은 아이들은 유튜브 크리에이터를 꿈꾼다. 디지털 기반의 기기와 매체를 활용하여 자신을 표현하는 것을 즐긴다는 것이다. 동시에 '혼밥', '혼게임' 등 혼자 하는 활동도 좋아한다. 혼자 표현하며 즐기는 시간이 늘어날수록 함께하는 즐거움은 잃어버리게 마련이다. 사람들은 혼자가 아닌 함께 어울려서 살아간다. 자신의 생각을 공유하고 서로 소통하며 공감하는 능력이 필요하다. 이를 위해 아이들에게 함께하는 즐거움과 표현하는 기회를 둘 다 줄 수 있는 도구로 역할극을 선택했다.

『장갑』 그림책은 이야기가 짧고 등장인물들의 대사가 계속 반복된다는 점 등에서 역할극을 하기에 좋다. 나 혼자가 아닌 자신의 자리를 양보하며 더불어 사는 법을 보여 주는 그림책이다. 그런 의미에서 『장갑』 그림책으로 역할극을 하면 반복적인 문장과 한 번 등장한 인물들은 공연이 끝날 때까지 함께한다는 점이 좋다. 역할극 준비를 하면서 협력의 재미를 맛보고, 등장인물의 마음을 짐작하고 표현해 보는 과정에서 함께하는 즐거움을 느낄 수 있다.

그림책과 마주하기

    책에 대한 호기심을 유발하기 위해 '장갑' 하면 떠오르는 단어를 발표해 보고, 그와 관련한 자신의 경험을 발표한 후 그림책 표지를 관찰하였다.

- '장갑' 하면 떠오르는 경험이 있나요?
- 저는 '아빠'가 떠올라요. 왜냐하면 항상 겨울이 되면 목장갑을 끼고 불을 피우거든요.
- 저는 '눈'이 생각나요. 겨울에 눈이 오면 항상 장갑을 끼고 놀았거든요.
- 저는 '할아버지'가 떠올라요. 왜냐하면 두릅을 채집할 때 항상 장갑을 끼고 하시거든요.
- 저는 '눈사람'이 떠올라요. 추워서 장갑 끼고 눈사람을 만들거든요.
- 저는 '김장'이 생각나요. 김장할 때 빨간 장갑 끼고 하니까요.
- 『장갑』 그림책 표지를 보고 어떤 이야기가 펼쳐질지 예상해 봅시다.
- 저는 겨울잠 자는 동물들 이야기일 것 같아요.
- 저는 장갑에서 동물들이 사는 이야기인 것 같아요. 왜냐하면 표지에 동물들이 장갑에 다 들어가 있어서요.

- 저는 동물들이 장갑을 발견해서 궁금해 하는 이야기일 것 같아요.

하브루타로 그림책 톺아보기 & 모꼬지 속으로

그림책을 읽고 생각을 공유하는 시간이 많을수록 역할극을 준비하는 데 바탕이 되어 주었다. 역할극은 혼자가 아닌 함께하는 것이 무엇인지 알게 해 준 좋은 시간을 선물해 주었다.

■ **그림책 읽고 생각 꺼내기**

이야기가 어떻게 진행되는지 생각하며 읽기 → 등장인물의 마음 생각하며 읽기 → 등장인물에 맞게 역할 정해 읽기 등 다양한 관점으로 여러 번 그림책을 읽는다. 이러한 읽기의 과정을 거치면 이야기의 내용을 깊게 이해하고 역할극 스토리를 형성하는 데 도움이 된다.

먼저 그림책에서 가장 인상적인 동물과 자신과 닮은 동물에 대해 이야기를 나누었다.

 『장갑』 그림책에서 제일 인상적인 동물은 무엇이었나요?
 쥐입니다. 다른 동물을 배려하는 모습이 좋기 때문입니다.

🧒 저도 쥐라고 생각합니다. 처음 보는 장갑에서 살 생각을 하는 게 멋지기 때문입니다.

🧢 쥐입니다. 다른 동물들도 같이 살 수 있게 허락해 줬기 때문입니다.

👩 『장갑』 그림책 등장인물 중 자신과 비슷한 동물은?

🧒 저는 개구리와 비슷해요. 저도 많이 울거든요.

🧒 토끼와 닮았어요. 오빠가 쫓아 오면 토끼처럼 잘 도망가요.

🧢 뚱뚱한 게 닮은 멧돼지요.

🧒 저는 쥐요. 사과 먹을 때 쥐처럼 갉아먹거든요.

🧒 늑대와 비슷해요. 정류장에서 개미를 봤는데 개미가 밟히지 않도록 듬직하게 제가 지켜 줬거든요.

■ **질문 만들기**

다양한 관점을 가지고 그림책 여러 번 읽기 활동을 바탕으로 질문을 만들고 생각을 나누었다.

학생들이 만든 질문

- 동물들이 다 들어가려면 얼마나 큰 장갑이었을까?
- 할아버지는 장갑을 왜 허리띠에 끼웠을까?
- 쥐는 친구들이 장갑에 들어가도 되냐고 물었을 때 기분이 어땠을까?
- 곰과 늑대는 덩치가 큰데 어떻게 들어갔을까?

- 친구들과 장갑 속에 있을 때 무엇을 했을까?
- 도움이 필요한 친구에게 도움을 주었을 때 기분이 어땠나?
- 『장갑』 그림책에 나온 동물들처럼 모두 함께 살기 위해서 내가 할 수 있는 것은 무엇이 있을까?
- 혼자 있을 때보다 여럿이 있는 것이 더 좋을 때는 언제인가?
- 곰이 장갑에 들어가고 싶다고 했을 때 망설인 까닭은 무엇인가?
- 동물들이 들어간 장갑이 꽉 찼을 때 어떤 생각이 들었나?

아이들이 만든 질문

■ 전체 하브루타 즐기기

『장갑』 그림책으로 짝과 함께 선정한 질문으로 짝 대화를 해 본 후 생생 질문을 1개씩 선정하여 전체 하브루타를 진행하였다.

Q 친구들과 장갑 속에 있을 때 기분이 어땠을까요?
A1 따뜻해서 기분이 좋았을 것 같아요.

A2 동물들이 너무 많아서 답답했을 것 같아요.

Q 도움이 필요한 친구에게 도움을 준 경험이 있나요? 기분은 어땠나요?

A1 연필이 없어서 빌려 준 적이 있었는데 친구가 고맙다고 이야기해서 기분이 좋았어요.

A2 게임할 때 게임 방법을 잘 모르는 친구한테 가르쳐 준 적이 있어요.

Q 장갑에 나온 동물들처럼 모두 함께 살기 위해서 내가 할 수 있는 것은 무엇이 있을까요?

A1 서로 배려해 줘야 할 것 같아요.

A2 서로 협동해야 하고 존중해 줘야 할 것 같아요.

■ 역할극 하기

역할극을 하기 위해 필요한 것이 무엇일까 생각해 본 후 대본 쓰기, 배경, 소품 등에 대해 이야기를 나누고 활동했다.

활동 방법

① 역할극 대본 쓰기

대본의 대사는 작품에 나타난 인물들의 특징을 최대한 잘 파악한 후 인물의 감정을 실감나게 표현하도록 안내했다. 『장갑』 그림책의 내용을 보고 각자 태블릿 PC를 이용하여 대본을 써 보게 한 후 하나의 대본을 선정하고 함께 수정했다.

▶ 각자 대본 쓰기 → 돌아가며 대본 읽기 → 대본 선택하기 → 함께 수정하기 → 대본 완성하기

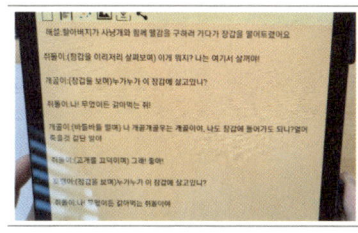
대본 쓰기

대본 수정하기

장갑

대본 : 민서.서우.선재.주연.하원.해슬.윤영

해설:할아버지가 사냥개와 함께 땔감을 구하러 가다가 장갑을 떨어트렸어요

쥐돌이: (바들바들 떨며 돌아다니다 장갑을 본다)이게 뭐지? (장갑을 이리저리 살펴본다)난 여기서 살아야지!
개굴이: (팔짝팔짝 뛰며 장갑을 살펴본다)누가누가 이 집에 살고있니?
쥐돌이: 나는야 무엇이든 갉아먹는 쥐돌이
개굴이: 난 개굴개굴 우는 개굴이(바들바들 떨며)나도 장갑에 들어가도 될까? 얼어 죽을것 같단 말야
쥐돌이:당연하지 언제든지 환영해

토깽이: (당근을 들고 깡충깡충 장갑 주위를 맴돌며 장갑을 살펴본다)누가 누가 이 장갑에 살고있니?
쥐돌이: 나는야 무엇이든 갉아먹는 쥐돌이!
개굴이: 나는 개굴개굴 우는 개굴이! 넌 누구니?
토깽이: 나는 껑충껑충 뛰어다니는 토끼. 이 장갑에 들어가게 해줘

완성된 대본 중 일부

② 역할 정하기

　　역할을 정하기 전에 모든 등장인물이 중요함을 안내했다. 인물의 특성에 알맞게 연기를 하는 것이 중요하다고 언급한 후, 등장인물의 성격과 아이들의 의견을 고려하여 아이들 스스로 역할을 정하도록 했다.

③ 역할극 배경 만들기

　　역할극의 배경은 전지 또는 그림판 프로그램을 활용하여 만들 수 있다. 미술 교과와 연계하여 그림판을 활용해 각자 내용에 맞는 배경을 그렸고, 분위기에 어울리는 그림을 투표하여 선정했다.

　　▶ 그림판 활용하여 배경 그리기(개인) → 전체 화면으로 보여 주기 → 배경 선택하기

| 그림판을 이용해 배경 그리기 | 완성된 배경 |

④ 역할극 소품 만들기

　　역할에 맞게 필요한 소품을 각자 준비하거나 만들도록 하였

다. 동물에 맞게 머리띠를 준비하고, 마스크에 각자 맡은 동물의 코와 입을 그리게 했다. 사냥꾼의 경우 펠트지와 종이를 이용해 나뭇가지를 만들게 했으며, 장갑은 흰 천으로 대처했다. 약간의 무게감이 있는 이불을 활용하는 것도 좋다.

소품 만들기

⑤ 역할극 연습하기

역할이 정해지면 역할극을 할 때 자연스럽게 대사가 나와야 하므로 대본을 보고 여러 번 낭독하게 했다. 어느 정도 대본이 익숙해질 때 동작과 함께 대사를 암기하였고, 동작이 자연스럽게 이어질 수 있도록 연습했다.

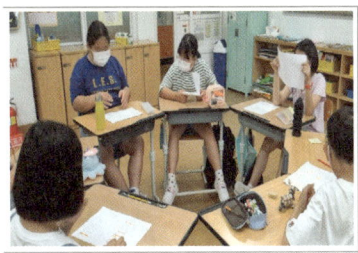 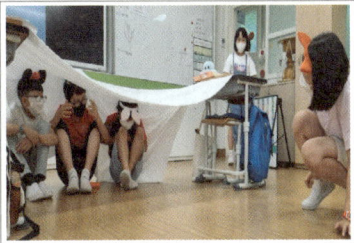

역할극 연습하기

⑥ 역할극 실연하기

실연에 앞서 아이들이 준비물과 소품을 준비하고, 교사는 음악을 확인한 후 배경을 전자칠판에 띄워 놓았다. 이윽고 초대한 선생님들 앞에서 역할극을 공연했다. 공연하는 자신, 친구, 극을 관람하는 선생님들(관객)과 함께 어울리는 장이 되었다. 이러한 경험은 독서의 또 다른 즐거움을 느끼게 했고 더불어 함께한다는 것의 의미를 알게 된 시간이었다.

 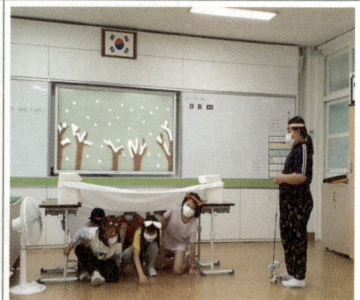

실연하기

⑦ 역할극 돌아보기

역할극 공연 녹화본을 아이들과 함께 감상하는 시간을 가졌다. 각자의 역할에 충실했던 순간과 함께 웃을 수 있는 시간이 만들어졌다. 역할극을 하면서 장갑에 들어가기 전과 후의 느낌, 다른 동물들이 장갑으로 들어온다고 했을 때 느낌, 장갑 주인이 찾으러 왔을 때 느낌을 나누어 보았다.

🧑‍🦰 장갑 안과 밖은 어떤 차이가 있는 것 같나요?

👦 안은 따뜻하고 좋았고 밖은 추웠어요.

👦 안은 같이 있고 밖은 혼자 있어 외로웠어요.

👦 안은 안전한 것 같고 밖은 무서웠어요.

🧑‍🦰 우리들의 주변 또는 사회에서 장갑 안과 밖을 찾아본다면 어떤 것이 있을까요?

👦 장갑 안은 우리나라고 장갑 밖은 기후 난민 같아요.

👦 장갑 안은 따뜻한 우리 집이고 장갑 밖은 운동장 같아요.

👦 왕따 당한 아이는 장갑 밖에 있는 것 같아요.

🧑‍🦰 장갑 안에 우리들이 모두 들어가기 위해서는 어떻게 하면 좋을까요?

👦 동물들이 많이 들어왔을 때 장갑이 좀 더 컸으면 좋겠다는 생각이 들었어요. 하지만 마음을 키우면 작은 장갑이어도 괜찮아요.

👦 서로 배려하고 양보하면 모두 들어갈 수 있어요.

👦 혼자 하지 말고 함께해야 한다는 생각을 가지고 있어야 해요. 장갑에 들어갈 수 있게 해 줬을 때 쥐한테 고마웠거든요.

생각 기부 시간

그림책을 읽고 든 생각, 우리에게 말하고자 하는 작가의 의도, 활동하면서 느꼈던 점을 '좋(좋았던 점)·아(아쉬운 점)·해(해 보고 싶은 것)' 활동으로 정리해 보았다.

- **좋(았던 점)**
- 친구들과 같이 역할극을 한 점이 좋았다.
- 역할극 할 때 생각한 대로 표현되어서 좋았다.
- 친구들과 다 같이 해서 좋았다.
- 곰이 장갑에 들어가는 걸 허락해 준 점이 좋았다.
- 할아버지가 오시자 다 같이 장갑에서 나가는 것이 재미있었다.

- **아(쉬운 점)**
- 역할극 할 때 목소리가 작았다.
- 목소리를 크게 하기는 했지만 더 크게 했으면 좋았을 것 같다.
- 다른 역할을 하지 못해서 아쉬웠다.
- 배경을 만들 때 나무가 이상하게 그려졌다.
- 대본 수정하느라 친구들이랑 같이 놀지 못했던 것이 아쉬웠다.

- **해(보고 싶은 것)**

- 내 연기가 맘에 들지 않아서 다시 해 보고 싶다.
- 다른 동물 역할을 해 보고 싶다.
- 다른 그림책으로 역할극을 또 해 보고 싶다.
- 우리의 역할극을 다른 사람들이 볼 수 있도록 유튜브에 올리고 싶다.
- 다른 학년들 앞에서 역할극을 보여 주고 싶다.

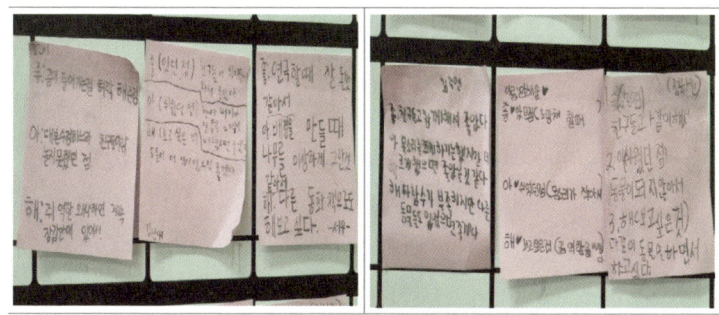

좋·아·해

아이들이 그림책에서 찾은 메시지

▶ 도움을 주면 나도 행복해지고 같이 행복해진다.
▶ 타인을 소중히 여기고 좀 더 너그럽게 행동하자.
▶ 배려하며 살고, 다른 사람에게 도움을 주자.

상대방의 마음을 얼마나 헤아리고 있나요?

『앙통의 완벽한 수박밭』
코린 로브라 비탈리 글, 마리옹 뒤발 그림,
이하나 옮김, 그림책공작소

교사용 지도안 및 함께 보면 좋은 책

　아이들과 수업 시간에 많이 활용하는 수업 기법 중 하나는 역할 놀이이다. 왜냐하면 상황 속 인물의 역할을 대신해 보는 활동을 통해 역지사지가 가능하기 때문이다. 역할놀이는 교육연극 기법 중 하나인 핫시팅과 비슷하다. 핫시팅은 무엇일까? 핫시팅은 한 명의 등장인물을 인터뷰하는 형식으로 인물의 심리나 생각을 심층적으로 탐구하기에 좀 더 효과적인 활동이다. 이는 타인의 감정을 공감하는 능력이 향상되어 그림책 감상의 폭을 넓혀 준다.

　『앙통의 완벽한 수박밭』 그림책은 완벽을 추구하는 앙통이 수박을 하나 잃어버리면서 조금씩 변해 가는 모습을 담은 이야기이다. 완벽을 추구했던 앙통은 누구나 불완전한 내면이 존재함을 깨닫게 된다. 이러한 앙통의 변화된 마음을 헤아려 보며 그림책을 감상하다 보면 어느새 자신을 돌아보게 된다. 학생 중 한 명이 앙통이 되어 다른 학생들의 질문에 답변하는 형태로 이루어지는 핫시팅은, 앙통의 마음을 비춰 봄으로써 그림책 감상을 더욱 깊이 있게 하도록 해 준다.

그림책과 마주하기

아이들에게 '완벽'은 어떤 의미일까? 아이들은 과제를 마무리하는 것, 식물을 잘 키우는 것, 부모님의 심부름 끝내기 등을 '완벽'이라고 생각하는 경우가 많았다. 완벽함의 의미에 대해 생각을 나눈 후 그림책의 한 장면을 보여 주며 내용을 예상해 보도록 함으로써 그림책에 대한 흥미를 이끌었다.

🧑‍🦰 그림책의 한 장면을 보고 어떤 내용일지 예상해 봅시다.

> 반으로 쪼개진 커다란 수박에서 물이 폭포처럼 나오고 있고 그 물에 작은 수박들이 둥둥 떠 다니고 있는 모습

👦 수박 폭포에서 수박을 먹고 씨를 뱉었는데 그 수박씨 때문에 수박이 더 많아진 이야기인 것 같아요.

👦 수박을 잘랐는데 수박 물이 많이 나와서 수박 바다가 되는 이야기일 것 같아요.

👦 수박이 하나 있었는데 어떤 아이가 수박을 쪼개서 수박 마을이 산산조각이 나는 이야기일 것 같아요.

👦 엄마가 수박을 사 와서 먹으라고 해서 먹었는데 갑자기 수박 물이 많이 나와서 당황해 하는 이야기일 것 같아요.

그림책의 한 장면으로 다양한 생각들이 나왔다. 자기만의 생각을 가진 후 그림책을 읽으니 더 집중하는 모습을 볼 수 있었다. 이때 그림책을 미리 읽었거나 알고 있는 경우 그림책 한 장면으로 내용 상상하기는 실패할 수 있으니 최근에 출판된 그림책을 선정하는 것이 좋다.

하브루타로 그림책 톺아보기

『앙통의 완벽한 수박밭』 그림책을 읽고 까바 놀이를 하면서 인상 깊었던 장면과 질문 나누기 등을 하며 그림책의 내용을 더욱 집중해서 살펴보았다.

■ 까봐 놀이하기

까바 놀이는 문장의 어미를 '까'로 바꾸어 말하는 놀이이다. 그림책의 문장으로 즐기는 까바 놀이는 그림책의 내용에 더욱 집중할 수 있게 하고, 재미도 더하면서 내용을 파악하는 데 도움을 준다.

🧑‍🦱 앙통의 수박밭은 완벽했다.
👦 앙통의 수박밭은 완벽했습니까?
🧑‍🦱 누군가 수박 한 통을 훔쳐 가기 전까지는 말이다.

🧑 누군가 수박 한 통을 훔쳐 가기 전까지는 말입니까?

👩 앙통은 그 빈 자리를 볼 때마다 수박밭 절반이 사라진 것만 같았다.

🧑 앙통은 그 빈 자리를 볼 때마다 수박밭 절반이 사라진 것만 같았습니까?

👩 '누구나 말로는 앙통을 위로할 수 있을지 모른다.

🧑 누구나 말로는 앙통을 위로할 수 있을지 모른다는 말입니까?

그림책의 그림에서 관찰한 것을 한 문장으로 말하고 이를 이용해 까바 놀이를 진행해 보았다.

> 노란 하늘에 하얀 해가 있는 날. 수박들이 가지런히 놓여 있는 수박밭이 보이고 비어 있는 수박 자리에 앙통이 서 있는 모습

예 ▸ 하늘이 노랗습니다. → 하늘이 노랗습니까?
  ▸ 고개 숙인 앙통이 보입니다. → 고개 숙인 앙통이 보입니까?
  ▸ 앙통이 검은색 모자를 쓰고 있다. → 앙통이 검은색 모자를 쓰고 있습니까?
  ▸ 앙통은 수박 무늬 바지를 입고 있습니다. → 앙통은 수박 무늬 바지를 입고 있습니까?
  ▸ 저 멀리 트럭이 한 대 보입니다. → 저 멀리 트럭이 한 대

보입니까?
- 동글동글한 수박들이 많이 있습니다. → 동글동글한 수박들이 많이 있습니까?
- 수박이 비어 있는 곳에 앙통이 서 있습니다. → 수박이 비어 있는 곳에 앙통이 서 있습니까?
- 붉은 산이 보입니다. → 붉은 산이 보입니까?
- 해가 하얗습니다. → 해가 하얗습니까?

다인수 학급에서는 몇 개의 예시를 나눈 후 반 전체 학생들이 릴레이로 진행하는 것도 좋다.

■ **인상 깊었던 장면 나누기**
『앙통의 완벽한 수박밭』 그림책을 읽고 난 후 인상 깊은 장면들을 서로 공유한다.

"고양이들이 수박밭을 난장판으로 만드는 장면이 인상 깊습니다. 왜냐하면 이런 고양이들의 행동 때문에 앙통이 더 이상 잃어버린 수박을 생각하지 않게 되었기 때문입니다."

"앙통이 수박밭에 의자를 놓고 앉아 있는 장면이 인상 깊습니다. 왜냐하면 수박밭을 어떻게든 지키려고 한 앙통이 수박을 아끼고, 최선을 다한다고 생각했기 때문입니다."

"저는 마지막에 고양이가 수박밭에 누워 있는 장면이 인상 깊습니다. 왜냐하면 고양이가 뭔가를 해낸 듯한 뿌듯한 표정을 짓고 있는 것처럼 보였기 때문입니다."

■ **질문 만들기**

그림책을 읽기 전후 나눈 이야기를 생각하며 다시 내용을 생각하면서 질문을 만들어 공유한다.

학생들이 만든 질문

- 앙통처럼 무언가를 잃어버렸던 경험이 있나요? 그때 기분이 어땠나요?
- 고양이처럼 남몰래 다른 사람에게 피해를 준 적이 있나요?
- 수박밭에서 수박 하나가 사라졌을 때 앙통의 기분은 어땠을 것 같나요?
- 수박밭이 어질러졌을 때 앙통의 기분은 어땠을 것 같나요?
- 앙통의 완벽한 수박밭의 기준과 너의 완벽한 수박밭의 기준은?
- 내가 정성 들여 해 놓은 것들을 누군가가 망쳐 버리거나 당했을 때 마음은?
- 앙통은 어쩌다 수박을 좋아하게 됐을까?
- 너는 분노할 때 어떻게 행동하니?
- 앙통처럼 무언가를 키워 본 경험이 있니?

- 완벽하게 최선을 다하고 있는데 누군가 그것을 방해한다면?
- 마지막 장면에서 양통이 흐트러진 수박밭을 보고 완벽해졌다고 한 이유는 뭘까?
- 완벽하게 하루를 보냈는데 누군가 방해를 했다면 어떤 마음이 드나요?
- 이미 엎질러진 일의 결과에 대해 스트레스 받지 않고 마음을 다스리는 방법은?
- 마음의 평화를 얻는 나만의 방법은?
- 우리가 생각하는 완벽한 선생님, 완벽한 학생, 완벽한 부모님은 어떤 모습일까?

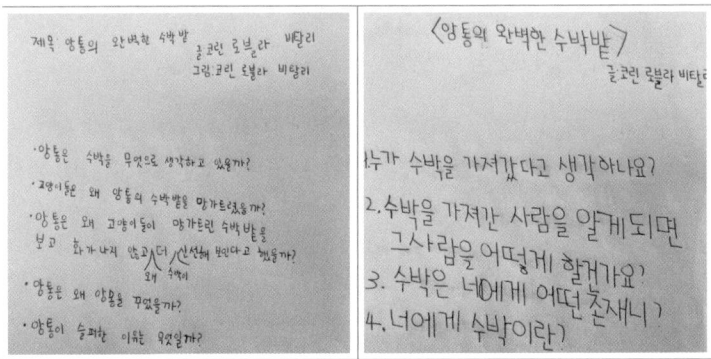

하브루타 질문

■ 하브루타 즐기기

『양통의 완벽한 수박밭』 그림책으로 짝과 함께 선정한 질문을 가지고 짝 대화를 해 본 후 모둠별 생생 질문을 선정하여 전체 하브루타를 진행하였다.

Q 수박밭에서 수박 하나가 사라졌을 때 앙통의 기분은 어땠을 것 같나요?

A1 완벽한 수박밭을 만들 수 있었는데 부족하게 되어서 너무 화가 났을 것 같아요.
A2 화가 많이 나고 누가 수박을 훔쳐 갔을지 범인을 꼭 잡고 싶을 것 같아요.
A3 세상이 무너진 기분이 들었을 것 같아요. 매일매일 수박을 키우면서 완벽하다고 생각했을 텐데 너무 빈자리가 크게 보였기 때문입니다.

Q 내가 정성 들여 만들어 놓은 것을 누군가가 망쳐 버리거나 당했을 때 마음은?

A1 '어쩔 수 없지' 하고 생각하면서 다시 만들 것 같아요.
A2 정성을 다하고 최선을 다해서 만든 것을 망쳐 버리면 짜증나고 슬플 것 같아요. 다시 해야 한다는 생각에 화도 날 것 같아요.
A3 속상하고 울컥할 것 같아요. 그래서 그 친구가 원래대로 보상해 줘야 한다고 생각해요.

Q 마지막 장면에서 앙통이 흐트러진 수박밭을 보고 완벽해졌다고 한 이유는 뭘까?

A1 수박이 없어진 자리가 보이지 않았기 때문입니다.

A2 완벽한 것이 없다는 생각이 들어서 앙통의 마음이 편안해졌기 때문입니다.

A3 더 이상 잃어버린 수박에 신경 쓰지 않아도 되기 때문입니다.

그림책 모꼬지 속으로

학급에서 일어나는 사소한 다툼과 갈등들은 상대의 마음을 헤아리는 능력이 부족해서 일어나는 경우가 많다. 등장인물의 심리를 알아보는 활동으로 공감 능력을 기르고 갈등을 줄이고자 했다.

■ 등장인물 탐색 – '앙통이 알고 싶다'

인물의 상황을 자세히 들여다보기 위해 인물의 성격, 관심사, 현재 감정의 3가지 관점을 제시해 주고, 3가지 관점에 따라 등장인물을 하나하나 분석하여 마인드맵으로 나타내면 등장인물에 대해 심도 있게 연구하고 나눌 수 있다.

활동 방법

① 교사는 3가지의 관점을 제시해 준다(성격, 관심사, 현재 감정).

② 학생들은 앙통을 생각하며 3가지 관점을 생각한다.

③ 교사는 미리 준비한 앙통의 사진을 나눠 준다.

④ 학생들은 사진을 A4 용지 중앙에 붙이고 마인드맵을 구상한다.

⑤ '앙통이 알고 싶다'로 마인드맵을 완성한다.

⑥ 활동 후 소감을 나눈다.

아이들의 수준에 따라 관점을 제시하지 않고 스스로 관점을 찾아 인물을 분석해 보는 것도 좋다.

인물 분석 마인드맵 활동 모습

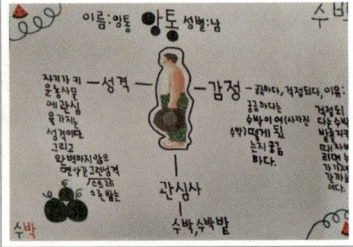

마인드맵 학생 완성작

■ 질문지 만들고 핫시팅

『앙통의 완벽한 수박밭』 그림책을 다시 살펴보면서 등장인물의 마음에 중점을 두고 '핫시팅' 활동을 준비한다. 등장인물에게 궁금한 점을 포스트잇에 쓰고 등장인물과 직접 인터뷰도 하며 작품 속 인물들의 상황을 좀 더 자세히 들여다본다.

활동 방법

① 등장인물에게 궁금한 점을 포스트잇에 각자 쓴다.
② 1~2명이 등장인물 중 한 사람이 되고, 나머지 아이들은 질문을 한다.
③ 핫시팅 모습을 영상으로 찍는다.
④ 핫시팅 촬영 영상을 보며 인터뷰 장면을 되돌아본다.
⑤ 활동 후 소감을 나눈다.

"저는 양동이 마음을 자세히 알 수 있어서 좋았어요."
"기자의 질문에 등장인물이 자세히 말하지 않고 짧게 말해서 아쉬웠어요."
"물어보는 질문에 다른 대답을 하는 경우도 있어서 그 점이 아쉬웠어요."
"저는 기자만 해 봐서, 다음에는 등장인물이 되어서 핫시팅을 해 보고 싶어요."

질문 만들기	핫시팅 활동 모습

| 질문 모음 | 핫시팅 영상 보며 돌아보기 |

생각 기부 시간

그림책과 관련해서 내가 찾은 미덕 또는 양통에게 주고 싶은 미덕의 보석을 찾아보고 나에게 주는 메시지를 공유한다.

■ 양통에게 있는 미덕의 보석 찾아 엽서 쓰기

그림책과 관련해서 내가 찾은 미덕 또는 양통에게 주고 싶은 미덕의 보석을 찾아 편지를 써서 응원하면서 자신을 되돌아본다.

> 안녕하세요. 저는 ○○이에요.
> 마지막 장면에서 수박밭이 어지러질 때 기분이 안 좋을 것 같은데 오히려 편안해졌다고 해서 신기해요. 양통과 저도 적당한 정도의 미덕이 필요한 것 같아요. 수박밭이 다시 평화로워져서 다행이에요. 안녕히 계세요.

안녕? 난 ○○이야.

너에게 해 주고 싶은 말이 있어. 먼저 잃어버린 수박을 너무 생각하지 마. 그러면 더 괴로워질 거야. 너에게 인내라는 미덕의 보석을 주고 싶어. 완벽한 수박밭이 아니더라도 인내를 가지면 완벽한 수박밭이 될 수 있을 거야. 안녕.

안녕? 나는 ○○이야.

양통 너에게 인내의 보석을 선물해 주고 싶어. 왜냐하면 인내는 그 일이 풀릴 거라 생각하고 기다리며 희망을 원하는 거거든. 앞으로 안 좋은 일이 생기면 인내를 생각해. 그럼 잘 지내.

안녕하세요. 저는 ○○이에요.

수박 한 개를 잃어버렸어도 괜찮아요. 아직 남아 있는 수박이 많잖아요. 그리고 양통에게 사랑의 미덕을 주고 싶어요. 왜냐하면 자신처럼 수박을 아껴 주고 애정을 담아 수박을 키우는 게 대단하고 생각해요. 힘내세요.

> 🌱 **아이들이 그림책에서 찾은 메시지**
>
> ▸ 내가 정성 들여 한 것이 어질러져도 좌절하지 말자.
> ▸ 너무 완벽해도 좋지 않다.
> ▸ 불편한 무언가가 있어도 신경 쓰지 마라.
> ▸ 뭐든 적당한 것이 좋다.

내 감정의 색깔을 알고 있나요?

『물속에서』
박희진 글·그림, 길벗어린이

교사용 지도안 및 함께 보면 좋은 책

「한국어 정서유발(촉발) 단어집의 개발」이란 제목의 논문(2021)에 따르면, 우리말 중에 정서를 표현하는 명사 단어로 총 184단어가 선정되었다. 그중 우리가 하루에 표현하는 감정 단어는 몇 개나 될까? 아이들은 화가 나도, 슬퍼도, 창피해도 "짜증난다"는 표현 하나로 모든 것을 해결한다. 또 체험이나 의미 있는 활동들의 생각이나 느낌을 물어보아도 "재미있었다"라는 대답이 대다수를 차지한다. '짜증난다'와 '재미있다'의 두 감정만 존재하는 것이 아님에도 아이들은 자신의 감정을 표현하는 것에 익숙하지가 않다. 다양한 감정 표현을 접한 적이 없기에 표현 역시 한정적이었을 것이다. 하지만 우리 안에 들어 있는 다양한 감정은 하나가 아님을 알아야 하며, 올바른 감정이 표출되도록 도와주는 것은 중요하다.

『물속에서』 그림책은 만사가 귀찮기만 한 할머니가 물속에 들어가면서 조금씩 변해 가는 모습을 담은 이야기이다. 할머니의 감정선을 따라가다 보면 인간의 다양한 감정을 발견하게 되고, 더 풍성한 감상을 경험할 수 있다. 감정 읽기를 통해 자신이 느끼는 감정이 무엇인지 정확하게 인식하고, 자신의 감정을 올바르게 표현할 수 있어야 타인의 감정도 이해하고 소통할 수 있는 아이로 성장할 수 있게 된다.

그림책과 마주하기

물과 관련한 모둠원 각자의 경험을 공유한 후, 그림책 『물속에서』의 표지를 보며 할머니의 감정을 중심으로 내용을 상상해 보며 그림책에 대한 흥미를 이끌었다.

🧑‍🦰 물에서 놀았던 경험을 이야기해 보고 그때 기분이 어땠는지 이야기를 해 봅시다.

👦 여름에 야외 수영장에서 수영을 했는데 햇빛에 물이 반짝반짝 빛나서 그 모습이 예뻤습니다.

👦 배영으로 물 위에 누워 있는데 주변 소리가 안 들려 편안했습니다.

🧢 저는 수영을 잘하지 못해서 물에 빠질까 봐 무서웠습니다.

🧑‍🦰 물에서 놀았던 경험과 느끼는 기분이나 감정이 다양하네요. 선생님이 준비한 그림책 표지를 보고 할머니의 감정이 어떨지 생각하며 그림책 내용을 상상해 봅시다.

- 🧑 할머니가 신나게 수영하는 것을 보니 행복한 감정이 느껴져요. 아마 잠수 대회에 나가는 이야기일 것 같습니다.
- 🧑 할머니가 웃고 있는 것을 보니 할머니에게 행복이 느껴져요. 수영을 배우는 이야기인 것 같습니다.
- 🧑 할머니의 환한 표정에서 행복이 느껴져요. 수영을 하면서 행복을 찾는 이야기일 것 같습니다.

처음에는 "행복해 보인다"라고 말하였지만 추후 나눠 준 감정 단어 목록을 보며 감정을 찾아 발표할 때에는 "셀레인 감정, 유쾌한 감정, 기쁜 감정" 등으로 감정에 대한 표현이 풍성해졌다.

하브루타로 그림책 톺아보기

『물속에서』 그림책에서 인상 깊었던 장면과 질문 나누기 등으로 할머니의 감정을 파악하고 그림책을 더욱 집중해서 살펴보는 시간을 가졌다.

■ 장면마다 인물의 감정 들여다보기

할머니의 감정 변화에 주의하면서 『물속에서』 그림책 한 장면 한 장면을 함께 보며 등장인물의 감정을 찾아보는 활동을 하였다.

교사가 미리 나눠 준 '감정 표현 단어 목록'을 보면서 할머니의 감정을 다양하게 표현할 수 있는 시간이 되었다.

〈장면1〉

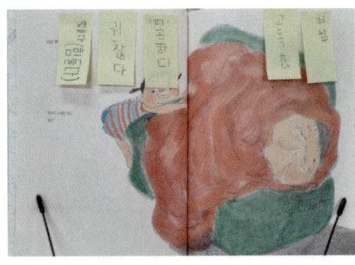

- 고독하다
- 귀찮다
- 피곤하다
- 힘들다

- 아무것도 하기 싫어하는 할머니의 모습에서 힘들어하시는 것이 느껴진다.
- 누워 있는 모습을 보니 피곤함이 느껴진다.

〈장면2〉

- 편안하다
- 짜릿하다
- 뿌듯하다
- 황홀하다
- 시원하다

- 물속에서 다른 세상에 온 것 같은 모습이 황홀해 보인다.
- 물속에서 자유롭게 수영할 수 있어 편안해 보인다.

- 물속에 들어가니 시원하고 몸을 움직일 수 있어서 기쁘다.

〈장면3〉

- 아쉽다
- 분하다
- 속상하다
- 서운하다
- 싫다, 슬프다

- 손녀가 집에 가자고 해서 분하다.
- 수영을 더 하지 못해 속상하고 서운하다.
- 손녀가 수영을 못 하게 해서 아쉽고 슬프다.

■ **질문 만들기**

그림책을 읽고 자신의 경험을 떠올리며 할머니의 감정 변화와 관련하여 다양한 질문을 만들어 보았다.

학생들이 만든 질문

- 할머니는 어디가 아프신 걸까?
- 할머니는 언제 수영을 배우셨을까?
- 할머니는 왜 다 싫다고만 하실까?
- 내가 할머니가 된다면 어떤 감정을 가장 많이 느낄 것 같아요?

- 할머니가 수영장 물속에서 나가기 싫다고 한 이유는 뭘까?
- 내가 귀찮음을 느낄 때는 언제인가요? 귀찮음을 탈출하는 나만의 방법은?
- 할머니가 수영장에 들어갈 때 마음은?
- 할머니가 몸이 가벼워질 때는 언제인가?
- 물속에서 할머니가 자유롭게 수영하는 기분은 어땠을까?
- 할머니가 말하는 물속의 다른 세상은 어떤 세상인가?
- 할머니가 수영장에 처음 갈 때의 마음과 물속에서 마음껏 수영했을 때의 마음은 어땠을까?

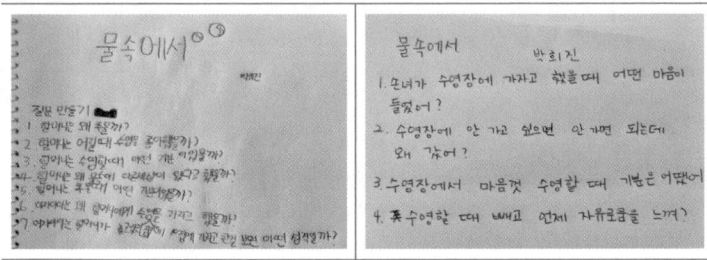

하브루타 질문

■ 하브루타 즐기기

『물속에서』 그림책으로 짝과 함께 선정한 질문을 가지고 짝 대화를 해 본 후 모둠별 생생 질문을 선정하여 전체 하브루타를 진행하였다.

Q 내가 귀찮음을 느낄 때는 언제인가요? 귀찮음을 탈출하는 나만의 방법은?

A1 저는 머리 말릴 때요. 머리카락이 기니까 말리는 데 시간이 엄청 많이 걸려서 귀찮아요. 이어폰을 끼고 음악을 들으면서 하면 기분이 좋아져서 귀찮음이 사라져요.

A2 숙제 다했다고 생각했는데 한 가지 남았을 때 엄청 귀찮아요. 귀찮지만 나중에 나에게 돌아오는 피해를 생각하면서 해요.

A3 누나가 책상에 앉아서 저한테만 이것저것 시킬 때 귀찮아요. 가족이니까 하는 거라는 긍정적인 생각을 하면서 할 때가 많아요.

Q 할머니가 수영장에 처음 갈 때의 마음과 물속에서 마음껏 수영했을 때의 마음은 어땠을까?

A1 할머니가 처음 수영장에 갈 때는 피곤했을 것 같아요. 왜냐하면 손녀가 가자고 하니까 어쩔 수 없이 수영장에 가야 해서 피곤했을 것 같아요.

A2 저는 할머니가 귀찮고 우울했을 것 같아요. 저도 기분이 안 좋으면 뭐든지 하기 싫고 귀찮거든요.

A3 저는 할머니가 물속에서 마음껏 수영했을 때는 신나고 설레였을 것 같아요. 몸을 움직이는 데 아프지도 않고 자유롭게 움직일 수 있어서 신나고 설레었을 것 같아요.

A4 저는 수영하면서 할머니가 자신 있고 뿌듯한 기분이었을 것

같아요. 왜냐하면 몸이 안 좋아서 아무것도 하기 싫은데 물속에서는 자유롭게 수영을 할 수 있으니까 자신감도 얻고 뿌듯한 기분이 들었을 것 같아요.

Q 내가 할머니가 된다면 어떤 감정을 가장 많이 느낄 것 같아요?
A1 저는 즐거울 것 같아요. 유튜버 박막례 할머니를 보면 하고 싶은 것들을 다 하시면서 아주 행복하게 보내시더라고요.
A2 뿌듯할 것 같아요. 가족이 생겨서요.
A3 우울할 것 같아요. 지금 우리 할머니와 할아버지도 혼자 계시는 걸 보니 외로워 보이셔서요.

그림책 모꼬지 속으로

아이들은 감정 단어를 표현하는 다양한 활동들을 통해 자신의 감정을 섬세하게 구별하고, 다른 사람의 감정을 공감하고 이해하게 된다. 감정 표현 단어를 살펴보면서 내 마음도 알아봐 주고 더불어 타인의 감정도 찾아보는 활동으로 전개하였다.

■ '나의 감정을 맞혀 봐' 게임하기

다양한 감정 표현 단어를 보고 표정이나 몸짓을 이해하여 감정 단어를 표현함으로써 감정을 이해하고, 나아가 자신의 감정도 조절할 수 있는 효과가 있다. 감정 단어 터치 게임과 '나의 감정을 맞혀 봐' 게임을 통해 다양한 감정 표현을 익히고 자신은 어떤 상황에서 그런 감정을 느꼈는지 말해 보는 활동을 했다.

활동 방법

- 감정 단어 카드 터치 게임

① 감정 단어 카드가 잘 보이도록 겹치지 않게 책상 위에 놓는다.
② 교사가 말하는 감정 단어 카드를 찾아 먼저 집는다.
③ 맨 처음 잡은 아이가 카드에 적힌 감정 단어를 이용해 "나는 ~~때 ~~ 감정이야."라고 말한다.

> 예 "나는 부모님이 다 나가시고 혼자 집에 있을 때 '불안'을 느꼈어."
>
> "나는 수업 시간에 친구들 앞에서 발표할 때 '긴장감'을 많이 느껴."
>
> "동생이 한 잘못이었는데 부모님이 나를 혼냈을 때 '억울함'을 느꼈어."

④ 활동 후 소감을 나눈다.

감정·정서 카드(출처: 학토재)

- '나의 감정을 맞혀 봐' 게임

① 모둠을 나눈다.

② 모둠원 중 한 명이 감정 단어를 보고 표정과 몸짓으로 표현하고, 남은 모둠원들이 감정을 맞힌다.

③ 주어진 시간에 가장 많은 감정 단어를 맞힌 모둠이 이긴다.

④ 활동 후 소감을 나눈다.

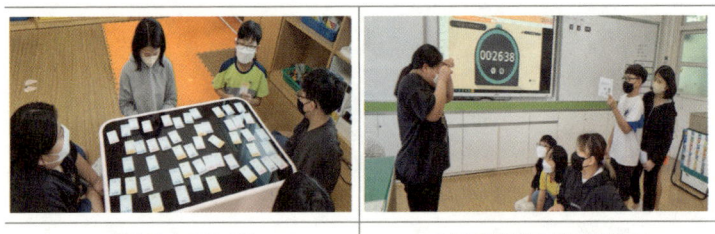

| 감정 단어 터치 게임 | '나의 감정 맞혀 봐' 게임하기 |

- **감정 단어를 활용한 글쓰기**

감정 표현 단어 중 2~3개의 단어를 활용해 글쓰기 활동을 해 보면 감정이란 어떤 모습인지, 어떤 상황에서 느껴지는 마음인지 자신의 감정을 정확하게 이해하고 표현할 수 있다.

활동 방법

① 교사는 상자에 '감정 표현 단어'를 넣는다.
② 학생은 각자 상자에서 감정 단어 3개를 뽑는다.
③ 자신이 뽑은 감정 단어를 보면서 상황을 생각한다.
④ 상황에 맞는 글을 쓴다.
⑤ 감정 단어와 글을 발표한 다음 소감을 나눈다.

'자신 있는, 열정, 편안'

엄마가 숙제를 내주셨다. 박스로 포근한 집을 만들라는 것이었다. 나는 정말 자신이 있었다. 그리고 정말 열정적으로 집을 만들었다. 집을 다 만들고 한 번 들어가 보니 정말 편안했다. 그리고 그 집을 꾸미고 나니 온몸에 힘이 쭉 빠지면서 잠이 왔다. 그래서 그만 자 버렸다.

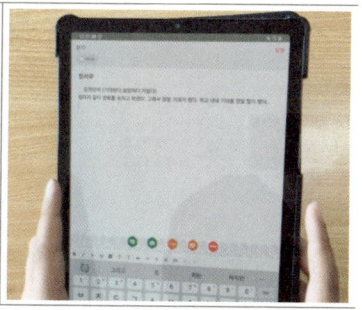

감정 단어 활용한 글쓰기

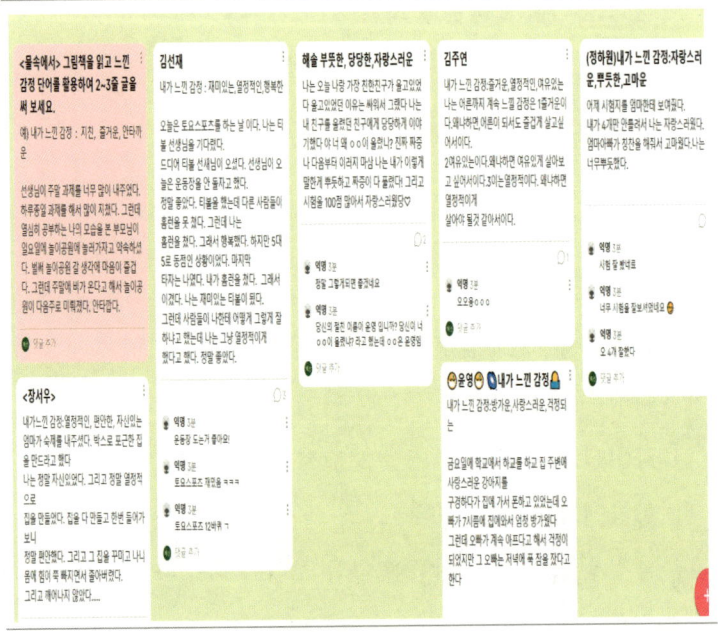

패들렛 공유 및 댓글 달기

생각 기부 시간

감정 단어 카드 중에서 인생을 살아가는 데 가장 많이 지니고 싶은 감정과 그 이유에 대해 친구들과 나누는 활동을 하였다. '멘티미터' 앱을 활용해 친구들이 갖고 싶어 하는 감정을 한눈에 확인할 수 있었다.

"저는 '열정적인' 감정을 가지고 싶습니다. 왜냐하면 무엇이든 열정을 가지고 최선을 다하고 싶기 때문입니다."

"저는 '뿌듯한'입니다. 제가 좋아하는 일을 하면서 뿌듯해지고 싶기 때문입니다."

"저는 '즐거운'입니다. 무엇을 하든지 즐거우면 좋을 것 같기 때문입니다."

편안한
자랑스러운
당당한
열정적인
자신있는
뿌듯한 즐거운
기쁨

가장 가지고 싶은 감정

🌱 아이들이 그림책에서 찾은 메시지

- ▸ 도전해라!! 귀찮아하지 않고 내가 좋아하는 것들을 하자.
- ▸ 나의 감정도 소중하지만 다른 사람의 감정도 소중하다.
- ▸ 힘든 길이 있더라도 그것을 뚫고 나가면 좋은 일이 있을 것이다.
- ▸ 나의 감정을 정직하게 표현하자.

조금만 달리 보면
단점이 장점이 돼요

『여우』
마거릿 와일드 글, 론 브룩스 그림, 강도은 옮김, 파랑새

교사용 지도안 및 함께 보면 좋은 책

　다양한 사람들과 함께 살아가면서 관계를 유지하기 위한 좋은 방법 중 하나가 상대방을 인정해 주는 것이다. 그러기 위해서는 상대방을 있는 그대로 인정함과 동시에 상대의 장점을 알아보는 눈을 키워야 한다. 단점과 장점은 동전의 양면과도 같다. 내가 생각하는 단점이 다른 사람의 시선에서는 장점으로 보이기도 한다. 장점을 찾아보는 연습을 통해 긍정적인 마인드를 형성하면 다른 사람과의 관계를 더 좋은 방향으로 형성하여 나아갈 수 있다.

　『여우』 그림책은 우리 주변에서 흔히 볼 수 있는 인간 유형을 보여 준다. 친구가 어려움에 처하자 도움의 손길을 내미는 개, 친구에게 다가가고 싶지만 곁에서 지켜만 보다가 어느 순간 방해를 하는 여우, 상실의 아픔을 겪고 있는 까치의 행동을 들여다보면 사람들이 보인다. 겉으로 드러난 동물들의 성격에서 장점을 찾아보고 그들의 욕구를 탐색하는 활동은 보이는 것만이 전부가 아님을 생각하게 해 준다.

그림책과 마주하기

친구에 대해 이야기를 할 때 단점을 먼저 말하는 아이들이 있다. 자신의 장점 찾기 활동을 할 때도 5개 이상 적지 못하는 아이들이 대부분이다. 단점을 달리 생각하면 장점이 되기도 하다는 것을 모르기 때문이다. 또한 평소 칭찬과 인정이 인색한 분위기도 원인 중 하나이다. 교사가 친구들끼리 장점을 말할 수 있는 자리를 제공해 주는 것이 필요한 이유이다.

- 오늘은 박○○에게 칭찬 샤워를 해 봅시다.
- 글씨를 예쁘게 씁니다.
- 복도에서 뛰어다니지 않고 조용히 걸어 다닙니다.
- 쉬는 시간마다 손을 자주 씻습니다.
- 발표를 잘합니다.
- 도움이 필요한 친구 옆에서 도움을 줍니다.
- 춤을 잘 춥니다.
- 박○○의 소감을 들어 보겠습니다.
- 저는 그냥 한 행동임에도 친구들이 칭찬해 주니까 기분이 너무 좋아요. 살짝 부끄럽고 어색해요. 저도 친구들의 모습에서 좋은 점을 찾으려고 노력해 보겠습니다.

박○○에게 반 아이들 모두가 칭찬을 한 가지씩 말해 주었다. 친구들은 박○○의 장점을 찾기 위해 노력했고, 박○○은 친구들이 말해 준 자신의 장점을 더욱 강화해 나갈 계기가 되는 칭찬 샤워 시간이었다.

하브루타로 그림책 톺아보기

그림책 표지에서 느껴지는 것을 공유하며 이야기를 상상해 본다. 『여우』 그림책은 면지부터 서사가 시작되기 때문에 교사의 질문으로 읽기를 시작했다. "면지의 붉은색은 무엇을 의미할까요?"라는 질문에서 산에 불이 났고, 그로 인해 까치가 다쳤다는 것을 알 수 있었다.

■ 등장인물의 장점 릴레이

『여우』 그림책 속 여우, 까치, 개의 장점 찾기를 하면서 칭찬하는 연습을 하였다. 장점을 찾는 것을 어려워하는 아이들에게는 단점을 뒤집어서 생각해 보자고 했더니 문제가 해결되었다. 아이들이 단점을 말하면 교사의 역질문으로 아이 스스로 단점을 장점으로 바꾸도록 유도했다.

🧑 여우는 얍삽해요.
👩 왜 얍삽하다고 생각하나요?
🧑 까치와 개 사이를 떨어트리려고 이간질을 해서요.
👩 이간질을 하려면 무엇이 좋아야 가능할까요?
🧑 머리 회전이 빨라야 가능해요.
👩 머리 회전이 빠르다는 건 무엇을 뜻할까요?
🧑 똑똑해요.
👩 얍삽하다는 단점이 똑똑하다는 장점이 될 수도 있네요.

• 개의 장점

착하다. 순진하다.→ 다리를 다치지 않았다.→ 달릴 수 있다.→ 눈이 없어도 잘 걷는다.→ 활동적이다.→ 배려를 잘한다.→ 날렵하다.→ 설득을 잘한다.→ 도움을 준다. 긍정적이다.→ 친화력이 좋다.→ 까치에게 믿음을 주었다.→ 모험적이다.→ ……

• 여우의 장점

설득력이 있다.→ 달리기를 잘한다.→ 계획적이다.→ 똑똑하다.→ 생각이 빠르다.→ 치밀하다.→ 생각이 많다.→ 달리기가 빠르다.→ 여우는 우리에게 교훈을 준다.→ 붉은 털을 가지고 있다.→ 계산적이다.→ 활동적이다.→ ……

- 까치의 장점

개의 눈이 되어 주었다.→ 몸집이 작다.→ 개에게 친절하다.→ 친구가 있다.→ 몸이 아담하다.→ 봉사를 해 줬다.→ 앞을 볼 수 있다.→ 날개가 있다.→ 폴짝폴짝 뛸 수 있다.→ 친구를 잘 만난다.→ 눈이 동그랗다.→ 부리가 있다.→ 의리가 있다.→ ……

파워포인트에 적은 주인공들의 장점들

장점 릴레이를 성공하고 싶어서 엉뚱한 내용을 장점이라고 말하는 경우가 있다. 이런 경우 이유를 들어 보고 다수의 아이들이 괜찮다고 하면 인정하면서 활동을 진행했다.

■ 질문 만들기

『여우』 그림책을 읽고 동물들의 마음과 장점을 생각하며 다양한 질문을 만들어 본다.

학생들이 만든 질문

- 개는 어떤 마음으로 까치를 도왔을까요?
- 까치는 개의 등에서 날았을 때 어떤 마음이었을까요?
- 까치는 여우가 개와 까치 사이에 들어왔을 때 기분이 어땠을까요?
- 까치는 두 번이나 거절했는데 왜 세 번째에는 여우를 따라갔을까요?
- 개는 없어진 까치를 보고 어떤 행동을 했을까요?
- 개는 어떤 가치를 가지고 있을까요?
- 만약 내가 개였다면 까치를 구했을까요?
- 여우는 왜 까치와 개를 질투했을까요?
- 나는 친구를 질투했던 경험이 있었나요?
- 내가 만약 개라면 까치가 자신을 배신했다는 걸 알았을 때 기분은 어땠을까요?
- 여우는 까치를 사막에 두고 가면서 울음소리를 내고 갔는데 소리의 의미는 무엇일까요?
- 여우는 왜 까치를 사막에 혼자 두고 갔을까요?
- 까치가 날개를 다치지 않았다면 개와 까치는 어떤 친구가 되었을까요?
- 표지의 여우 눈빛은 무슨 말을 하는 것 같나요?

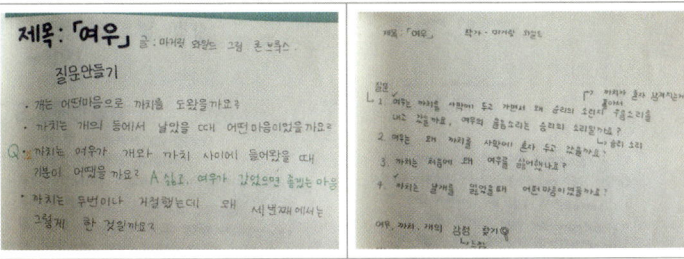

질문 만들기 생각 나눔 노트

■ 하브루타 즐기기

『여우』 그림책으로 짝과 함께 선정한 질문을 가지고 짝 대화를 해 본 후 모둠별 생생 질문을 선정하여 전체 하브루타를 진행하였다.

Q 까치는 여우가 개와 까치 사이에 들어왔을 때 기분이 어땠을까요?

A1 여우가 사이에 들어오자 친구를 뺏긴 기분이 되어 짜증 났을 것 같아요.

A2 3명이 되어 홀수가 되면 외로워질 것 같아 여우를 끼워 주기 싫었을 것 같아요.

A3 여우에게 개를 빼앗길 것 같아서 불안해질 것 같아요.

Q 내가 만약 개라면 까치가 자신을 배신했다는 걸 알았을 때 기분은?

A1 가장 가까운 친구에게 배신을 당한 것이라서 다음부터는 다른 사람에게 쉽게 마음을 주기 힘들 것 같아요.

2장 그림책 하브루타 싹 틔우다 **141**

A2 이 세상에 내 편이 없다는 기분이 들면서 우울증이 생길 것 같고 절망적일 것 같아요.

A3 까치와의 추억을 생각하면서 다시 돌아오기를 바라고, 배신을 믿고 싶지 않을 것 같아요.

Q 표지의 여우 눈빛은 무슨 말을 하는 것 같나요?

A1 질투의 눈빛으로 개와 까치를 바라보면서 "너희들 내가 갈라놓을 거야."라고 말하는 것 같아요.

A2 도발적인 눈빛을 하면서 "까치를 유혹하고 말 거야."라는 말을 하는 것 같아요.

A3 애처로운 눈빛으로 "나도 너희 안에 들어가고 싶어."라고 말을 하는 것 같아요.

그림책 모꼬지 속으로

자신의 경험에 비추어 인물들을 탐색하고 공감하면서 아이들의 마음속 깊이 들어온 그림 책이 『여우』인 것 같다. 처음에는 여우의 행동을 이해하지 못한 아이도 있었고, 오히려 개를 배신하고 떠난 까치의 행동을 이해한 아이도 있었다. 상처를 받은 아이, 상처를 주었던 아이, 무리에 들어가지 못해 힘든 아이, 자신만의 무리를 유지하고 싶은 아이 등 자신이 서 있는 위치에서 더 객관적으로 자신을 바라보는 성찰의 시간이 되었다.

■ '내 이름에 장점 새기기' 활동

나는 어떤 동물과 비슷한지 잠시 생각하는 시간을 가졌다. 『여우』 그림책 속 동물들의 말과 행동을 떠올리며 자신의 어떤 점이 여우, 까치, 개와 닮았는지를 고민해 보았다.

여기서 중요한 것은 단점보다 장점을 더 생각해 보는 것이다. 나쁜 점이 있는 인물이라도 자세히 들여다보고 찾아보면 누구나 장점이 있다는 것을 느끼도록 하는 것이 중요하다. 자신과 닮은 동물의 장점 중 비슷한 것 5~6개를 골라 이름에 장점 새기기 활동을 하였다. 누군가에게 불리는 이름 안에 자신의 장점을 깊게 새기고 더 발전시키고 싶다는 의미를 담았다.

활동 방법

① 주인공들 중 자신과 닮은 동물을 생각해 본다.
② 닮은 동물이 가진 장점 중 자신과 비슷한 장점 5~6개를 고른다.
③ 모조지에 연필로 자기 이름의 테두리를 그린다.
④ 테두리 안에 선택한 장점 5~6개를 이용한 문장으로 채운다.
⑤ 자신의 이름 안에 가득 채운 장점의 경험을 공유한다.
⑥ 환경판에 게시한다.

⑦ 친구들의 장점을 보고 포스트잇으로 댓글을 쓴다.
⑧ 활동 후 소감을 나눈다.

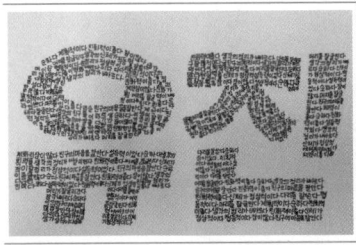 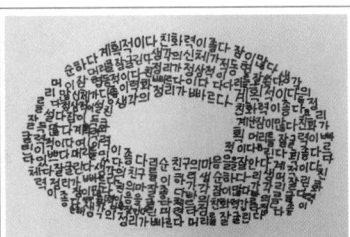

내 이름에 장점 새기기 학생작

- **'가치 도표 만들기' 활동**

『여우』 그림책에 나오는 동물들은 각기 다른 가치관을 가지고 있다. 동물들의 행동과 말을 통해 각각의 동물이 갖고 있는 가치를 찾아보는 활동을 했다. 단순히 가치 찾기에서 멈추지 않고 우리 삶에 필요한 5가지 가치를 선택한 후 가치 도표 만들기를 하면서 자신을 성찰할 수 있는 기회를 마련했다.

활동 방법

① 동물들(여우, 까치, 개)의 장점을 보면서 각각의 캐릭터가 갖고 있는 가치를 찾아본다.
② 각각의 가치들 중에서 우리 삶에 필요한 5가지 가치를 선택한다.

③ 피라미드 토론으로 5가지 가치를 선택하여 공유한다.

④ 오각형의 가치 도표에 선택된 가치를 적는다.

⑤ '여우'의 가치 점수를 체크하고 선으로 연결한다.

⑥ 같은 방식으로 '까치'와 '개'의 가치 도표를 완성한다.

⑦ 자신의 가치 도표를 완성한다.

⑧ 어떤 가치가 더 필요한지 자신과 대화한다.

⑨ 활동 후 소감을 나눈다.

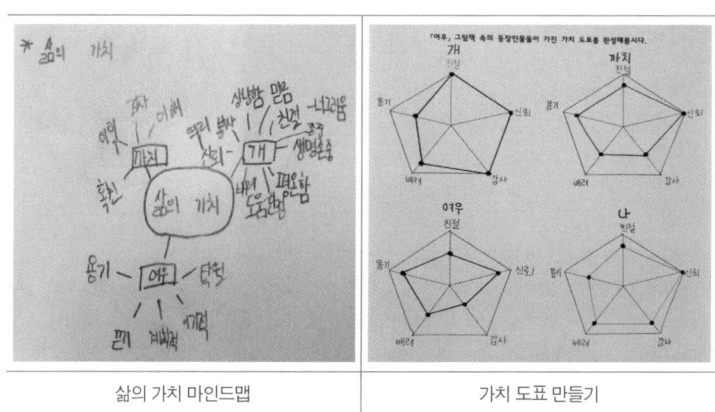

| 삶의 가치 마인드맵 | 가치 도표 만들기 |

■ '인물들의 마음 공감하기' 활동

우리의 행동 이면에는 욕구가 존재한다. 단지 그것을 채우는 방법이 다르고, 욕구를 채우기 위해 올바른 방법을 찾는 것이 중요하다. 『여우』 그림책의 동물들에게 느껴지는 막연한 감정을 '느낌 단어'에서 찾아보고, 그들의 '욕구'를 탐색해 보는 시간을 가졌다.

활동 방법

① 여우, 까치, 개에게서 느껴지는 느낌 단어를 생각한다.
② 교사가 칠판에 제시한 느낌 단어들 중 여우, 까치, 개의 느낌을 선택하고 그 이유를 말한다.
③ 동물들 각각의 욕구를 찾고, 그 이유를 말하고 칠판에 붙인다.
④ 칠판에 붙여진 느낌과 욕구 단어들을 보면서 현재 나의 욕구를 생각한다.
⑤ 나의 욕구를 채울 수 있는 실천 사항을 찾는다(여러 개 가능).
⑥ 실천 사항들을 나의 욕구 해결 체크리스트에 기록한다(일주일 또는 한 달 동안 실천해 본다).
⑦ 활동 후 소감을 나눈다.

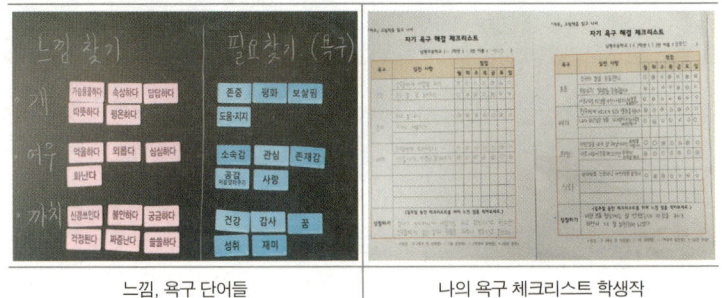

| 느낌, 욕구 단어들 | 나의 욕구 체크리스트 학생작 |

개는 존중, 평화, 보살핌, 도움과 지지의 욕구, 여우는 소속감, 관심, 존재감, 공감, 사랑 욕구, 까치는 건강, 감사, 성취, 재미, 꿈의 욕구를 생각했다. 평소 자신은 어떤 욕구를 채우려고 했는지

를 생각해 보고 선택한 욕구를 채우기 위한 실천 사항을 체크리스트에 적어 실천해 보았더니, 친구와 자신의 욕구가 달라도 욕구를 채우는 방법은 비슷했음을 인지하게 되었다는 아이도 있었다.

생각 기부 시간

틈새 시간을 활용해 교실 소칠판에 적힌 단점 표현들을 장점 표현으로 바꾸고 포스트잇에 적어 게시판에 부착하도록 했다.

"저 친구는 너무 까분다." ⇨ "저 친구는 엄청 활발하다."
"고집이 너무 세다." ⇨ "소신이 있다."
"너무 느리다." ⇨ "차분하고 신중하다."
"성격이 급해서 빠르게 행동한다." ⇨ "부지런하다."
"말을 더듬으면서 천천히 한다." ⇨ "생각을 많이 한다."

> 🌱 **아이들이 그림책에서 찾은 메시지**
> - 내가 좋아하는 것은 상대방도 좋아함을 잊지 않아야겠다.
> - 나를 객관적으로 바라보는 태도를 갖도록 하자.
> - 친구의 행동에 어떤 욕구가 숨어 있는지 생각해 보자.
> - 친구의 마음을 공감해 주고 싶다.

말하는 독서 하브루타

『오늘 상회』
한라경 글, 김유진 그림, 노랑상상

교사용 지도안 및 함께 보면 좋은 책

　지금 이 순간 우리에게 소중한 것은 시간이다. 그리고 사람이다. 사람과 함께하는 시간은 더 가치가 있다. 함께 보내는 시간 속에서 대화를 통해 서로를 이해하게 되고 관계가 형성되며, 신뢰와 존중이 싹트기 때문이다. 아이들이 친구를 돕고 배려하며 함께 하는 공부를 경험한다면 어떻게 성장할까? 타인의 말을 잘 경청하며 있는 그대로의 생각을 존중하면서 자신의 생각을 관철시키는 날카로움을 지닌 사람, 마음이 따뜻하고 옳고 그름을 아는 사람으로 자랄 것이다.

　『오늘 상회』 그림책 속 "오늘은 천천히, 때로는 빠르게 가지만 소중하게 보내지 않으면 영원히 사라져 버린답니다."라는 문장은 시간의 소중함에 대해 말하고 있다. 시간은 누구에게나 공평하고 소중하다는 것을 다 알고 있기에 찬성과 반대로 이루어지는 토론의 주제로는 적합하지 않다. '오늘'에 대한 친구들의 다양한 생각을 듣고 지지하며, 더없이 빛나는 아름다운 오늘에 대해 토의하기 좋은 그림책이다.

그림책과 마주하기

아이들은 자신에게 늘 새로운 오늘이 온다고 생각하며 오늘을 의미 없이 보내는 경우가 많다. 『오늘 상회』 그림책을 보기 전 '내가 보낸 하루'에 대해 이야기를 나눠 보았다.

🧑 하루를 어떻게 보내고 있나요?
👦 저는 학교와 집, 학원을 다니면서 바쁘게 보내고 있습니다.
👦 학교에 와서 친구들과 놀고, 집에 가면 컴퓨터로 게임하면서 즐겁게 보내고 있습니다.
👦 친구들과 놀기도 하고, 친구들과 이야기도 하고, 나의 꿈을 위해 필요한 것을 하며 보내고 있습니다.
🧑 그럼 여러분은 어떤 하루를 보내고 싶나요?
👦 바다가 보이는 카페에서 친구와 이야기하며 좋은 추억을 만들고 싶어요.
👦 가족들과 놀이공원에서 신나는 하루를 보내고 싶어요.
👦 할머니가 돌아가실 때 제가 옆에서 함께 있는 하루를 보내고 싶어요.
👧 건강하게 친구들과 운동장에서 축구도 하고 뛰어놀 수 있는 하루를 보내고 싶어요.

아이들은 '하루'에 대해 깊은 생각을 하지 않았다. 하루하루가 모여 자신의 삶을 변화시킨다는 생각은 하지 못했다. 내일이 오늘로 열렸듯 '오늘'의 소중함을 느끼는 시간을 주고 싶었다.

하브루타로 그림책 톺아보기

『오늘 상회』그림책을 읽고 '오늘'에 대한 친구들의 생각을 들여다볼 수 있는 질문으로 만들어 우리 반 생생 질문을 선택하는 것에 중점을 두었다. 자신의 질문이 선택되도록 책 속에서 근거를 찾아 피알(PR)을 하는 활동은 그림책에 담긴 깊은 내용까지도 마음에 스며들게 한다.

■ 질문 만들기 & 하브루타 즐기기

『오늘 상회』그림책을 눈으로 한 번 훑어보고, 짝과 번갈아 가며 문장을 소리 내어 읽었다. 그리고 짝에게 스토리텔링하며 그림책 내용을 충분히 인지한 후 친구들과 더 나누고 싶은 질문을 만들도록 하였다.

학생들이 만든 질문

- 내가 만약 오늘 상회의 주인이라면?

- 왜 할머니는 늘 함께하던 사람이 사라질 때 오늘 상회를 가지 않았나요?
- 왜 책의 제목을 '오늘 상회'라고 했을까요?
- 자신이 할머니라면 어떤 오늘을 마실 건가요?
- 병 모양에는 무슨 의미가 있을까요?
- "오늘은 천천히 때로는 빠르게 가지만 소중하게 보내지 않으면 영원히 사라져 버린답니다."는 무슨 뜻일까요?
- 오늘 상회 주인은 왜 죽지 않는 걸까요?
- 꼬마가 소녀가 된 후 오늘 상회 주인에게 오늘을 더 달라고 하지 않은 이유는 무엇인가요?
- 내가 만약 오늘 상회를 간다면 어떤 오늘을 사고 싶나요?
- 오늘 상회 주인은 왜 오늘을 팔까요?
- 할머니가 오늘 상회에 가던 발걸음을 멈추고 벤치에 앉은 까닭은 무엇일까요?
- 내가 만약 오늘 상회 주인이라면 오늘을 더 달라고 고집을 부리던 아이에게 어떤 말을 해 주고 싶나요?
- 오늘을 빨리 마시고 싶은가요, 천천히 마시고 싶은가요? 그 이유는?
- 늘 함께하던 사람의 오늘이 사라진다면 어떤 마음이 들까요?
- 나의 오늘은 어떤가요?
- 왜 오늘의 병을 유리로 만들었을까요?

『오늘 상회』 그림책을 보고 짝과 함께 나누고 싶은 질문으로 짝 대화를 해 보았다. 대부분 아이들은 오늘을 성실히 살아야겠다고 이야기했다.

■ **스노볼링으로 생생 질문 선택하기**

스노볼링은 피라미드 토론 기법과 유사한 활동으로 ㈜TLP 교육디자인에서 제작한 스파크 러닝 기법 카드에서 소개된 활동이다. 자신의 질문이 왜 좋은지를 설명하면서 그림책에 담긴 내용에서 근거를 들어야 하기 때문에 책 내용을 깊이 이해할 수 있으며 논리력을 키울 수 있다.

활동 방법

① 종이에 자신이 선택한 질문을 적는다.
② 원활한 활동을 위해 책상을 뒤로 미룬다.
③ 교사는 아이들이 좋아하는, 또는 신청한 음악을 들려준다.
④ 아이들은 음악에 맞춰 움직이다가, 음악이 멈추면 자신과 가까이 있는 친구와 짝이 되어 질문을 견주어 하나를 선택한다 (합의가 힘든 경우 절충하여 질문을 새롭게 만든다).
⑤ 두 사람이 한 팀이 되어 다른 팀을 만난다.
⑥ 1대1 → 2대2 → 4대4 → 8대8…로 만나 최종 질문을 선택한다.
⑦ 최종 질문으로 전체 의견을 나눈다.

⑧ 활동 후 소감을 나눈다.

| 4대4가 되어 음악에 맞춰 움직이는 모습 | 4대4로 질문 선택하는 모습 |

"왜 오늘의 병을 유리로 만들었을까?"와 "내가 만약 오늘 상회에 간다면 어떤 오늘을 사고 싶나요?"라는 두 개의 질문을 두고 의견이 팽팽하게 맞섰다. 나의 오늘을 소중하게 생각하고 허투루 보내면 안 된다는 생각이 더 많아 "내가 만약 오늘 상회에 간다면 어떤 오늘을 사고 싶나요?"로 우리 반 생생 질문이 결정되었다.

그림책 모꼬지 속으로

자신의 가치관과 경험을 바탕으로 그림책을 해석하고, 친구들과 공유하는 시간을 통해 경청의 중요함과 친구를 응원하는 즐거움으로 관계의 소중함을 느낄 수 있는 기회를 주고자 했다. 더불어 그림책에서 느낀 것을 시각적으로 표현하는 활동을 통해 좌뇌와 우뇌의 협응을 최대한 이끌어 내며 새로운 아이디어를 창출하고 창의성을 높이고자 했다.

- **'○○이의 오늘의 병' 활동**

『오늘 상회』 그림책을 읽고 오늘 상회 주인에게 사고 싶은 '오늘의 병'을 직접 디자인해 보았다. 어떤 이유로 이 병을 사고 싶은지 이야기를 나눈 후 '오늘 살기'의 주제로 '선 위에 살기' 활동을 진행해 봄으로써 내가 해야 할 일과 하지 말아야 일들에 대해 생각해 보았다.

활동 방법

① 그림책을 읽은 후 자신이 사고 싶은 '오늘의 병'을 생각한다.
② 교사는 모조지를 나눠 준다.
③ '○○이의 오늘의 병'을 디자인한다.
④ 자신의 생각이 잘 드러나도록 '오늘의 병'에 대해 발표한다.
⑤ 친구들의 발표 후 '오늘'이란 단어로 한 줄 글쓰기를 한다.
⑥ 교사는 '선 위에 살기' 학습지를 나눠 준다.
⑦ 모둠원(4명)은 오늘을 위해 해야 할 일은 선 위에, 하지 말아야 할 일은 선 아래에 적는다.
⑧ 교사는 '선 위에 살기' 활동지를 모아 교실 게시판에 게시한다.

⑨ 아이들이 각자 체크하도록 설명한다.

⑩ 활동 후 소감을 나눈다.

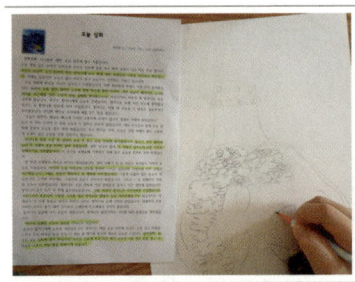

| 『오늘 상회』를 읽고 만든 '오늘의 병' 디자인 | '선 위에 살기' 활동 모습 |

| '오늘의 병' 완성 작품 | 작품 설명 |

오늘은 나를 사랑한다는 쪽지를 가지고 있는 투명한 병으로 그 안에는 생각이 담긴 투명한 물이 있다. 왼쪽 얼굴을 보이는 엄마, 오른쪽 얼굴을 보이는 아빠와 함께 "사랑해, 축복해, 좋은 꿈꿔, 축하해…."와 같은 기분 좋은 말을 들으면서 이 세상의 모든 친구들이 행복한 시간을 보내길 바라는 '오늘의 병'을 만들었다.

■ '말하는 독서 하브루타' 알아보기

그림책을 읽고 난 후의 아이들의 느낌은 각각 다르다. 느낌을 서로 주고받으면서 자신의 느낌이 맞고 친구의 생각이나 느낌은

틀리다고 생각하는 경우도 있다. 바흐친의 '대화주의'에서는 우리 모두 가치관과 환경이 다르기 때문에 생각도 다를 수밖에 없으며, 따라서 자신의 생각을 주장하기보다 접점을 찾아야 한다고 말하고 있다. 토론도 마찬가지로 상황과 때에 맞게 적절한 마인드와 나의 스토리로 이야기를 해야 한다.

『말하는 독서 하브루타 교사 가이드북』[1]에 따르면, 아리스토텔레스는 인간의 목적은 행복이며 그것을 성취하기 위해서는 탁월함이 있어야 한다고 말했고, 그의 사상 안에는 하브루타의 비전이 모두 포함되어 있다고 했다. 사고력의 발달인 지적 탁월함은 스스로 생각할 수 있는 힘을 기르는 지성, 도덕적 탁월함을 길러 덕을 많이 갖춘 사람의 인성, 지성과 인성이 반드시 실천적 지혜로 드러나야 하는 영성이 있다고 한다. '하브루타를 통해서 지성, 인성, 영성을 겸비한 미래 세대를 세우는 것'이 하브루타의 비전이라고 말했다.

아이들과 소통하며, 아이들의 생각을 키우고 마음을 단단하게 만들기 위해 다양한 방법으로 수업을 진행해 보았다. 우리나라의 하브루타는 대부분 학교에서 학습법 또는 독서법으로 알려져 있지만, 이제 그 차원을 넘어 대화법과 의사소통으로 발전시켜야 한다. 양동일에 따르면 하브루타의 철학은 '친구를 돕는 공부'로 우정을 쌓고 협력을 강화하며 연합을 공고히 하는 것이라고 한다.

---

1. 양동일 · 진은혜 · 이천하, 『말하는 독서 하브루타 교사 가이드북』, 16~17쪽, 생각나무, 2021

말하기 독서 하브루타 절차

읽기 ⇨ 질문하기 ⇨ 해석하기 ⇨ 반사하기 ⇨ 지지하기 ⇨ 도전하기 ⇨ 촉진하기		
읽기		훑어 읽기 ➜ 교대로 번갈아 가며 읽기 ➜ 보지 않고 설명하기 ➜ 의미 단위 구분하기
질문하기		내용, 상상, 적용, 종합 질문 만들기 - 내용: 본문을 이해했는지 확인하는 질문 - 상상: 주인공이나 등장인물의 생각, 느낌, 의도를 묻는 질문 - 적용: 일상의 삶 속에 적용하고 실천을 위한 질문 - 종합: 교훈이나 시사점에 관한 질문
해석하기		글에 대한 자신의 생각을 주장, 근거, 결론으로 말하기
반사하기		친구의 해석하기를 경청하여 정리해서 따라 말해 주기
지지·도전하기	지지	친구의 해석에 좋은 표현, 도움 받은 부분 말하기
	도전	친구의 해석에 좋지 않은 표현이나 이해되지 않은 부분, 근거의 미흡한 점 말하기
	유의점	지지와 도전은 동의 여부와 상관없이 지지하기 후 도전하기로 진행하기 지지를 한 학생은 도전이 힘들고, 도전을 한 학생은 지지하기가 힘들 수 있음을 유의하기
촉진하기		교사는 학생들이 자신의 의견을 표현하도록 돕기

말하는 독서 하브루타 6단계는 한꺼번에 하지 않고 학습자들의 수준에 맞춰 단계를 늘리면서 진행하는 것이 좋다.

■ 『오늘 상회』 그림책의 '말하는 독서 하브루타' 활동

"온갖 참된 삶은 만남이다."라는 마틴 부버의 말처럼 아이들은 친구와의 관계 속에서 삶을 찾아가며 나를 형성한다. 함께 말하고 즐기는 하브루타로 서로의 생각에 도움을 주는 시간이 되길 바라며 진행하였다.

활동 방법

① 교사는 그림책의 글 부분을 준비하여 아이들 모두에게 나눠 준다.
② 텍스트를 받은 아이들은 눈으로 훑어 읽기를 한다.
③ 짝과 한 문장씩 번갈아 가며 읽는다.
④ 가위바위보를 해서 이긴 친구(A)가 먼저 보지 않고 짝(B)에게 스토리텔링을 한다.
⑤ 이번에는 B가 짝에게 스토리텔링을 한다.
⑥ 각자 글을 다시 읽으며 의미 단락을 구분해 본다.
⑦ 짝과 함께 자신이 기-승-전-결의 단락을 구분한 이유에 대해 이야기를 나눈다.
⑧ 내용을 확인하는 퀴즈 3개를 만들고 짝과 묻고 답한다.
⑨ 열린 질문(상상, 적용, 종합)을 만들고 하나의 질문을 선택한다.
⑩ 짝 또는 모둠으로 견주어 질문 하나를 선택하고 그 이유를 말한다.

⑪ 포스트잇에 해석하기에 해당하는 말을 적어 'With 토크판: 함께 말하고 즐기는 그림책 하브루타'판에 붙인다(교사는 학기초 'With 토크판'을 미리 만들어 활용하면 좋다).
⑫ A가 해석하기를 말하면 B는 들은 부분을 포스트잇에 적어 'With 토크판'의 반사하기, 지지하기 칸에 붙이고 말한다.
⑬ 짝을 바꾸어 B가 해석하기를 하고 짝인 A가 반사하기, 지지하기를 한다.
⑭ 활동 후 소감을 나눈다.

'With 토크판' 활용 모습

해석, 반사, 지지하기 모습

말하기 독서 하브루타는 짝과 함께 말하고 즐기는 시간이기 때문에 짝의 대화 습관을 알아보는 활동이 선행되면 좋다. 짝이 싫어하는 대화(예: 중간에 말 끊기)와 좋아하는 대화(예: 맞장구치기)가 무엇인지 이야기를 나누고, 짝을 위해 내가 할 수 있는 것과 짝을 돕기 위한 아이디어를 생각하는 시간을 가졌다.

■ '그림책 어항 토론' 활동

　토론은 생각이 서로 다른 주제(논제)를 근거를 제시하며 자신의 주장을 펼치는 활동이나 어항 토론은 찬성과 반대로 나뉘어 근거를 모으고 자신의 생각을 관철시키는 찬반 토론이 아니다. 그림책 어항 토론은 그림책으로 아이들의 느낌과 생각을 공유하는 활동이다. 토론에 참여한 아이들뿐 아니라 관찰하고 있는 아이들까지 지지하기를 통해 모두가 참여하여, 친구들과의 생각 나눔으로 자신의 생각이 더 커짐을 느끼는 시간이 된다.

활동 방법

① 토론하고자 하는 그림책을 여러 권 구입한다.
② 모둠원(4명)과 함께 그림책을 읽는다.
③ 인상적인 장면과 문장에 대해 이야기를 나눈다.
④ 각자 질문을 만든다.
⑤ 자신의 생생 질문으로 모둠원과 생각을 나눈다.
⑥ 모둠원끼리 피라미드 질문을 통해 질문 하나를 선정한다.
⑦ 학급 전체가 모둠원에서 선정한 생생 질문을 놓고 이야기한다.
⑧ 포스트잇에 자신만의 해석을 적어 'With 토크판'에 붙인다.
⑨ 6개의 책상으로 원을 만들고 남은 책상은 'ㄷ'자로 배치한다.
⑩ 모둠원에서 1명이 원(어항)에 해당하는 자리에 앉는다.
⑪ 어항에 앉은 아이들은 해석, 반사, 지지하기를 한다.

⑫ 'ㄷ'자에 앉은 아이들도 해석을 듣고 지지하기 또는 도전하기를 한다.

⑬ 지지하기 발표를 한 아이들은 점수를 획득한다.

⑭ 어항에 앉은 아이들을 바꿔 같은 방식으로 한 번 더 진행한다.

⑮ 모둠원의 점수를 합산하여 가장 높은 모둠이 오늘의 토론 모둠으로 선정된다.

⑯ 선정된 모둠에게 그림책을 선물한다(학급 운영비로 구입할 것을 권장한다).

⑰ 활동 후 소감을 나눈다.

어항 토론하며 반사하는 모습

어항 토론에서 지지하기 모습

해석하기 후 반사하기를 하려면 경청하는 자세가 필요하다. '들을 청(聽)'은 귀 이(耳), 눈 목(目), 임금 왕(王), 마음 심(心)이 모여 이루어진 한자로, 마음을 담아 임금을 모시는 것처럼 들어야 함을 의미한다. 친구의 의견을 잘 반사해 주고 지지함으로써 우정이 돈독해지고, 지지를 받은 아이는 자존감이 향상된다.

생각 기부

오늘을 소중히 여겨야겠다는 아이들에게 시 한 편을 기부하며 생각 기부 시간을 마무리하였다.

선 물

나태주

하늘 아래 내가 받은
가장 커다란 선물은
오늘입니다

오늘 받은 선물 가운데서도
가장 아름다운 선물은
당신입니다

당신 나지막한 목소리와
웃는 얼굴, 콧노래 한 구절이면
한아름 바다를 안은 듯한 기쁨이겠습니다

시를 출력하여 환경 게시판에 게시한 후 아이들의 느낌을 적어서 공유했다. 아이들은 "오늘도 나의 선물, 내 옆의 친구도 나의 선물이라서 너무 좋아요.", "게임으로 시간을 보내지 않고 의미 있는 하루를 보내야겠다.", "내가 좋아하는 것을 하면서 보내야겠다.", "내가 좋아하는 사람들과 시간을 보내야겠다." 등 다양한 느낌을 나누었다.

With 토크판 제작

㈜생각나무에서 출판한 『말하는 독서 하브루타 교사 가이드북』을 참고하여 함께 말하고 즐기는 그림책 하브루타를 의미하는 'With 토크판'을 제작하였다.

B4 크기의 가로로 제작하여 모아 찍기로 출력한 후 코팅하여 1년 동안 사용할 수 있도록 했다. 포스트잇(5×4) 사이즈에 맞춰 빈 공간을 만들었고 해석하기, 반사하기, 지지하기를 위한 예시 문구를 만들어 아이들이 습관처럼 사용할 수 있도록 했다.

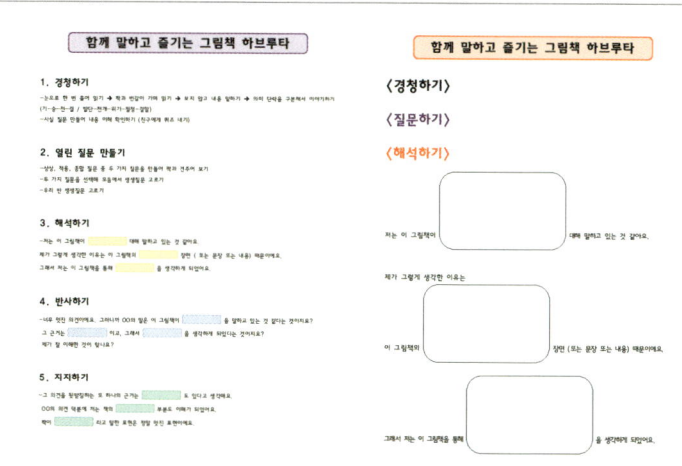

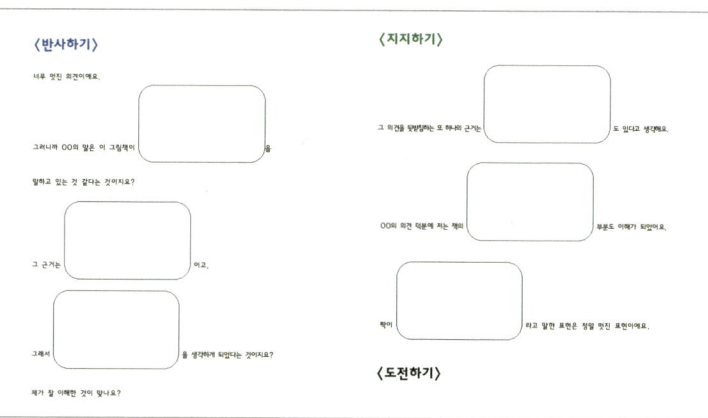

당연히 여겼던 것들에 고마운 시간을 가져 보자

『손손손!』
하마다 게이코 글·그림, 한영 옮김, 미세기

교사용 지도안 및 함께 보면 좋은 책

    우리가 손으로 할 수 있는 일은 몇 가지나 될까? 세수하기, 밥 먹기, 카톡 보내기, 게임 등 쉴 틈 없이 움직이는 것이 손이다. 하지만 손이 얼마나 큰 힘을 가지고 있는지 깊게 생각해 본 적이 없다. 손은 체온을 조절해 주고 감각 기관이며 언어 기능도 한다. 이처럼 손의 기능에 대해 생각하지 않고 무의식적으로 사용하기에 고마움을 모른다. 당연하게 여겨 소중함을 놓쳤던 것에 대해 감사한 마음을 갖는 것이 필요하다.

    『손손손!』 그림책은 사람과 사람들 사이에 따스한 마음을 전해 주는 사랑의 손 이야기다. 마지막 장을 장식하고 있는 "손은 마음이 드나드는 문일지도 몰라."라는 문장처럼 손으로 소통하고 연대하여 하나가 될 수 있음을 보여 준다. 손에 대한 이야기를 나누며 손놀이도 하고, 친구들과 악수도 해 보는 활동을 통해 손으로 마음을 전달할 수 있다. 쪽수가 제시되지 않는 일반적인 그림책과는 다르게 『손손손!』 그림책에는 손을 활용한 쪽수가 제시되어 있어 읽는 재미를 더한다.

그림책과 마주하기

그림책 표지에는 내용이 함축적으로 표현되어 있음에도 지나치는 경우가 많다. 표지를 보면서 하는 문장 만들기와 제목 예상하기 활동은 책 표지를 자세히 관찰하여 함축적 의미를 이해하는 데 도움을 준다. 그림책 표지를 관찰하여 문장으로 만들고 학생들과 이야기를 나누면서 내용 상상을 시작한다.

예를 들어 『손손손!』 표지를 보며 "아이가 세 명 있습니다. → 여자 1명과 남자 2명입니다. → 모두 손을 들고 있습니다. → 아이들이 웃고 있습니다. → 가족이 사진을 찍고 있습니다. → 형제 사이가 좋습니다…."로 진행한다. 자신이 관찰한 것과 상상한 내용을 바탕으로 '안아 주세요', '안녕', '야호', '사랑해' 등 다양한 제목도 만들었다.

본격적으로 책을 읽어 주기 전 교사의 질문을 통해 손에 대해 미리 생각하는 시간을 가졌다.

- 여러분은 날마다 손으로 무슨 일을 하나요?
- 나의 얼굴을 깨끗하게 하기 위해 세수를 합니다.
- 코로나19에 걸리지 않게 손소독 젤을 짜 줍니다.
- 숟가락과 젓가락질로 밥을 먹게 해 줍니다.
- 내가 좋아하는 동요를 피아노로 연주하게 해 줍니다.

친구들과 공을 던져 피구 놀이를 할 수 있게 합니다.
 공부할 때 배움 공책을 쓸 수 있도록 합니다.

하브루타로 그림책 톺아보기

그동안 당연하게 생각하며 사용했던 손에 대한 관심을 불러일으키기 위해 『손손손!』 그림책에서 인상 깊었던 장면이나 문장을 말하도록 한다. 손과 함께했던 일상생활을 돌아보고, 우리가 생각하지 못했던 손의 능력을 느끼는 시간을 가진다.

■ **인상 깊었던 장면이나 문장 말하기**

『손손손!』 그림책은 세수하기, 단추 잠그기, 그림 그리기 등 우리가 아는 손의 역할들을 먼저 소개해 준다. 책장을 넘기면 박수 치기, 손 유희 즐기기, 악수하기 등 다른 사람과 함께할 수 있는 손의 의미를 알게 된다. 지나쳤던 손의 가치가 나올 때마다 "맞아 맞아!", "이렇게 놀았어!", "음!" 등 공감과 깨달음의 반응이 나왔다.

"모두가 함께 손을 잡고 있는 장면이에요. 왜냐하면 우리 친구들과 모두 손을 잡고 원을 만들었을 때 하나가 되는 느낌을 받았어요."

"'손은 정말 굉장해. 어쩌면 손은 마음이 드나드는 문일지도 몰라.'라는 문장이에요. 왜냐하면 손은 마음이 드나드는 문이라는 표현이 마음에 들었어요."

"병실에서 친구의 손을 잡아 주는 그림이에요. 왜냐하면 내가 아플 때 손을 잡아 주는 친구가 생각났어요."

"친구들과 재미있게 손 놀이하는 장면이에요. 왜냐하면 제가 좋아하는 손바닥 씨름 놀이를 재미있게 했던 기억이 났어요."

■ 질문 만들기

그림책을 읽고 손으로 했던 자신의 경험을 떠올리거나 느낌을 묻는 등 다양한 질문을 만들어 본다.

학생들이 만든 질문

- 손은 날마다 무슨 일을 하나요?
- 박수를 받아 기분이 좋았던 경험이 있나요?
- 친구와 손을 잡고 화해해 본 적이 있나요?
- 손에는 마음이 드나드는 문이 있다고 했는데 어떨 때 그런가요?
- 모두 손을 잡으면 어떤 기분이 드나요?
- 어떤 손 놀이가 재미있나요?
- 손으로 어떤 말을 표현할 수 있을까요?
- 손을 모으면 왜 힘이 날까요?

■ 하브루타 즐기기

『손손손!』 그림책으로 짝과 함께 선정한 질문을 가지고 짝 대화를 해 본 후 모둠별 생생 질문을 선정하여 전체 하브루타를 진행하였다.

Q 박수를 받아 기분이 좋았던 경험이 있나요?

A1 학교에서 상을 받아 왔을 때 아빠가 박수를 쳐 주셔서 기분이 좋았어요.

A2 어려운 그림을 완성하고 선생님과 하이파이브를 했을 때예요.

A3 태권도 학원에서 품새를 잘해서 칭찬받았을 때입니다.

Q 손으로 어떤 말을 표현할 수 있을까요?

A1 손을 펴서 흔들면 '안 돼'라는 뜻을 말할 수 있어요.

A2 사진 찍을 때 손가락으로 V 모양을 만들면 "이쁘게 찍어 줘"라고 말하는 것 같아요.

A3 새끼손가락을 걸면서 약속할 수 있어요.

Q 손에는 마음이 드나드는 문이 있다고 했는데 어떨 때 그런가요?

A1 친구가 밀어서 미안하다고 내 손을 잡았을 때 미안한 마음이 느껴졌어요.

A2 체해서 엄마가 배를 만져 줬을 때 내가 빨리 낫길 바라는 마

음이 느껴졌어요.

A3 손가락 하트를 만들어 부모님께 보냅니다. 사랑의 마음을 나타내요.

A4 게임을 할 때 친구들과 손을 모아 파이팅을 외치면 힘이 더 나요.

A5 울 때 친구가 날 안아 주며 등을 토닥토닥하면 날 위로해 주는 마음이 느껴져요.

그림책 모꼬지 속으로

그림책을 읽으면서 손이 가진 능력을 살펴보며 내 손에 내재된 무한한 능력을 느껴보고 긍정적인 자아개념을 형성할 수 있는 활동으로 구성하였다. 또한 다양한 손놀이를 통해 친구들과 활발한 상호작용을 하고 친밀한 관계가 형성되도록 하였다.

- **'내 손은 금 손' 만들기 활동**

짝과 협력하여 손을 석고로 본뜨고 금색을 입힌 후 우드록에 붙여 액자로 꾸며 주는 활동을 했다. 놀라운 능력을 가지고 있는 자신의 손을 탐색해 보고, 나의 손은 어떤 손인지 생각하고 표현함으로써 나의 몸을 사랑하는 마음까지 기를 수 있는 효과가 있다.

활동 방법

① 재료를 나눠 준다(가위, 석고붕대, 물, 종이컵).
② 미리 석고붕대(중간 사이즈)를 3×4cm 크기로 여러 개 자른다.
③ A가 자신이 원하는 손 모양을 정한 후 핸드크림을 바른다.
④ B는 석고붕대에 물을 묻혀 A의 손에 붙인다.
⑤ 전체적으로 석고붕대를 서너 겹 붙이도록 한다.
⑥ 손가락 끝부분이나 관절 부분은 모양이 잘 나타날 수 있도록 연필로 눌러 주면서 형태를 잡아 붙인다.
⑦ 석고 모형이 굳으면 손에서 분리하여 금색 래커를 뿌려 준다 (밖에서 바람을 등지고 뿌려야 한다).
⑧ 금색 래커가 뿌려진 손 석고 모형을 우드록에 붙인 후 액자처럼 보석 스티커로 장식한다.
⑨ "나의 손은 ○○○이다."라는 문장을 완성해 우드록 액자에 붙인다. 활동 후 소감을 나눈다.

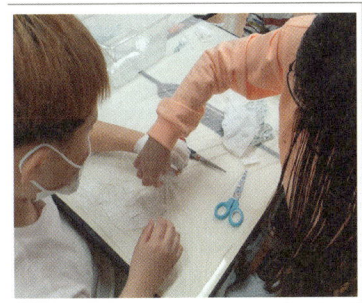	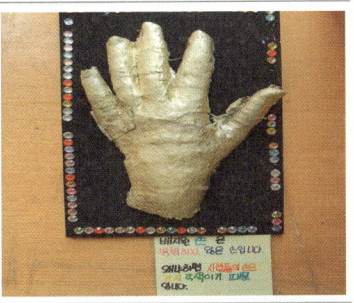
석고 모형 만드는 장면	내 손은 금 손 완성 작품

■ '손을 이용해서 놀기' 활동

『손손손!』 그림책에 나오는 손을 이용한 놀기 활동을 전개할 수 있다. 박수 치기, 음악에 맞춰 리듬 치기 활동을 통해 손놀이가 주는 즐거움을 느껴 보고, 짝과 함께 손바닥 씨름하기, 등에 쓴 글씨 알아맞히기 활동을 해 봄으로써 가상세계의 놀이가 아닌 함께하는 놀이에 대한 기쁨을 맛보았다.

활동 방법

- 손바닥 씨름하기
① 두 명이 다리를 11자 모양으로 어깨 너비만큼 벌린 후 상대방에게 손을 뻗어 닿을 정도의 거리로 마주 선다.
② 시작 신호와 함께 상대의 손바닥을 쳐서 상대의 발이 땅에서 떨어지게 하거나 손을 피하다가 중심이 무너지면 이긴다.

- 등에 쓴 글씨 알아맞히기
① 두 명이 가위바위보를 한다.
② 이긴 친구가 진 친구의 등에 손으로 낱말을 쓴다.
③ 낱말을 적을 때 필순에 맞추어 천천히 또박또박 크게 쓸 수 있도록 안내한다.
④ 짝이 낱말을 알아맞히면 역할을 바꾸어 활동하도록 한다.

손바닥 씨름하는 모습

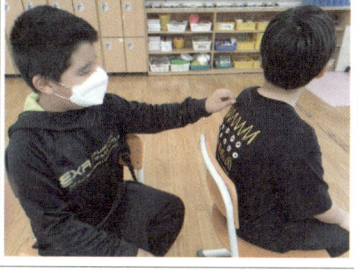
등에 쓴 낱말 알아맞히는 모습

■ '짝과 손 유희 즐기기 타임' 활동

컴퓨터나 핸드폰 게임에만 흥미와 관심이 많은 아이들에게 '푸른 하늘 은하수~' 노래를 부르며 짝과 함께 손으로 만드는 행복을 선사해 줄 수 있다. 부모님이나 주변 어른들께 여쭈어 보거나 인터넷 등을 활용해 손 유희를 조사하고 친구들에게 소개해 준 후 함께 즐겨 봄으로써 신체 발달 및 민첩성도 키울 수 있다. 자신만의 손 유희를 만들어 친구와 함께해 보는 활동으로 확장하는 것도 좋다.

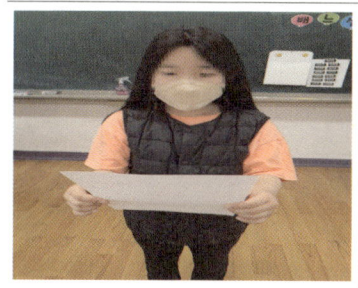
조사해 온 손 유희 발표하는 모습

친구들과 손 유희 하는 모습

생각 기부 시간

교실 소칠판에 있는 가치 덕목 카드를 보고 『손손손!』 그림책에서 느껴지는 가치 덕목을 찾아 친구들에게 설명한다.

"사랑입니다. 손으로 사랑이 잘 표현되는 것 같기 때문입니다."

"즐거움입니다. 친구들과 손놀이를 해서 즐겁기 때문입니다."

"행복입니다. 부모님과 친구들의 손을 잡으면 행복이 느껴지기 때문입니다."

> 🌱 **아이들이 그림책에서 찾은 메시지**
>
> ▸ 손으로 사랑을 표현하는 내가 되고 싶다.
> ▸ 손으로 할 수 있는 놀이를 친구들과 즐겁게 하고 싶다.
> ▸ 고마운 손을 항상 깨끗이 씻고 아껴 주고 싶다.
> ▸ 친구가 힘들 때 손을 잡아 주며 위로해 줄 것이다.

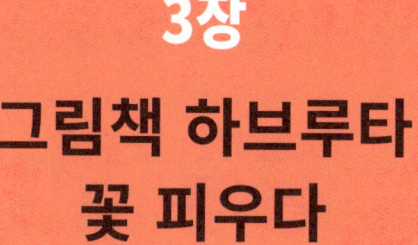

3장

그림책 하브루타 꽃 피우다

아픈 지구를 위해
어떤 준비를 해야 할까?

『눈보라』

강경수 글·그림, 창비

교사용 지도안 및 함께 보면 좋은 책

　뉴스를 통해 북극의 빙하가 녹고 있다는 소식을 우리는 종종 접한다. 빙벽에서 떨어져 나온 작은 빙하 위에서 어찌할 바를 몰라 당황하는 북극곰의 모습은 어쩌면 미래의 우리 모습일지도 모른다. 우리가 머무는 지구는 우리의 것이 아니며, 잠시 머물다 후손에게 물려주어야 하는 곳이다. 지금처럼 환경을 돌보지 않는다면 아프고 병든 지구를 후손에게 떠넘기는 것과 같다. 환경 위기 시계가 9시 46분을 가리키고 있으며 남은 시간은 2시간 14분밖에 남지 않았다. 건강한 지구에서 자연과 함께 살아가기 위해 우리 모두 노력하고 실천해야 할 때이다.

　『눈보라』 그림책은 먹을 것을 구하지 못해 인간이 사는 마을로 내려온 북극곰의 이야기다. 쓰레기통을 뒤지다가 사람들로부터 위협을 받은 북극곰 '눈보라'는 생존을 위해 판다로 변장하고 삶이 달라짐을 경험한다. 이 책은 겉모습만 보고 판단하는 우리 사회의 모습, 나를 아끼고 사랑하는 마음, 인간과 자연이 함께 공존하고, 지속 가능한 삶을 위해 우리의 삶을 어떻게 전환시켜야 하는지 등 함께 고민해 볼 문제들을 제시해 주고 있다.

그림책과 마주하기

환경오염 때문에 달라진 북극곰의 모습을 엿볼 수 있는 「얼음 위를 걷고 싶어」 유튜브 영상을 시청한다. 아이들은 왜 북극곰이 자신의 생활 공간을 떠날 수밖에 없는지, 어떤 마음인지를 짐작해 봄으로써 환경오염의 심각성을 가슴으로 느끼는 시간이 되었다.

『눈보라』 제목을 가린 표지를 자세히 관찰하는 시간을 준 후 모둠원이 돌아가면서 단어들을 열거하였다. 칠판에 적힌 단어들로 그림책 내용을 예측해 보며 그림책에 흥미를 느끼도록 했다.

▶ 북극곰 → 쓰레기통 → 빙하 → 곰 금지→ 경고문 → 골목길 → 생활 속 쓰레기 → 눈 → 창문…

🧒 이 그림책에는 어떤 내용이 펼쳐질까요?
👧 북극곰이 마을로 와서 귀한 물건을 찾는 내용입니다.
👧 쓰레기를 잘 처리해야 한다는 교훈을 줄 것 같습니다.
👦 북극곰이 오면 안 되는데 몰래 마을에 와서 이벤트를 해 줄 것 같습니다.
👦 먹을 것이 없어진 북극곰이 먹잇감을 찾는 내용입니다.
👦 북극에 눈이 오지 않아 문제가 생겨서 눈을 오게 하기 위해 북극곰이 마을에 찾아와 해결하는 이야기입니다.

하브루타로 그림책 톺아보기

표지를 넘기면 조그마한 빙하 위에 위태롭게 서 있는 북극곰이 나오는 속표지가 있다. 속표지를 통해 '눈보라'의 주제가 기후변화에 있다는 것을 느낄 수 있지만, 아이들은 그림책을 읽고 환경문제뿐 아니라 인간의 내면까지도 살펴보는 기회가 되었다.

■ 인상 깊었던 장면이나 문장 말하기

아이들마다 생각과 시선의 차이, 자신이 처한 상황 등에 따라서 인상적인 장면을 다양하게 꼽는 것을 볼 수 있었다.

"눈보라가 판다로 변장하는 모습이 기억에 남아요. 북극곰 눈보라가 살기 위해 자기 자신을 버려야 했기 때문이에요."

"판다가 아닌 것이 들통나서 사람들에게 쫓겨 눈 속으로 사라지는 장면이요. 눈 속으로 사라진 눈보라가 어떻게 살지 걱정이 되어서요."

"눈보라가 쓰레기통에서 사람들에게 둘러싸인 판다의 사진을 발견했을 때요. 나도 사람들에게 관심을 받을 수 있는 방법이 있구나 알게 되어서 기뻤을 것 같아요."

"'눈보라 속으로 사라졌습니다.' 하는 마지막 장면이요. 눈보라가 눈보라 속으로 사라졌다고 표현한 것이 재미있어서요."

- **질문 만들기**

그림책을 읽고 자신의 경험을 떠올리거나 느낌을 묻는 등 다양한 질문을 만들어 봤다.

학생들이 만든 질문

- 사람들은 눈보라가 마을에 내려오는 것을 왜 싫어했을까요?
- 환경오염은 인간과 동물 중 누구에게 더 위험할까요?
- 눈보라를 위해 내가 할 수 있는 일은 무엇일까요?
- 마을 사람들이 눈보라와 판다를 다르게 대한 이유는 무엇일까요?
- 눈보라는 마지막에 어떻게 되었을까요?
- 판다가 거짓인 걸 알았을 때 사람들의 태도는 왜 변했을까요?
- 사냥꾼이 말한 '영원히'는 무슨 뜻일까요?
- 외모로 다른 사람을 판단하면 어떤 일이 생길까요?
- 북극곰은 위험하고 판다는 사랑스럽다고 사람들이 생각한 이유는 무엇일까요?
- 북극곰이 쓰레기통을 뒤질 때 어떤 마음이었을까요?

- **하브루타 즐기기**

『눈보라』 그림책을 읽고 짝과 함께 선정한 질문으로 짝 대화를 해 본 후 모둠별 생생 질문을 하나씩 선정하여 전체 하브루타를 진행하였다.

Q 눈보라를 위해 우리가 할 수 있는 일은 무엇일까요?

A1 『눈보라』의 표지에도 있듯이 쓰레기 분리 수거를 잘해야 해요. 왜냐하면 재활용을 해서 자원을 아껴야 하니까요.

A2 먹을 것을 구하지 못하는 동물들을 보호해 줘야 해요.

A3 일회용품 사용을 줄여야 해요. 왜냐하면 지구 온난화를 막아야 하니까요.

A4 나무를 많이 심어야 해요. 왜냐하면 지구가 많이 더워하니까요.

Q 외모(겉모습)로 사람을 판단하면 어떤 일이 생길까요?

A1 외모를 꾸미는 것에만 관심을 갖게 돼요.

A2 외면적 아름다움만 중요하고 내면적 아름다움은 무시당하게 돼요.

A3 과정도 중요한데 결과만 생각하게 돼요.

A4 있는 모습 그대로 바라보는 태도가 더욱 필요할 것 같아요.

Q 눈보라는 어떻게 되었을까요?

A1 사람들에게 실망한 눈보라는 북극 깊숙한 곳으로 가서 살게 돼요.

A2 눈보라에게 한 행동이 잘못되었다는 것을 알고, 마을 사람들이 동물들을 돌봐 주면서 행복하게 살아요.

A3 먹을 것을 못 구한 눈보라는 쓸쓸하게 죽음을 맞이하게 돼요.

A4 눈보라 속으로 사라진 눈보라는 눈이 내리는 빙하로 돌아가

서 마음 편안하게 살아요.

A5 사람들이 쓰레기 분리 수거를 열심히 해서 자연이 잘 보존돼 인간과 눈보라 모두 안전하게 지내요.

그림책 모꼬지 속으로

환경문제를 해결하기 위해서는 우리의 지구 환경에 대한 올바른 가치관을 정립하고, 환경을 보호하려는 실천 의지가 필요하다. 우리가 실천할 수 있는 구체적인 체험 중심 활동으로 구상하였다.

■ '북극곰을 9해줘 포스터 만들기' 활동하기

기후변화로 인해 어려움을 겪고 있는 북극곰을 도와줄 수 있는 방법을 생각해 보고, 포스터를 제작하면서 환경에 대한 경각심도 가질 수 있도록 한다.

활동 방법

① 북극곰을 지키기 위해서 내가 할 수 있는 방법은 무엇이 있을지 떠올려 본다.
② 이면지를 활용하여 디자인해 본다.
③ 이면지를 보면서 택배 상자에 밑그림을 그린다.

④ 밑그림 위에 유성 매직을 활용하여 덧그린 후 색칠한다.
⑤ 완성이 되면 그림의 이미지에 어울리는 문구를 만든다.
⑥ 아침 또는 점심 시간을 활용하여 캠페인 활동을 한다.
⑦ 활동 후 소감을 나눈다.

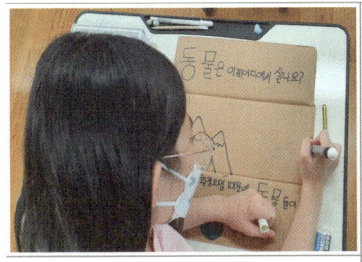

택배 상자에 포스터 그리는 모습 | 캠페인 활동 모습

북극곰을 9해줘 포스터 완성 작품

아침 시간 및 점심 시간을 활용하여 '북극곰을 9해줘' 포스터를 피켓으로 만들어 캠페인 활동을 했다. 환경보호의 필요성을 학교 친구들과 형, 동생들에게 홍보하는 시간이 되었다.

■ '친환경 주방 비누 만들기' 활동

생활 속에서 매일 사용하는 주방 세제를 친환경 비누로 바꾸는 활동을 통해 환경보호 활동이 어렵지 않다고 느꼈다. 친환경 주방 비누 만들기는 재료만 준비되면 만드는 과정이 단순하여 저학년부터 고학년까지 모두 참여할 수 있는 장점이 있다.

활동 방법

① 숍누들 180ml, 매실 분말 1티스푼, 글리세린 1티스푼, 레몬 아로마오일 6방울, 비타민 E $\frac{1}{2}$티스푼 정도를 준비한다.
② 지퍼백에 ①의 재료를 모두 넣고 잘 섞은 후 반죽하여 덩어리로 만든다.
③ 뭉쳐지면 지퍼백에서 꺼내 자신이 원하는 모양으로 만든다.
④ 하루 정도 건조 후 완성된 비누를 각자 집으로 가져간다.
⑤ 비누 사용 인증샷을 찍고 공유하며 사용 소감을 나눈다.

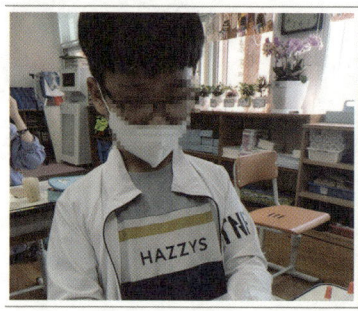

재료를 지퍼백에 넣어 덩어리를 만드는 모습

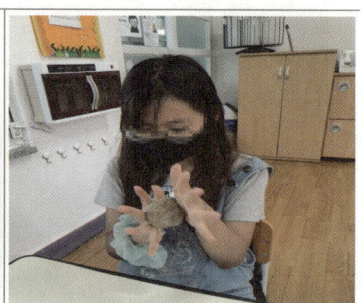

자신이 원하는 모양으로 만드는 모습

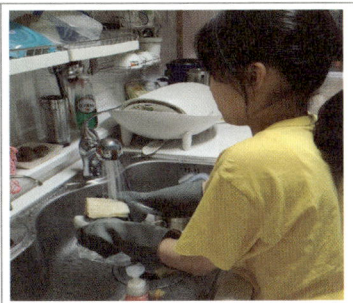

| 주방 비누 완성 작품 | 가정에서 친환경 주방 세제를 이용해 설거지하는 모습 |

가정에서 설거지를 할 때 친환경 주방 비누를 사용해 봄으로써, 식기에 세제 잔여물 걱정도 없고 환경 오염도 감소시킬 수 있음을 몸소 체험할 수 있었다.

■ '우리 가족 그린 수호 지구대' 활동

필(必) 환경 시대에 나부터 시작하여 우리 가족으로 확대 전파되는 생활 속 환경 지키기를 실천해야 한다. 가족회의를 통해 우리 가족이 '나부터, 지금부터, 할 수 있는 것부터'가 무엇인지 찾아보고 의논한다. 학급 커뮤니티(밴드, 하이 클래스 등)에 가족의 결정을 올려 친구들 앞에서 공언함으로써 실천 의지를 다졌다.

활동 방법

① 우리 가족이 환경을 지키기 위해 실천할 수 있는 방법을 가족회의를 통해 정한다.

② 미리 배부한 '우리 가족 환경 약속' 학습지에 기록한다.
③ 실천 사항을 학급 밴드에 올려 반 친구들과 공유한다.
④ 커뮤니티를 통해 환경 지킴 활동을 서로 응원해 준다.
⑤ 한 달에 한 번 소감을 나누고, 가족과 함께 읽을 수 있는 환경 그림책을 선물로 준다.

대나무 칫솔 사용 약속하기

우리 가족 환경 지킴 약속

생각 기부 시간

모둠별로 『눈보라』 그림책에서 느껴지는 생각과 일치하는 이미지 카드를 한 장 선택한다. 선택된 카드를 보여 주며 마음의 소리 또는 삶 속에서 어떻게 적용해 볼 것인지 발표한다.

"청진기입니다. 지구가 우리한테 말하는 소리를 잘 듣고 도와줘야 하기 때문입니다."

"전쟁입니다. 환경이 파괴되면 전쟁과 같은 세상이 되기 때문입니다."

"벌입니다. 환경을 보호하지 않고 마구 쓰면 반드시 벌을 받게 됩니다."

완성된 대본 중 일부

아이들이 그림책에서 찾은 메시지

- 후회하지 않게, 지키고 보호할 수 있을 때 모든 사람이 환경에 관심을 가졌으면 좋겠다.
- 실천할 수 있는 작은 것부터 시작해서 지구를 지키고 싶다.
- 분리 수거 잘하기, 장바구니 이용하기를 우리 가족과 꼭 실천할 것이다.

세상을 어떻게 바라보고 있나요?

『위를 봐요!』
정진호 글·그림, 현암주니어

교사용 지도안 및 함께 보면 좋은 책

　우리는 장애인의 삶에 대해 얼마나 알고 있고 그들의 인간다운 생활을 위해 어떤 도움을 주고 있는가? 4월 20일은 장애인의 날이다. 이날은 장애인의 삶을 이해하고 사기를 진작하기 위해 비장애인의 인식을 개선함과 동시에 장애인의 인권을 존중하기 위해 지정된 날이다. 그래서 생활 속에서 서로의 차이를 인정하고 존중하는 교육이 필요하다. 아이들의 시선을 바꾸는 행동만으로도 흑백의 세상에 싹이 돋고 꽃이 피며, 더불어 살 수 있게 된다.

　『위를 봐요!』 그림책은 장애인에 대해 생각해 볼 수 있는 기회를 준다. 수지는 가족 여행 중 차 사고가 나서 다리를 잃었다. 바깥 외출이 어려운 수지는 매일 베란다에서 길을 걸어가는 사람들을 내려다본다. 어느 날 수지의 "내가 여기에 있어요. 아무라도 좋으니… 위를 봐요!"라는 용기 있는 외침을 들은 한 아이가 고개를 들어 수지를 바라봄으로써 놀랄 만한 일이 벌어진다. 시선을 넓게 하면 생각과 행동에 변화가 오고, 이는 사람들과의 관계에 변화를 가져옴과 동시에 세상을 바꾸는 힘이 된다.

그림책과 마주하기

6학년 선생님들이 모인 네이버 밴드에 이종혁 선생님이 소개한 사진을 활용하여, 보는 사람의 시각에 따라 사물이 어떻게 보이는지 알아보는 활동을 하였다.

체스판의 A와 B의 색 중 어디가 더 진해 보이나요?

A요.

선생님이 문제 내는 걸 보니 B가 답인 것 같아요.

A가 진해요.

그럼 선생님이 그림판에서 주변을 지워 보겠습니다. 어떤 변화가 일어나는지 살펴보세요.

우와~ 우… 우와~

체스판을 지워 보는 활동 모습

아이들의 반응이 끊이지 않았다. 눈에 보이는 것이 다가 아니며, 보는 대로 모두 믿으면 안 된다는 사실을 아이들도 깨닫게 되는 시간이었다.

하브루타로 그림책 톺아보기

주변의 친숙한 장소나 사물도 다른 시각에서 보면 새롭게 보인다. 『위를 봐요!』는 시선에 따라 사물이 어떻게 다르게 보이는지, 그 미묘함의 차이를 느낄 수 있게 하는 그림책이다. 시야가 좁으면 세상을 넓게 볼 수 없다. 고정관념과 편견이 생기게 마련이다.

■ 그림책 한 장면 관찰하기

| 그림책 한 장면 | 장면을 설명하는 모습 |

『위를 봐요!』 그림책은 면지에서부터 궁금증을 자아 내는 그림으로 시작한다. 어떤 장면인지 예측해 보며 그림책 그림을 이리저

리 보면서 자신의 생각을 말했다.

"이것은 새가 타이어 안에 들어가 있는 장면입니다."
"새가 나뭇가지에 앉아 있는 장면 같아요."
"사슴 가족들이 이불을 덮고 있는 장면입니다."

여러 다양한 의견들이 나왔다. 그중에는 도로에 있는 나무를 위에서 본 모습이라고 말하는 학생도 있었다. 아이들은 자신과 다른 친구들의 생각들에 더 즐거워했고, 이런 활동은 그림책 내용에 궁금증을 자아 내며 빨리 읽어 보고 싶게 만들었다.

그림책을 함께 읽고 면지의 그림이 위에서 내려다본 장면을 그린 것이라는 것을 인지한 아이들은, 어디서 어떻게 보느냐에 따라 사물의 모습이 다르게 보인다는 사실을 알게 되었다고 말했다.

■ 인상 깊은 장면 나누기 & 텔라파시 빙고 놀이

그림책을 읽은 후 인상적인 장면이나 마음에 드는 문장을 나누는 활동을 하였다. 많은 학생이 소년이 수지를 향해 눕는 장면과 그 소년을 보고 장바구니를 들고 있던 어른이 눕는 장면을 말했다.
그림책에서 생각나는 미덕으로 텔레파시 빙고 놀이를 하였다.

생각 나눔 노트에 다섯 개의 칸을 그리고 미덕 5가지를 기록했다. 같은 미덕을 적은 친구의 수가 점수가 되어, 합산하면 자신의 점수가 되는 놀이이다. 자신이 '용기'를 부르면 용기를 적은 친구들이 손을 들고, 선생님이 수를 파악하여 불러 주면 그 칸의 점수가 되는 식으로 진행된다. 모든 학생이 자신의 미덕에 점수를 적을 때까지 진행하여 합산을 하면 된다.

인상적인 장면을 나누고 텔레파시 빙고 놀이를 하면서 아이들의 마음밭에 많은 미덕의 씨들이 뿌려졌다.

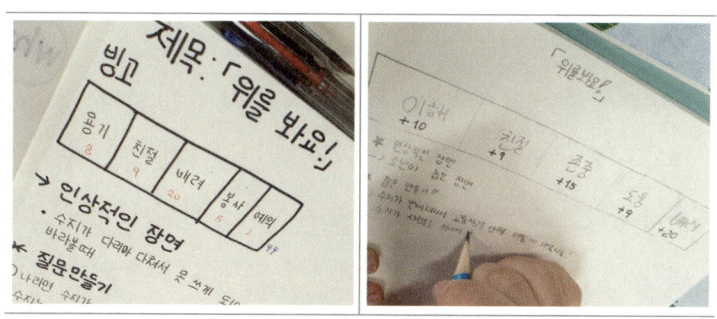

빙고 놀이판

■ 질문 만들기

그림책을 읽고 앞에서 했던 활동들을 떠올리며 친구들과 생각을 나누고 싶은 질문들을 만들어 본다.

학생들이 만든 질문

• 나라면 수지가 위를 보라고 했을 때 바닥에 누웠을까?

- 수지는 직접 나가면 되는데 왜 아래를 바라만 보았을까?
- 수지는 교통사고를 당하고 나서 어떤 마음이 들었을까?
- 내가 수지라면 어떤 행동을 했을까?
- 나는 나와는 다른 친구들을 어떻게 대했는가?
- 나는 어떤 친구가 되어 주고 싶나요? 어떤 친구가 필요하나요?
- 도움이 필요한 친구의 말을 들어 준 적이 있는가?
- 그림책에 수지의 부모님이 나오지 않은 이유는?
- 수지에게 우리가 줄 수 있는 도움은?
- 소년과 같은 용기는 어디서 나오는 걸까요?
- 소년은 무슨 생각으로 수지를 보고 바닥에 누웠을까?
- 내가 누웠는데 함께 해 주는 사람들이 나타나지 않았다면?
- 우리 엄마는 소년의 옆에 같이 누워 주는 사람일까?
- 내가 가진 편견이나 고정관념은 무엇인가? 그것을 없애기 위해 내가 할 수 있는 것은 무엇일까?

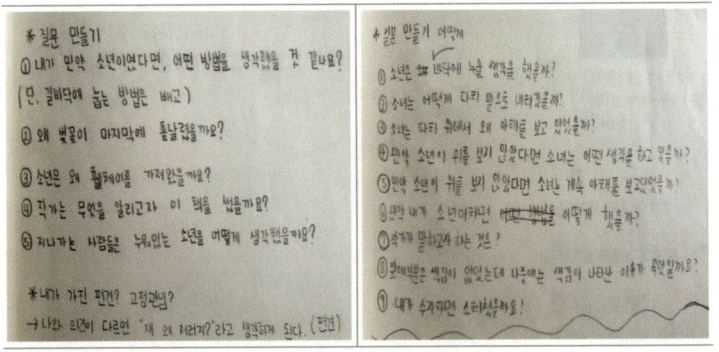

- **하브루타 즐기기**

『위를 봐요!』 그림책으로 짝과 함께 선정한 질문을 가지고 짝 대화를 해 본 후 모둠별 생생 질문을 선정하여 전체 하브루타를 진행하였다.

짝과 하브루타를 하는 모습

질문 배틀하는 모습

Q 나는 어떤 친구가 되어 주고 싶나요? 어떤 친구가 필요하나요?

A1 친구의 말을 잘 들어 주고 싶어요. 나의 말을 잘 들어 주는 친구가 필요해요.

A2 친구에게 도움이 되는 친구가 되어 주고 싶어요. 힘들 때는 친구의 도움이 필요해요.

A3 이해를 잘해 주는 친구가 되고 싶어요. 저의 마음을 이해해 주는 친구가 필요해요.

Q 소년과 같은 용기는 어디서 나오는 걸까요?

A1 소녀의 안타까운 상황이 속상해서.

A2 소녀를 도와주고 싶은 마음이 컸기 때문에 용기가 났을 것 같아요.

A3 소녀에게 희망을 주고 싶어서.

Q 내가 가진 편견이나 고정관념은 무엇인가? 그것을 없애기 위해 내가 할 수 있는 것은 무엇일까?

A1 장애를 가진 친구들은 우리와 다르다는 생각을 가지고 있었다. 내가 할 수 있는 일은 장애를 가진 친구와 대화를 많이 하는 것이다.

A2 외모가 준수해야 관심을 받는다. 못생기고 뚱뚱한 사람도 능력 있고 마음이 따뜻함을 인정하려고 노력해야 한다.

A3 여자는 명절에 일해야 한다. 양성평등교육을 받아야 한다.

그림책 모꼬지 속으로

자신이 생각하고 보는 것이 전부라고 믿는 아이들에게 나와 다르다고, 내가 보지 못하고 생각하지 못했다고 옳지 않은 것이 아님을 알려 주고 싶은 활동으로 구성하였다.

■ '다양한 방향으로 사진 찍기' 활동

한 가지 사물을 여러 각도에서 보는 활동을 할 수 있다. 물건의 위, 아래, 옆, 앞에서 관찰하여 탐색해 보고, 카메라로 교실의 여러 물체들을 다양한 각도에서 찍어 봄으로써 사물 또는 사람을 바라보는 시각이 다양함을 느낄 수 있는 효과가 있다.

활동 방법

① 교사는 패들렛 주소를 QR코드로 만들어 화면에 제시한다.
② 학생들은 각자 주어진 핸드폰 또는 태블릿 PC로 교실 안에 있는 물건의 일부분 또는 다양한 각도에서 사진을 찍는다.
③ 자신이 찍은 사진 중 친구들이 모를 것 같은 사진을 교사가 제시한 패들렛에 올린다.
④ 활동이 끝나면 모두가 자리에 앉는다.
⑤ 패들렛에 동시에 접속하여 친구들이 찍어 올린 사진이 무엇인지 댓글로 쓴다.
⑥ 사진을 찍은 친구가 정답을 공개한다.
⑦ 이 활동이 끝나면 집에서 사진 한 장을 같은 방법으로 촬영하여 교사에게 보내도록 한다.
⑧ 교사는 사진들을 모아 퀴즈를 낸다.
⑨ 문제를 가장 잘 낸 친구와 가장 잘 알아맞힌 친구의 이야기를 들어 본다.

⑩ 활동 후 느낌을 공유한다.

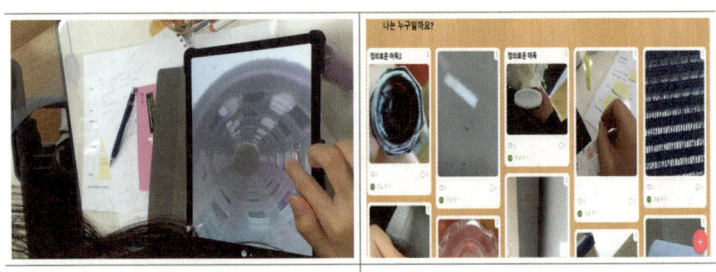

| 의자를 찍는 모습 | 패들렛에 올라온 학생들 작품 |

■ '점자로 만든 내 이름' 활동

『위를 봐요!』 그림책에는 교통사고로 다리를 잃은 수지가 주인공이다. 누구나 예기치 못한 상황으로 장애를 가질 수 있다. 시각장애인의 의사소통 수단인 점자를 활용하여 자신의 이름을 완성해 봄으로써 장애에 대한 이해의 폭을 넓히고자 하였다.

활동 방법
① 점자에 대해 이야기를 나눈다.
② 점자가 적힌 학습지와 보석 스티커를 나눠 준다.
③ 자신의 이름에 해당되는 위치에 보석 스티커를 붙인다.
④ 눈을 감고(안대 활용) 보석 스티커를 만져 보면서 자신의 점자 이름을 찾아본다(친구 이름도 찾아보는 활동으로 확장).
⑤ 활동 후 소감을 나눈다.

보석 스티커로 이름 쓰기	자신의 이름 찾아보기 활동

■ '생각의 차이 느껴 보기' 활동

『반이나 차 있을까 반밖에 없을까?』 그림책을 읽고 같은 장면을 보면서도 다른 생각을 할 수 있다는 것을 경험했다. 먼저 그림책 표지에 있는 그림으로 시작하였다. 컵에 담긴 물이 반이나 차 있다고 생각하는지, 반밖에 없다고 생각하는지를 학생들에게 물어보았다. 둘 다 맞다. 틀린 것이 아니다. 단지 생각의 차이일 뿐. 그림책 속의 다양한

『반이나 차 있을까 반밖에 없을까?』
이보나 흐미엘레프스카 글·그림,
이지원 옮김, 논장

장면에서 아이들은 같은 현상을 다르게 보게 됨을 인지하였다. 아이들 중에는 친구가 나와 다른 생각을 할 수 있다는 것 자체를 인정하지 못해서 힘들어하기도 한다. 서로의 입장을 이해하지 못해 오해와 갈등이 생기는 경우가 많다. 나와 다른 친구의 생각을 인정하며 존중한다면 서로 잘 지낼 수 있는 확률 또한 높아질 것이고, 대인관계 능력도 길러질 것이다.

■ '입장 바꿔 놀이' 활동

나와 다른 입장의 친구를 만나게 되었을 때 그 친구를 이해하는 좋은 방법은 그 상황을 직접 경험해 보는 것이다. 장애를 가진 아이들의 마음과 불편함을 알게 된다면 한 발짝 다가서는 용기도 생길 것이다.

활동 방법

- 고깔모자 놀이-친구를 찾아라
① 원뿔 모양의 고깔모자 끝을 살짝 자른다.
② 팀을 나눈 후 팀에서 두 모둠(A와 B)으로 나눈다.
③ 각 팀의 A는 고깔모자를 얼굴에 쓰고 친구를 찾아야 하는 미션을 수행하고, B는 A가 찾아야 하는 친구의 역할을 한다.
④ 각 팀의 A는 출발선을 확인하고 출발선을 등지고 돌아서 대기한다. 앞을 보고 있으면 친구들의 위치를 알고 움직이기 때문에 놀이를 하는 진정한 이유를 상실하게 된다.
⑤ 각 팀의 B는 지정된 영역 안에서 자신이 있고 싶은 곳에 움직이지 않고 서 있는다.
⑥ 교사의 신호에 맞춰 각 팀의 A가 출발하여 팀이 찾아야 하는 친구를 먼저 찾는 팀에게 점수가 부여된다. 팀이 찾아야 하는 친구는 출발 전에 각 팀마다 다르게 교사가 이름을 불러 준다.
⑦ 한 게임이 끝나고 나면 각 팀의 B들은 다시 움직여 다른 자리에 위치하도록 한다.

⑧ 친구 찾기가 끝나면 한곳에 색이 있는 물건을 두고 팀별 릴레이 게임으로 진행하여도 좋다.
⑨ 활동 후 소감을 나눈다.

고깔모자 놀이 모습

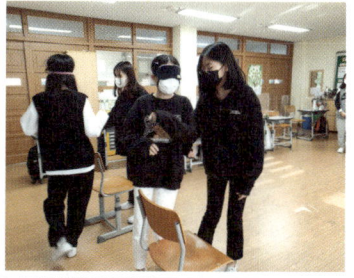
안대 쓰고 돌아오기 놀이 모습

- **안대 쓰고 돌아오기-친구를 믿어라**

① 두 팀으로 나눈 후 한 명은 안대를 쓰고 다른 한 명은 곁에서 설명하는 역할을 정한다.
② 출발선에 서서 지정된 곳을 돌아와 그다음 선수에게 안대를 넘겨 준다.
③ 설명을 하는 친구들은 앞을 보고 있지만 안대를 쓰는 친구들은 출발선에 등지고 서서 기다린다.
④ 지정된 곳은 게임 중 교사가 수시로 위치를 바꾸어도 좋다.
⑤ 릴레이 경기로 먼저 들어온 팀이 우승한다.
⑥ 안대를 쓴 친구들과 설명을 해 준 친구들의 느낌을 발표하

고, 역할을 바꾸어 한 번 더 진행한다.
⑦ 활동 후 소감을 나눈다.

가정과 연계하는 활동으로 집에서 눈을 가리고 자기 방에서 화장실까지 찾아가는 미션을 주었다. 모든 집 안의 구조를 다 알고 있음에도 방에서 화장실까지 가는 길이 멀게 느껴졌다고 말했다.

눈 가리고 방에서 화장실까지 가기 미션 수행 모습

생각 기부 시간

교실 소칠판에 있는 가치 덕목 카드를 보고 『위를 봐요!』 그림책에서 느껴지는 가치 덕목을 찾아 친구들에게 설명한다.

"인정입니다. 그 모습 있는 그대로를 인정해 주는 것이 편견을 없애는 것 같기 때문입니다."

"용기입니다. 내가 소녀와 같은 모습을 하고 있을 때 도움을 청할 수 있는 용기, 내가 소년이라면 도움을 청할 때 기꺼이 도와줄 수 있는 용기가 중요하다고 생각하기 때문입니다."

"도움입니다. 우리와 다른 모습인 친구들은 불편함이 많이 있습니다. 그들이 원할 때는 언제든지 도와주는 자세가 필요하기 때문입니다."

아이들이 그림책에서 찾은 메시지

- ▶ 친구의 생각이 나와 다름을 인정해야겠다.
- ▶ 소년이 용기를 낸 것처럼 나도 용기를 가지고 싶다.
- ▶ 틀린 것이 아니라 다른 것이란 것을 잊지 말아야겠다.
- ▶ 주변에 일어난 일들을 다른 시각으로 보는 연습을 하고 싶다.

역사는 현재와 과거의 끝없는 대화이다

『오늘은 5월 18일』
서진선 글·그림, 보림

교사용 지도안 및 함께 보면 좋은 책

  5·18민주화운동은 우리나라의 민주주의를 한 단계 성숙시키고 한걸음 나아가게 한 반면에, 국민의 존엄성을 유린하고 반인권적인 국가 권력을 보여 준 역사적 사건이다. 하지만 태어난 순간부터 민주주의를 경험하고 있는 지금의 아이들이 그때의 역사적 아픔을 공유하고 공감하는 것은 힘든 문제이다. 그러나 과거의 역사라고 잊고 살기에는 현재에도 언제든 일어날 수 있는 일이기에 우리의 역사를 제대로 아는 것은 반드시 필요하다.

  총싸움 놀이를 좋아했던 소년이 장난감 총을 버리게 되는 『오늘은 5월 18일』 그림책, 계엄군이 사용한 당시의 총 M16의 입장에서 바라본 『씩스틴』 그림책, 고(故) 전재수 군의 이야기를 담은 『운동화 비행기』 그림책으로 다가간 5·18민주화운동은 아이들에게 역사에 관심을 갖도록 마음을 움직여 주었다. 민주주의를 지키려는 사람들의 노력과 희생을 생각하며 나와 역사와의 정서적 교감을 통해 아이들에게 역사 의식을 키워 주고 싶었다.

그림책과 마주하기

"5월 하면 생각나는 날이 있나요?"라고 질문하면 대부분의 아이들은 어린이날과 어버이날을 이야기한다. 자신들의 경험으로 돌아봤을 때 재미있고 의미 있으며 설레는 날로 기억되기 때문이다. 하지만 슬픈 날이면서도 의미 있는 날이 있다. 바로 1980년 5월 18일이다.

5·18민주화운동 관련 3권의 그림책 표지를 제시하고 이야기를 만들어 보도록 하였다. 5·18민주화운동과 관련한 이야기들이라는 것을 눈치채지 못하도록 『오늘은 5월 18일』이란 제목에서 '5월 18일'은 지우고 제시했다.

① 『씩스틴』, 권윤덕 글·그림, 평화를 품은 책
② 『운동화 비행기』, 홍성담 글·그림, 평화를 품은 책

"오늘 아침 일어나 보니, 엄마가 보이지 않으셨다. 엄마를 찾기 위해 집을 나서기로 하였지만 챙길 만한 물건이 보이지 않았다. 그래서 나는 운동화를 비행기로 만들고 씩스틴이라는 장난감 총

을 진짜 총으로 만들어 엄마를 찾으러 갔다."

"오늘은 내가 씩스틴이라는 운동화 이름을 가지고 운동화를 만드는 걸 도전했다. 결국 나는 운동화 만드는 걸 성공해서 팔았다. 나는 집에 오는 길에 운동화 비행기라는 신발을 동생에게 선물했다. 그런데 씩스틴이라는 신발을 신으면 총을 발에 쏘는 느낌이 든다."

"내 이름은 씩스틴이야. 오늘은 아빠와 엄마와 함께 운동화 비행기를 타고 놀이 공원에 갈 거야. 놀이 공원에는 꽃이 정말 많았어. 거기에는 정말 멋진 로봇도 있었어. 태양도 오늘따라 더 반짝반짝했어. 그리고 집에 와서는 피곤해서 잠을 잤어. 꿀잠 말이지."

하브루타로 그림책 톺아보기

5·18민주화운동과 관련한 사진과 영상을 보아도 아이들은 관심을 잘 보이지 않는 것이 사실이다. 하지만 표지만 보고 재미난 이야기를 만든 학생들에게 『운동화 비행기』 그림책을 먼저 읽어 주었더니 숙연해졌다. 무슨 일인지 알지 못해서 즐거운 이야기를 꾸몄다는 사실이 미안해졌기 때문이다. 아이들은 1980년 5월 18일에 무슨 일이 일어났는지 더 궁금해 하고 알고 싶어 평소보다 더 적극적인 자세로 임했다.

- **인상 깊었던 장면이나 문장 말하기**

『운동화 비행기』 그림책은 우리 아이들과 또래였던 고(故) 전재수 군이 겪은 5월 18일의 이야기이다. 냇가에서 재미나게 친구들과 물놀이를 하던 소년은 아무런 이유 없이 총에 맞아 죽었다. 죽은 소년은 자신에게 무슨 일이 있었는지, 엄마가 사 준 새 운동화를 비행기 삼아 하늘에서 광주를 지켜보며 참혹한 그날에 대해 알려 준다. 아이들은 한 장 한 장 그림책을 뒤로 넘길 때마다 숨소리조차 크게 느껴질 정도로 숙연해졌고 마음속에서 억울함이 올라오는 경험을 하였다.

"전재수가 신발을 주우려고 하다가 총에 맞은 장면이 가장 슬펐어요. 처음으로 가진 선물이 가족에게 가장 아픈 선물이 되어 버린 것 같아서요."

"총의 레이더에서 전재수가 달리는 장면이요. 왜냐하면 아무 죄가 없는 어린아이에게도 총을 겨누었던 그 상황이 이해가 안 되고 화가 났어요."

"운동화 비행기를 타고 하늘에서 내려다보는 장면이요. 왜냐하면 무엇이 진실이고 거짓인지 다 알 수 있을 것 같아서요."

- **마인드맵으로 바라본 5월 18일**

『오늘은 5월 18일』 그림책을 읽고 생각나는 단어로 마인드맵을 해 본 후 사건의 전개를 기, 승, 전, 결로 나누어 보는 시간을 가졌다. 연속적인 사건의 원인과 결과를 통해 흐름을 파악하는 데 도움이 되는 활동이다.

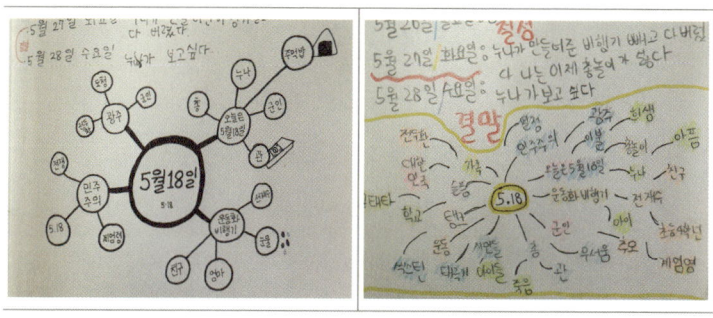

5월 18일 마인드 맵

■ 질문 만들기

『오늘은 5월 18일』, 『씩스틴』, 『운동화 비행기』 그림책을 읽고 자신이 더 나누고 싶은 그림책을 선택한 후 같은 그림책을 선택한 아이들과 모둠을 만들어 질문을 만들어 보았다.

학생들이 만든 질문

- 누나를 기다리는 주인공의 마음은 어떨까?
- 친구가 내 눈앞에서 죽는 모습을 보게 된다면 어떤 생각이 들까?
- 정의를 위해 나는 어디까지 용기를 낼 수 있을까?
- 내가 생각하는 민주주의는 무엇인가?

- 시민들은 어떤 생각으로 시위를 했을까?
- 만약 내가 5월 18일에 광주도청에 있었다면?
- 시민들은 왜 민주화 운동을 했을까요?
- 내가 군인이었으면 어떻게 행동했을까? 내가 시위에 참여했다면?
- 5·18을 생각나면 왜 눈물이 날까?
- 희생당한 분들이 자신의 가족이라면 기분이 어땠을까요?
- 시위할 때 두려움을 어떻게 이겨 냈을까?
- 우리 반이 민주주의가 안 되었다면 어떤 노력을 해야 할까?
- 자신이 만약 시위에 참여한다면 부모님께 남기고 싶은 메시지는?
- 주먹밥을 받은 시민들은 어떤 마음이 들었을 것 같나요?
- 군인들은 시민 한 명 한 명을 총으로 쏘아 죽일 때 어떤 마음이었을까?
- 정의를 위해 내가 할 수 있는 일은 무엇일까?

질문 만들기

■ **하브루타 즐기기**

그림책으로 짝과 함께 선정한 질문을 가지고 짝 대화를 해 본 후 모둠별 생생 질문을 선정하여 전체 하브루타를 진행하였다.

Q 시민들은 어떤 생각으로 시위를 했을까?

A1 이렇게 시위를 하다 보면 분명히 변화가 있을 것이라는 믿음이 있었을 것 같아요.

A2 가족의 억울한 죽음을 알리기 위해서 했을 것 같아요.

A3 민주주의를 이루기 위해 나 하나는 희생해도 된다고 생각하면서 시위했을 것 같아요. 그래도 무서웠을 것 같아요.

Q 자신이 만약 시위에 참여한다면 부모님께 남기고 싶은 메시지는?

A1 엄마, 우리가 세상을 변화시킬 테니 너무 걱정 마세요.

A2 엄마, 나의 희생으로 민주주의가 된다면 저는 영광입니다.

A3 우리 모두 함께해야 이루어지는 것 같아요. 잘못되어도 슬퍼하지 마세요.

Q 정의를 위해 내가 할 수 있는 일은 무엇일까?

A1 옳다고 믿는 일에 참여한다. 소중한 사람이 죽었다면 끝까지 참여한다.

A2 동참은 못하지만 다른 반대편(국가)도 응원하지 않는다.
A3 정의로운 일에 대해 많은 친구들에게 이야기하면서 함께 하자고 제안한다.

그림책 모꼬지 속으로

역사적인 사건에 감정이입을 하도록 하여 아이들의 마음에 희생자에 대한 경건한 마음이 생기고, 그들에 대해 궁금함을 가져 민주주의를 수호하고자 하는 의지를 기르는 활동으로 구성하였다.

■ **5·18기념재단 사이버 참배 활동**

5·18기념재단 누리집을 방문하여 살펴보고 희생자를 기르는 마음을 담아 참배를 하는 시간을 가졌다. 더 나아가 5·18 망월동 묘지공원을 방문하여 고(故) 전재수 군의 묘를 찾아보거나 광주실천교육교사모임에서 만든 현장 방 탈출을 즐기는 활동으로 확장하는 것도 좋다.

활동 방법

① 5·18기념재단 누리집을 방문한다.
② '안장자 찾기'를 클릭하고 희생자들을 확인해 본다.

③ 확인이 끝나면 모두 자리에서 일어나 묵념을 한다.
④ 다른 사람들이 남긴 추모글을 읽어 보고 소감을 나눈다.
⑤ 자신이 남기고 싶은 추모글을 미리 작성해 본다.
⑥ 본인 인증을 위해 휴대폰 전원을 켜고 추모글을 작성한다. 본인 인증을 못 하는 학생들은 다른 사람들의 추모글을 더 읽어 보거나 영상을 시청하고 집에서 할 수 있도록 안내한다.
⑦ 추모글을 남긴 소감을 나눈다.

묵념하는 모습과 누리집에 남긴 추모글

〈추모글〉

"정의를 위하여 광주에서 힘써 주신 분들 정말 감사드립니다."
"희생해 주셔서 감사합니다. 항상 감사한 마음으로 살겠습니다."
"민주주의를 찾아 주셔서 감사합니다. 잊지 않고 기억할게요."

■ '아름다운 태극기' 만들기 활동

민주주의를 실현하기 위하여 모두가 손에 들었던, 희생된 많은 사람들의 사체를 덮었던 태극기를 아름답게 만들어 보고 5·18민주화운동에 대한 의지를 적어 보는 활동을 하였다.

> **활동 방법**
> ① A4 용지에 태극기를 연필로 그린다.
> ② 태극기의 테두리를 유성 매직으로 덧그린다.
> ③ 태극마크 안을 비슷한 색의 꽃으로 채운다. 생화가 없는 경우 종이접기로 꽃을 만들거나 그려서 채우도록 한다.
> ④ 완성된 태극기 아래 5·18민주화운동에 대한 자신의 생각 한 줄을 캘리그래피로 적는다.
> ⑤ 활동 후 소감을 나눈다.

아름다운 태극기 만들기 학생 작품

■ **정지 장면 연출 활동**

아이들이 알아야 하는 중요한 역사의 한 장면을 직접 연출해 보는 시간을 가졌다. 연출할 장면과 역할을 정하면서 나누는 대화 안에서 아이들이 그날을 어떻게 생각하는지 짐작해 볼 수 있었다. 자신이 시민 또는 계엄군이 되어 보기도 하고 인터뷰 활동을 해 봄으로써 당시 시민들의 마음을 이해하게 되는 효과가 있었다.

활동 방법

① 모둠을 구성하고 어떤 장면을 연출할지 구성원과 의견을 나눈다.
② 하나의 정지 장면이 정해지면 역할을 정해 동작을 구상한다.
③ 동작을 연습하고 자신이 맡은 인물을 생각해 본다.
④ 모둠의 정지 장면을 발표한다.
⑤ 질문이 있는 아이들은 정지된 인물에게 다가가 터치를 하고 물어본다.
⑥ 터치를 받은 인물들은 질문에 대답한다.
⑦ 활동 후 소감을 나눈다.

다리에 총을 맞았고 쓰러졌는데도 계엄군이 와서 때리고 있는 모습.
친구가 죽어서 옷으로 얼굴을 가려 주는 모습.
도망가다 계엄군에게 붙잡혀 맞고 있는 모습.

붙잡힌 시민을 때리려는 계엄군, 이를 저지하고 시위하는 시민군. 뒤에서 말없이 주먹밥을 만들고 응원하는 아줌마.

학생들의 정지 장면 연출

■ 미얀마 응원하기 활동

1980년 광주에서 일어났던 일과 비슷한 일이 2021년 미얀마에서 일어나고 있음을 인지하고 응원 메시지를 전하고 싶다는 아이들의 의견이 모아졌다. '미얀마를 응원합니다'라는 캐릭터를 그려 스티커로 제작한 후 자신의 학용품, 휴대폰 등 잘 보이는 곳에 붙이고 마음으로 응원하는 활동을 진행했다.

활동 방법

① 미얀마 사태에 대해 알아본다.
② 5·18민주화운동과 미얀마 사태의 공통점을 찾아본다.
③ 미얀마를 응원하는 캐릭터를 구상하고 그린다.
④ 그림을 교사가 스캔하여 jpg 파일로 저장한다.
⑤ 저장된 파일을 이용해 스티커를 제작한다.
⑥ 자신이 만든 응원 스티커를 자주 사용하는 물건에 붙인다. 응

원 스티커를 주변 사람들에게 나누며 미얀마 사태를 알린다.
⑦ 활동 후 소감을 나눈다.

| 미얀마 응원 캐릭터 | 완성된 스티커 사용 |

생각 기부 시간

나눠 준 '미덕 카드'를 보면서 5·18민주화운동을 통해 우리가 갖추어야 할 가치 덕목을 선택했다. 『오늘은 5월 18일』, 『씩스틴』, 『운동화 비행기』 그림책들 중에서 나의 마음에 울림을 주었던 메시지를 한두 문장으로 적어 자신의 생각을 정리하는 시간을 갖는다.

> 🌱 아이들이 그림책에서 찾은 메시지
>
> ▶ "용기입니다. 두려워하지 않고 당당히 맞섰기 때문입니다."
> ▶ "믿음입니다. 함께하는 사람들을 믿고 같이 갔기 때문입니다."
> ▶ "더불어입니다. 모두가 함께해야 이루어질 수 있습니다."

전쟁은 아직 끝나지 않았다

『숨바꼭질』
김정선 글·그림, 사계절

교사용 지도안 및 함께 보면 좋은 책

　내가 살고 있는 터전의 뿌리를 알고, 한국인으로서 정체성을 찾아갈 때 가장 필요한 것은 역사 교육이다. 또한 자랑스런 역사는 우리에게 자긍심을 심어 주고, 아픈 역사는 같은 실수를 되풀이하지 않게 나침반 역할을 한다. 그러나 역사를 생각할 때 현재가 아닌 과거의 일로 생각하여 관심이 없는 사람이 대부분이며, 의미 없고 죽어 있는 역사로 취급한다. 역사는 우리가 앞으로 나아가야 할 길을 모색하게 해 주는 지침서임을 잊고 있는 것이다. 아픈 역사도 우리의 것임을 잊지 않고 가슴에 새기는 역사 교육이 필요하다.

　『숨바꼭질』 그림책은 우리나라의 아픈 역사를 아름답게 그리고 있다. 같은 마을에서 같은 이름을 갖고 살던 두 친구 박순득과 이순득이 겪은 6·25전쟁 이야기이다. 아이들의 입장에서 보여진 6·25전쟁의 고통과 슬픔을 담고 있어 당시 시대상을 공감하기에 좋은 그림책이다. 과거의 이야기로만 그치지 않고 현재도 해결되지 않았으며 앞으로 함께 해결해야 될 우리의 과제임을 다시 한 번 상기시켜 준다. 더 나아가 통일에 대한 관심과 의지를 높여 평화로운 세상을 꿈꾸도록 해 주는 데 도움이 된다.

그림책과 마주하기

　전쟁은 사람을 아프게 한다. 누군가의 욕망에 의해 결정지어진 전쟁의 피해를 우리 모두 온전히 감당해야 한다. 전쟁에 대한 느낌을 잘 살려 주는 조제 조르즈 레트리아의 『전쟁』 그림책을 제목을 말하지 않고 읽음으로써 전쟁이 가져오는 참상을 느껴 보는 시간을 가졌다.

🧑 선생님이 읽어 준 그림책의 제목은 무엇일까요?
👦 무서운 벌레 같습니다. 왜냐하면 처음에 지렁이 같은 벌레로 시작하기 때문입니다.
👦 투구 같습니다. 왜냐하면 대장이 머리에 투구를 쓰고 있기 때문입니다.
👦 잔인한 지도자 같습니다. 왜냐하면 투구를 쓴 사람에게 징그러운 벌레들이 들어가고 전쟁이 일어나기 때문입니다.

　아이들이 말한 제목과 그 이유에서 전쟁에 대한 잔인하고 두렵고 무서운 느낌을 받았음을 알게 되었다. 경험하지 못한 역사를 말하기 전 아이들에게 전쟁의 잔혹함을 마음밭에 뿌려 두었다.

하브루타로 그림책 톺아보기

『숨바꼭질』 그림책으로 한 마을에 같은 이름을 가진 두 소녀 '순득이'가 겪은 6·25전쟁의 아픔을 보며 평화의 소중함을 느끼는 시간을 가졌다. 아이들이 등장하기에 공감이 커졌고, 전쟁이라는 속성을 깊게 이해하게 했다.

■ 그림책 한 장면으로 제목 예상해 보기

그림책의 한 장면을 제시하여 6·25전쟁의 참혹함을 느껴 보도록 하였다. 상황, 시대, 인물들의 감정에 대한 이야기가 자연스럽게 나왔다. 장면 하나로 내용을 상상하고 제목이 무엇인지 짐작해 보는 경험은 아이들의 상상력을 자극하고 호기심을 유발하기 좋은 활동이다.

> 하늘에는 폭격기가 날아다니며 땅에 떨어진 폭탄으로 인해 연기가 큰 구름이 되어 솟아오르고 사람들은 피하기 위해 엎드리는 장면

〈내용 예상〉
비행기에서 폭탄이 떨어지고 연기 구름이 큰 기둥을 이룬 것이 전쟁이 일어난 것 같다. 사람들이 풀 속에 머리를 숙이며 폭탄을 피하고 있는 걸 보니 우리나라 6·25전쟁에 관한 그림책인 것 같다. 제목은 '6·25 전쟁'일 것 같다.

■ 노래하며 그림책 읽기 & 인상적인 장면 선택하기

　처음에는 전체적으로 내용을 읽어 준 후 동요 「꼭꼭 숨어라」를 들려주었다. 아이들은 자신이 방금 읽었던 그림책과 동요가 같음을 금방 인지하였다. "꼭꼭 숨어라 머리카락 보일라" 부분을 맞춰 부르도록 하였다. 음악이 주는 힘 때문인지 아이들은 그림책에 더 깊게 집중했다. 처음에는 빠른 속도로 동화책을 읽는 아이들도 있어서 노래를 조금 느리게 부르자고 제안하였고, 느리게 부른 탓인지 더 큰 감흥을 받았다.

　두 순득이가 겪은 장면 중 인상 깊은 장면을 선택하여 그 장면에 있는 양조장 집 박순득, 자전거포 집 이순득에게 해 주고 싶은 말을 포스트잇에 적도록 했다.

〈선택한 장면〉
전쟁이 끝나고 자전거포 집 이순득이 폐허가 된 양조장 집 박순득 집을 찾아간 장면

한 장면을 선택하고 순득이에게 하고 싶은 말

■ **질문 만들기 & 하브루타 즐기기**

그림책을 읽고 친구들은 『숨바꼭질』 그림책에 붙일 포스트잇 내용을 생각하며 다양한 질문을 만들어 보았다.

학생들이 만든 질문

- 내가 이순득이라면 어떻게 행동했을까?
- 피난을 간 사람과 가지 않은 사람들의 마음은 어떻게 다를까?
- 박순득은 피난하고 있는 이순득에게 왜 숨바꼭질을 하자고 했을까?
- 이순득이는 전쟁 상황에서도 숨바꼭질하는 게 무섭지 않았을까?
- 이순득은 왜 못 찾겠다고 꾀꼬리를 외쳤을까? 그 기분이 어땠을까?
- 돌아왔는데 박순득이가 없었다. 그때 이순득의 마음은?
- 자전거 집 간판이 바뀐 이유가 뭘까?
- 가장 친한 친구의 무너진 집을 본다면 어떤 기분일까?
- 나의 소중한 친구가 사라졌을 때 어떤 마음일까?
- 두 순득이는 전쟁에 대해 어떤 마음이 들까? 공포나 두려움은 없었을까?
- 나의 의지와 상관없이 전쟁이 일어난다면?
- 이순득에게 하고 싶은 말이 있다면 어떤 말인가?
- 전쟁이 끝난 후 두 순득이는 어떻게 살았을까?
- 이 숨바꼭질 놀이는 언제 끝날까?

『숨바꼭질』 그림책을 보고 짝과 함께 나누고 싶은 질문으로 짝 대화를 해 보았다. 짝 바꾸기를 통해 다양한 관점의 질문을 접하면서 생각의 폭이 커지도록 하였다.

Q 피난을 간 사람과 가지 않은 사람들의 마음은 어떻게 다를까?

A1 둘 다 불안했을 것 같다. 피난을 간 사람은 살고자 하는 마음, 피난을 가지 않은 사람들은 자신이 이룬 많은 것을 두고 갈 수 없는 욕심이 있는 것 같다.

A2 피난을 간 사람들은 남으면 죽을 것 같고, 피난을 가지 않은 사람들은 떠나면 죽을 것 같다고 생각했을 것 같다.

A3 고향을 지키고자 하는 마음과 살고자 하는 마음이었던 것 같다.

Q 나의 의지와 상관없이 전쟁이 일어난다면?

A1 가족이 한곳에 모여 꼭 필요한 것을 챙기고 안전한 곳이 어디

인지 알아볼 것 같다.

A2 전쟁을 일으킨 사람이 밉고 죄 없는 많은 사람들을 죽이는 전쟁이 엄청 싫을 것 같다.

A3 전쟁이 빨리 끝나도록 기도할 것 같다.

Q 돌아왔는데 (박)순득이가 없었다. 그때의 (이)순득이 마음은?

A1 박순득이가 죽었을 것 같아서 불안했을 것 같다.

A2 다른 곳으로 피난 가서 살아 있기를 바라는 마음이 있었을 것 같다.

A3 숨바꼭질한 것을 후회할 것 같다. 같이 피난을 갔어야 했다는 죄책감이 들 것 같다.

■ **역사 바로 알기 시간**

그림책 하브루타로 아이들은 6·25전쟁에 대해 알아보고 싶은 욕구가 강해졌다. 우리나라의 가슴 아픈 역사에 대한 관심이 생기면서 당시의 상황을 조사하고 받아들일 마음의 준비가 된 것이다. 짝과 함께 당시에 일어난 일을 조사하며 전쟁의 과정을 탐색해 보았다.

활동 방법

① 교사는 6·25전쟁 과정을 12개의 문장으로 구성한다(학급 및

학년 수준에 따라 문장의 수 조절).
② 구성된 문장을 띠로 만들어 자른 후 아이들에게 과정 순서에 상관없이 한 명당 5~6개씩 나눠 준다(학급 인원 수에 따라 배분).
③ 5~6개씩 띠 문장을 받은 아이들은 자신의 문장을 확인한 후 친구들과 만나 가위바위보를 통해 한 장의 띠 문장을 획득한다(시간이 많이 소요될 경우 짝과 한 팀이 되어 12개의 문장을 만들 수 있다).
④ 과정이 적힌 12개의 문장을 미리 제시하면 문장을 읽어 보지 않기 때문에 게임 중간에 순서에 상관없이 제시한다.
⑤ 12개의 문장을 획득한 학생은 혼자 또는 짝과 함께 태블릿 PC를 활용해 6·25전쟁의 진행 과정에 맞게 배열한다.
⑥ 배열이 완성된 친구들은 띠 문장에 번호를 쓰고 교사에게 과정을 설명하면 미션 성공으로 '역사 왕 와펜'을 획득하게 된다.
⑦ 활동 후 소감을 나눈다.

띠 문장을 획득하는 학생들 모습

태블릿 PC로 조사하는 모습

 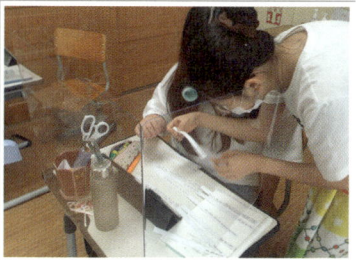

| 교사가 제시한 문장 보는 모습 | 짝과 배열하며 토의하는 모습 |

그림책 모꼬지 속으로

우리나라의 불행한 역사이지만 슬픔을 승화하는 예술 활동과 우리가 할 수 있는 것을 찾아보며, 통일 의지 다지기 활동으로 구성하였다.

■ '없애자 휴전선' 활동

전쟁으로 인해 무고한 사람들이 희생되고 사랑하는 사람들과 헤어지는 모습을 영화 「국제시장」의 영상 일부분으로 보여 주었다. 아이들은 여전히 전쟁의 트라우마를 가지고 살아가는 사람들이 존재한다는 사실을 알고 왜 전쟁이 일어나면 안 되는지 이해하는 것 같았다. 6·25전쟁으로 생긴 휴전선 철조망을 재현하고 통일의 염원을 담은 천으로 감싸며 통일의 염원을 담아 보았다.

활동 방법

① 영화 「국제시장」의 일부분을 관람한다.

② 흥남부두 철수 작전에 대해 이야기를 나눈다.

③ '이산가족 찾기' 프로그램을 찾아 영상을 본다.

④ 영상을 본 소감을 나눈다.

⑤ 이산가족들에게 위로의 글 또는 통일 염원이 담긴 글을 천에 쓴다(교사는 천 또는 한지를 5×20cm 크기로 미리 준비한다).

⑥ 가시 철선을 이용하여 휴전선 철조망을 재현한다.

⑦ 만들어진 휴전선 철조망에 글이 적힌 천을 가시 철선이 보이지 않도록 감아 묶는다.

⑧ 친구들이 소망한 글을 읽어 보며 통일을 기원한다.

⑨ 활동 후 소감을 나눈다.

통일 염원 또는 위로 글쓰기

가시철망이 없어진 휴전선 완성작

■ 예술로 승화하는 시간 - '추상화 그리기' 활동

전쟁을 반대하는 유명한 그림이 있다. 피카소의 「게르니카」이다. 「게르니카」는 피카소가 1937년 스페인 내전 당시 독일군의 폭격으로 1540여 명이 희생된 소도시 게르니카의 참상을 그려 전쟁의 비극성을 표현한 작품이다.

아이들과 「게르니카」 작품을 보면서 감상 하브루타를 하고, 「게르니카」 그림에 대한 자료를 함께 찾아보며 전쟁의 참혹함을 예술로 승화할 수 있다는 것을 알려 주었다.

활동 방법

① 피카소의 「게르니카」 작품을 보여 준다.
② 작품 감상 하브루타를 한다(※ 작품 감상 하브루타는 1장의 03. 그림책과 하브루타의 아름다운 만남 중 '한 장면 깊게 들여다보기' 참고).
③ 태블릿 PC로 「게르니카」에 대해 알아본다.
④ 본인이 찾은 자료를 친구에게 설명한다.
⑤ 짝을 바꿔 자신이 찾은 자료를 설명한다.
⑥ 교사는 피카소의 다른 작품 「한국에서의 학살」을 보여 준다.
⑦ 두 작품의 공통점에 대해 전체 하브루타를 한다.
⑧ 나도 피카소가 되어 전쟁과 평화(통일)에 관한 추상화를 그린다.
⑨ 친구들이 그린 작품을 감상한다. 도슨트가 되어 자신의 작품

을 설명한다.

⑩ 활동 후 소감을 나눈다.

작품에 대해 설명하는 아이들

학생들 작품

주제: 전쟁
총의 입구에서는 아픔을 나눈 사람들이 하늘로 올라간다. 아픔을 나누지 못하고 죽은 사람들은 테두리로만 표현하여 허망한 죽음을 나타냈다. 전쟁으로 인해 아픈 사람, 슬픈 사람, 무표정한 사람, 짜증나는 사람들의 표정으로 권총의 손잡이를 표현했다. 잊으면 안 되는 6·25전쟁이기에 기둥으로 표현했다.

- 6학년 김○현 작

학생 작품 「전쟁」 - 작품 해설

■ '통일 의지 담기' 활동

통일의 사전적 의미는 '나누어진 것들을 합쳐서 하나의 조직 및 체계 아래로 모이게 함'을 뜻한다. '여러 가지 잡념을 버리고 마음을 한곳으로 모음'이란 뜻도 가지고 있다. 우리나라의 특수한 상황은 분단국가라는 것! 아픈 과거를 치유하며 함께 손을 잡고 웃을 수 있는 평화로운 날이 올 것이라는 희망을 가지길 바란다.

활동 방법

① 우유갑을 물로 씻어 말려 둔다(1인당 4개).
② 양면 테이프를 이용하여 우유갑 4개를 붙여 큰 정사각형을 만든다.
③ 우유갑 바닥에 하얀 도화지를 붙인다.
④ 통일 후 '비무장 지대에 무엇이 생겼으면 좋은가?'를 주제로 그림을 그린다.
⑤ 우드록을 가로 방향으로 3개 연결한다.
⑥ 학생들이 완성한 작품을 모아 우리나라 땅 모양으로 배치하고 붙인다.
⑦ 하나가 된 우리나라 지도를 보며 소감을 나눈다.
⑧ 작품 앞에『비무장지대에 봄이 오면』그림책을 전시해 둔다.
⑨ 활동 후 소감을 나눈다.

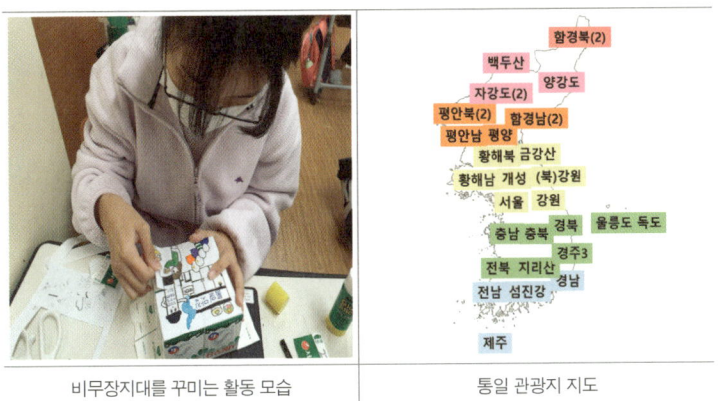

| 비무장지대를 꾸미는 활동 모습 | 통일 관광지 지도 |

우유갑 한반도 지도

생각 기부 시간

6·25전쟁을 겪은 많은 사람들에게 주고 싶은 미덕이 무엇인지 생각해 보았다. 그리고 미덕과 관련한 그림책을 추천해 보는 활동으로 생각 기부를 하였다. 잊힌 전쟁이 아닌 지금도 기억하는 사람이 있다는 것을, 이로 인해 많은 것을 깨달아 가고 있음을 배웠다.

"미덕은 사랑을 선택했고 그림책은 에런 베커의 『당신은 빛나고 있어요』 책입니다. 지금은 이곳에 없을지도 모르지만 어디선가 모두 빛을 내고 있다는 생각이 들어서입니다."

"미덕은 용서를 선택했고 그림책은 정성훈의 『사자가 작아졌어』 책입니다. 진정한 용서를 구하고 싶기 때문입니다."

"미덕은 배려를 선택했고 그림책은 이억배의 『봄이의 여행』 책입니다. 가지 못한 북한을 그림책에서라도 보았으면 하는 바람이 있어서입니다."

아이들이 선택한 그림책들

🌱 아이들이 그림책에서 찾은 메시지

- ▸ 이 세상에 전쟁이 없어졌으면 좋겠다.
- ▸ 전쟁이 일어나지 않게 서로 이해하고 인정해 주는 세상이 되었으면 한다.
- ▸ 아프가니스탄, 미얀마 등에 관심을 가지고 함께 아픔을 나누는 사람이 되고 싶다.

독도는 외롭지 않아요!

『바다사자의 섬』
유영초 글, 오승민 그림, 느림보

교사용 지도안 및 함께 보면 좋은 책

"울릉도 동남쪽 뱃길 따라 200리 외로운 섬 하나 새들의 고향~" 지금은 200리가 87K로 가사가 바뀌었지만 어렸을 때부터 자주 불렀던 '독도는 우리 땅'의 가사이다. 노래로 만들어질 만큼 우리에게 익숙한 독도는 역사적, 환경적, 경제적, 정치적으로 큰 가치가 있다. 그래서 아이들에게 독도의 중요성과 독도에 대한 관심과 애정을 갖도록 하는 교육은 중요하다.

그림책 『바다사자의 섬』은 독도 바다사자의 슬픈 실화를 담아낸 그림책이다. 독도에서 어부들과 바다사자들은 평화롭게 지내고 있었다. 그러나 커다란 배에 타고 있는 일본 사냥꾼들에 의해 죽음을 맞이하게 된다. 대왕 바다사자는 무리들과 함께 용감하게 싸우지만 잔인한 방법에 의해 가족을 잃어버리게 되고 우리는 독도에서 바다사자를 볼 수 없게 되었다.

그림책 속 바다사자는 1994년 국제자연보전연맹(IUCN)에서 멸종동물로 선언한 강치이다. 이런 일이 있었음에도 여전히 일본은 독도가 일본 땅이라고 주장하고 있다. 왜곡된 역사를 바로잡고 독도 수호의 의지를 높이는 것이 무엇보다 꼭 필요하다.

그림책과 마주하기

그림책 표지에서 제목을 감추고 내용을 예상해 보았다. 책 표지 그림을 자세히 관찰하여 책의 내용을 추론해 봄으로써 그림책 내용에 대한 이해가 깊어지고, 그림책을 생생하게 감상할 수 있다.

- 그림책 내용을 짐작해 봅시다.
- 환경오염 때문에 바닷속에서 살고 있는 동물들이 힘들어하는 이야기일 것 같습니다. 왜냐하면 요즘 환경오염이 심각하기 때문입니다.
- 돌고래 가족이 오순도순 살아가는 내용일 것 같습니다. 왜냐하면 표지에 돌고래 2마리가 나왔기 때문입니다.
- 물개 친구가 있는데 서로 헤어졌다가 다시 만나게 되는 이야기일 것 같습니다. 왜냐하면 헤어졌다가 다시 만나 얼굴을 보려고 하는 것 같기 때문입니다.
- 바닷속에 사는 동물들의 이야기를 담고 있을 것 같습니다. 왜냐하면 바다가 보이고 자유롭게 헤엄치는 동물들이 있기 때문입니다.
- 바다 동물들이 바닷속에 살면서 어려운 점과 힘든 점을 말하는 것 같아요. 왜냐하면 바다를 좀 어둡게 표현했기 때문입니다.

하브루타로 그림책 톺아보기

독도가 사회적 이슈가 많이 되는 만큼 집중해서 그림책에 빠질 수 있었고, 우리 모두가 독도를 수호해야 한다는 의지를 다지는 시간이 되었다. 독도 교육이 필요함을 다시 한번 느꼈다.

■ 인상 깊었던 장면이나 문장 말하기

『바다사자의 섬』 그림책에서 아이들은 독도에 사는 바다사자들과 어부들이 친구가 되어 지내는 모습에서 웃음을, 바다사자들이 사냥꾼들에 의해 죽어 가는 모습에서 분노와 슬픔을 느꼈다.

"'이제 독도는 바다사자의 섬이 아닙니다.'라는 문장이 기억에 남습니다. 왜냐하면 이제 없다고 생각하니 너무나도 슬펐기 때문입니다."

"대장 바다사자가 마지막까지 싸우는 장면이요. 죽을 수도 있지만 바다사자들을 지키기 위해 끝까지 싸우는 모습이 위대해 보였기 때문이에요."

"동굴에 숨어 있던 바다사자 새끼가 일본 사냥꾼들의 피리 소리에 홀려 잡혀 간 장면이요. 왜냐하면 너무나도 안타깝고 불쌍했기 때문이에요"

"우리에 갇힌 새끼가 사냥꾼들이 쏜 총에 쓰러진 대왕 바다사자를 바라보는 장면이요. 새끼 바다사자의 눈이 너무 슬퍼 보였기 때문이에요."

그림책에는 나라명이 언급되어 있지는 않지만 사냥꾼이 일본인임을 눈치챈 아이들도 있었다. 배경 지식에 따라 그림책을 받아들이는 것이 달랐다. 역사적 사실을 동영상으로 공유하며 '바다사자의 섬' 이야기가 상상 속의 이야기가 아님을 알게 하였다.

■ 질문 만들기

『바다사자의 섬』 그림책을 읽고 강치 동영상을 감상한 후 가치나 판단을 해 보는 등 다양한 질문을 만들어 보았다.

학생들이 만든 질문

- 사냥꾼들은 왜 바다사자를 잡아 갔나요?
- 내가 대왕 바다사자였다면 마지막 대결을 했을까?
- 바다사자가 잡혀 갔을 때 새끼가 동굴 밖으로 나온 행동은 맞는 행동일까?
- 바다사자가 일본 사냥꾼에게 잡혀 갈 때 어떤 마음이었을까?
- 일본 사냥꾼과 우리나라 어부의 차이점은 무엇일까?
- 바다사자들과 어부들은 어떻게 친구가 될 수 있었을까?
- 만약에 어부들이 바다사자를 도와줬으면 지금은 어떤 섬이 되었을까?

- 동굴 속에 숨어 있던 바다사자들은 어떤 마음이었을까?
- 『바다사자의 섬』을 읽고 우리가 할 수 있는 것은 무엇일까?

■ 하브루타 즐기기

『바다사자의 섬』 그림책으로 짝과 함께 선정한 질문을 가지고 짝 대화를 해 본 후 모둠별 생생 질문을 선정하여 전체 하브루타를 진행하였다.

Q 일본 사냥꾼과 우리나라 어부의 차이점은 무엇일까?

A1 일본 사냥꾼은 욕심이 많은 사람들이고, 우리나라 어부는 마음이 따뜻한 사람들이에요.

A2 일본 사냥꾼은 바다사자를 죽이는 사람들이고, 우리나라 어부는 바다사자들과 함께 지낼 수 있는 사람이에요.

A3 일본 사냥꾼은 동물들에게 나쁘게 대하는 사람들이고, 우리나라 어부는 동물들과 친하게 지내는 사람들이에요.

Q 만약에 어부들이 바다사자를 도와줬으면 지금은 어떤 섬이 되었을까?

A1 어부들이 바다사자를 도와줬다면 바다사자가 행복하게 사는 독도가 될 것 같아요.

A2 바다사자를 지켜 주는 어부들 때문에 사냥꾼이 다시는 독도에 와서 바다사자를 잡지 않는 평화로운 섬이 되었을 것 같아요.

A3 어부들과 바다사자들은 더욱 친하게 지낼 수 있는 섬이 될 것 같아요. 그리고 사냥꾼이 올 때마다 힘을 합쳐 물리쳤을 것 같아요.

Q 『바다사자의 섬』을 읽고 우리가 할 수 있는 것은 무엇일까?

A1 독도에 관심을 가져야 합니다. 왜냐하면 사냥꾼인 일본 사람들이 밉고 독도를 꼭 지켜야겠다는 생각이 들었기 때문입니다.

A2 독도가 소중한 우리의 영토라는 것을 기억해야 해요. 그리고 독도가 우리 땅이라는 것을 세계에 널리 알려야 할 것 같아요.

A3 동물 학대를 멈춰야 합니다. 일본 사냥꾼이 자신의 욕심 때문에 바다사자를 죽이는 것은 너무 잔인하고 옳지 못한 행동입니다. 동물들과 함께 어울려 즐겁게 지내는 세상이 되었으면 좋겠어요.

그림책 모꼬지 속으로

독도의 주권 수호에 대해 아이들의 공감대를 형성하고, 우리 모두가 생활 속에서 독도 사랑을 실천할 수 있었다. 독도에 관한 지리적, 경제적, 사회적, 역사적 사실들을 알게 되어 독도를 지키고 함께하려는 마음과 관심도 높아졌다.

■ '독도 사랑 신문 만들기' 활동

독도 사랑 신문 만들기를 통해 독도의 자연환경과 지리적 특징에 대한 기본적인 지식뿐 아니라 왜 우리에게 독도가 소중한지, 왜 관심을 가져야 하는지 실감할 수 있었다.

활동 방법

① 태블릿 PC를 활용하여 독도에 대해 조사한다(모둠에서 각자 조사 분량을 정한다).
- 독도의 지리적 위치 및 모습, 환경, 가치
- 독도가 우리나라 것이라는 역사적 사실(증거)
② 조사한 내용을 모아 정리한다.
③ 기사 형식을 정한다(줄 기사 또는 인터뷰).
④ 면지를 구성(기사 배치)한다.
⑤ 신문 기사를 작성하고 편집한다.

⑥ 신문 이름을 정하고 우리 모둠 신문을 자랑한다.

⑦ 활동 후 소감을 나눈다.

친구들과 기사 배치하는 모습

신문 기사 작성하기

독도 신문 완성 작품

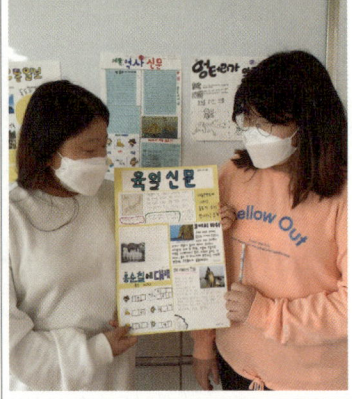
우리 모둠 신문 자랑하기

■ '독도 바람개비 만들기' 활동

바람개비는 바람에 의해 돌아간다. 우리의 관심과 사랑이 독도 바람개비를 돌아가게 하는 원동력이 된다. "불어라 바람아! 독도 바람개비야, 달려 보자!" 하고 외치면서 독도 바람개비를 들고 운동장을 달리는 아이들의 표정에서 독도 사랑 마음이 더욱 커졌음을 느꼈다.

활동 방법

① 독도를 상징하는 것에 대해 생각해 본다(괭이갈매기, 강치, 사철나무, 독도새우, 동도, 서도 등).
② 바람개비 날개에 독도를 상징하는 것을 표현한다.
③ 독도 바람개비를 완성한 후 운동장에서 친구들과 함께 달려 본다("불어라 바람아! 독도 바람개비야, 달려 보자!").
④ 독도를 알리고 친해질 수 있도록 창문에 바람개비를 전시한다.
⑤ 활동 후 소감을 나눈다.

독도 바람개비 만드는 모습

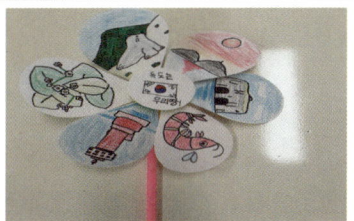
독도 바람개비 완성 작품

독도 바람개비 들고 달리는 모습

독도 바람개비 작품을 창문에 전시

■ '독도 석고 방향제 만들기' 활동

독도 홍보 메시지를 담은 석고 방향제를 만들어 독도가 우리 영토이며, 우리가 수호해야 함을 사람들에게 전하는 활동을 하였다.

활동 방법

① 물 25ml, 향오일 10ml, 올리브 리퀴드 5ml를 종이컵에 넣고 저어서 섞어 준다.
② ①에 석고 가루 100g을 부어 한 방향으로 섞는다.
③ 몰드를 살살 두드려 공기를 빼 주고, 편평해진 면에 소라 껍데기, 조개 껍데기 등으로 꾸민다.
④ 굳어진 석고 방향제를 몰드에서 뺀 후 구멍에 리본 끈을 단다.
⑤ 독도를 지키고 사랑하는 마음을 담은 그림을 디자인한다.
⑥ 디자인한 그림을 라벨지에 표현한다.
⑦ 비닐 포장지에 독도 라벨지를 붙인다.
⑧ 완성된 석고 방향제를 비닐 포장지에 넣고 포장한다.
⑨ 독도 석고 방향제를 나눠 주며 독도를 홍보한다.

포장 라벨지 붙이는 모습

석고 방향제 완성품

생각 기부 시간

이미지 프리즘 카드를 펼쳐 놓고 자신이 생각한 독도와 관련된 이미지를 선택했다. "독도는 ~다. 왜냐하면 ~ 때문이다."의 문장을 포스트잇에 기록한 후 친구들과 공유하고 독도를 자신의 마음에 담는 시간을 가졌다.

🌱 아이들이 그림책에서 찾은 메시지

- 독도가 우리에게 소중하고 중요한 곳이라는 것을 잊지 말자.
- 독도를 지키기 위해서는 우리의 관심이 필요하다.
- 늘 곁에 있다고 관심을 두지 않으면 언젠가 우리의 독도가 아닐지도 모른다.

사라지고 싶은 마음이 든 적이 있나요?

『하루거리』
김휘훈 글·그림, 그림책공작소

교사용 지도안 및 함께 보면 좋은 책

　현대인들은 이전 세대들과 달리 우울증, 공황장애, 소외 등 마음의 병으로 고통받는 사람들이 많다. 마음의 병은 어른들뿐만 아니라 청소년들에게도 나타나고 있다. 그것에 대한 결과로 자살이라는 극단적인 방법을 선택해 우리나라의 자살률이 증가하고 있는 것이 현실이다. 하지만 마음의 병은 관심, 사랑, 배려, 소통 등을 통해 충분히 치유될 수 있다. 작은 관심이라도 갖고 배려하여 상처받은 사람들의 마음을 보듬어 준다면, 따뜻한 마음이 전해져서 더불어 사는 행복한 사회를 만들어 갈 수 있다.

　그림책 『하루거리』는 하루거리라는 병을 앓고 있는 순자를 고쳐 주기 위해 친구들이 먼저 다가가 손을 내밀어 준다는 내용의 그림책이다. 순자의 친구들은 "별일 없는 거지?" 하는 말부터 시작하여 서로 돌봐 주고 따뜻한 관심을 보여 준다. 이것이야말로 우리 사회에서 필요한 공동체의 모습이다. 세상에서 사라지고 싶은 마음을 이겨 내지 못하고 죽음이라는 극단적인 수단으로 해결하려는 사람들에게 회복의 실마리를 제공해 주는 그림책이다.

그림책과 마주하기

　마음이나 몸이 아팠던 경험을 이야기하며 어떤 마음을 느꼈는지를 공유했다. 또한 『하루거리』라는 그림책 제목이 아이들에게 생소하기에 그림책 제목의 뜻을 깊이 있게 생각해 봄으로써 『하루거리』 그림책에 대한 기대감을 높였다.

🧑 마음이나 몸이 아팠을 때 어떤 마음이 들었나요?
🧑 작년 겨울에 독감이 심하게 걸려서 입원했는데 기침이 엄청 나오고 수액을 맞아서 고통스럽고 힘들었습니다.
🧑 절친하고 싸워서 서로 말도 안 하고 아는 체도 안 해서 외롭고 마음이 괴로웠어요.
🧑 어제 축구하다가 뼈가 부러져서 깁스를 했습니다. 좋아하는 축구를 못 해서 나을 때까지 힘들 것 같아요.
🧑 부모님하고 싸워서 가출하고 싶고, 부모님이 없었으면 좋겠다고 생각한 적이 있었어요.
🧑 오늘 우리가 만날 그림책의 주인공도 친구들과 비슷한 경험이 있는 것 같아요. 우리가 지금 읽어 볼 그림책 제목인 '하루거리'는 무슨 뜻일까요?
🧑 하루 동안 걸어야 하는 거리를 나타내는 것 같아요. 왜냐하면 하루하고 거리가 합해진 낱말로 느껴지기 때문입니다.

- 하루 동안만 마음이 아프다는 것을 말하는 것 같아요.
- 하루의 시간을 나타내는 것 같아요. 마법에 걸려서 하루의 시간을 다르게 보내는 이야기가 있을 것 같기 때문이에요.
- 하루라는 길거리에서 일어나는 이야기가 있을 것 같아요.
- 하루 동안 나만이 갈 수 있는 비밀의 길인 것 같아요.

대다수의 아이들은 몸과 마음이 아팠던 경험 속에서 외로움, 힘듦, 슬픔, 고통 등의 부정적인 감정을 느꼈던 것을 알 수 있었다. 이런 부정적 감정의 이면에는 보이지 않은 상처가 존재하나 그것을 보지 못한다는 사실을 잊어버리는 것 같다. '하루거리'는 하루씩 걸러서 앓는 학질(말라리아)을 말하는 것으로, 하루 걸러 열이 반복되는 증상을 말한다. 아이들이 생각한 뜻과는 거리가 있었지만 하루거리의 정확한 뜻도 안내하였다.

하브루타로 그림책 톺아보기

마치 드라마를 보는 것처럼 인물의 감정에 따라 목소리에 변화를 주어 생생하게 그림책을 읽어 주었다. 인물 중심으로 그려진 그림은 아이들의 몰입도를 높이는데, 등장인물의 마음을 더욱 잘 이해할 수 있게 한다.

- **인상 깊었던 장면이나 문장 말하기**

『하루거리』에서 아이들은 수묵화가 주는 그림의 효과, 등장인물의 말 등에서 감동을 받는 듯했다.

"밤 늦도록 순자와 친구들이 뛰어노는 장면이요. 순자가 하루거리를 떨쳐 버리게 된 것 같기 때문입니다."

"'우리 또 같이 놀자.'라는 말이 기억에 많이 남았어요. 같이 놀고 함께하는 것만으로 친구의 마음의 병을 낫게 해 주는 것 같았기 때문이에요."

"맨 마지막에 친구들이랑 같이 가는 순자가 뒤돌아보는 장면이요. 왜냐하면 순자가 '너는 어떠니?' 하고 물어보는 것 같았기 때문이에요."

- **질문 만들기**

『하루거리』그림책을 읽고 다양한 질문을 만들어 보았다.

학생들이 만든 질문

- 순자는 왜 죽고 싶어 했을까요?
- 아이들은 왜 고생을 하면서도 순자를 도와줬을까요?
- 분이는 순자한테 왜 가짜로 죽는 약을 주었나요?
- 내가 친구라면 순자를 어떻게 도와줬을까요?

- 친구들이 순자를 도와줄 수 있는 방법이 그런 것밖에 없었을까요?
- 계속 일만 하는 순자는 놀고 있는 친구들을 보고 어떤 생각을 했을까요?
- 마음의 병은 어떻게 고칠 수 있을까요?
- 친구들이 준 약을 먹기 전에 마지막 유서를 남긴다면 어떤 말을 쓰고 싶나요?
- "죽게 해 달라고 빌었어."라는 순자의 말에 숨겨진 순자의 생각은 무엇일까요?
- 순자한테 친구는 어떤 존재였을까요?
- 친구들이 순자의 하루거리를 없애기 위해 했던 방법은 무엇인가요?
- 순자처럼 힘들었던 경험이 있나요? 이때 자신에게 어떤 말을 해 주고 싶나요?
- 마지막 장면에 현대 옷을 입은 장면이 나온 것은 무엇을 의미할까요?

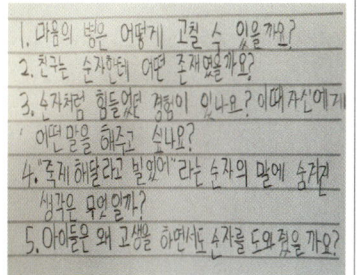

■ 하브루타 즐기기

『하루거리』 그림책으로 짝과 함께 선정한 질문을 가지고 짝 대화를 해 본 후 모둠별 생생 질문을 선정하여 전체 하브루타를 진행하였다.

Q 내가 친구라면 순자를 어떻게 도와줬을까요?

A1 순자를 병원에 데리고 갈 것 같아요. 치료를 하면 나을 수 있을 것 같아서요.

A2 순자와 함께 놀면서 순자가 혼자가 아니라는 것을 느낄 수 있게 해 줄 것 같아요.

A3 순자에게 많은 친구들을 소개시켜 주고 싶어요. 친구가 많으면 외롭지 않아서요.

Q 마음의 병은 어떻게 고칠 수 있을까요?

A1 가장 좋았던 때를 생각하면서 긍정적인 생각을 하면 마음의 병이 고쳐질 것 같아요.

A2 저는 피아노를 치면 기분이 좋아져요. 순자도 자기가 좋아하는 일을 찾을 수 있도록 해 줄 것 같아요.

A3 친구들에게 도움을 요청할 것 같아요. 친구들과 함께 놀 때는 즐겁고 외롭다는 생각이 들지 않아서요.

Q "죽게 해 달라고 빌었어."라는 순자의 말에 숨겨진 순자의 생각은 무엇일까요?

A1 "살게 해 주세요."라고 말하는 것 같아요. 자신 속 마음과 반대로 표현하기도 하니까요.

A2 너무 힘들다는 것을 누군가 한 명이라도 알아 주길 바라는 마음이 담겨 있는 것 같아요. 순자는 너무 많이 지쳐 보이는데 누군가 알아 주면 힘이 나니까요.

A3 누군가 자신의 마음을 알아 줄 사람이 있었으면 하는 마음일 것 같아요.

아이들은 순자의 생각과 마음을 짐작하고 공감했다. 이런 순자에게 친구들은 어떤 존재였는지에 대해 생각하며, 자신은 친구를 어떤 존재로 생각하는지 이야기를 더 나누었다.

"희망입니다. 나에게 관심을 가져 주면 내가 외롭지 않기 때문이에요."

"행복입니다. 나에게 함께하는 즐거움을 알려 주기 때문이에요."

"보약입니다. 보약이 몸을 튼튼하게 해 주는 것처럼 마음을 튼튼하게 해 주기 때문이에요."

그림책 모꼬지 속으로

　마음의 병이 깊어질수록 친구들과 갈등이 생기고 혼자 있는 시간이 길어질 수 있다. 혼자 있는 시간과 외로움은 비례하여 잘못된 생각으로 이어지는 경우가 종종 생긴다. 그래서 아이들이 분노, 화, 절망 등의 부정적인 마음을 해소하고, 생명을 존중하는 마음을 키우는 활동으로 구성하였다.

■ '자살 예방 포스터 만들기' 활동

　자살 예방 포스터 만들기를 통해 자신과 타인이 더불어 살아갈 수 있는 생명 존중 의식을 강화하고자 했다. 포스터 만들기는 생명의 소중함과 존엄성, 생명의 가치 및 나눔의 중요성을 한 번 더 강조하여 생명 존중 문화를 조성하기 위한 목적의 활동이었다. 이러한 활동 과정 속에서 올바른 가치관을 정립하고 상호 간에 배려하는 마음이 필요함을 알게 되었다.

활동 방법
① 생명 존중 의식을 높이고 자살을 예방할 수 있는 방법의 정보를 탐색한다.
② 포스터에 넣을 문구를 생각한다.
③ 문구에 어울리는 그림을 구상한 후 아이디어를 스케치한다

(4절지, 8절지보다는 A4 180g 용지를 활용하면 아이들이 부담 없이 활동할 수 있다).
④ 포스터에 밑그림을 그리고, 포스터를 완성한다.
⑤ 자신이 만든 자살 예방 포스터의 의도를 친구들에게 설명한다.
⑥ 활동 후 소감을 나눈다.

| 정보를 탐색하는 모습 | 포스터를 만드는 모습 |

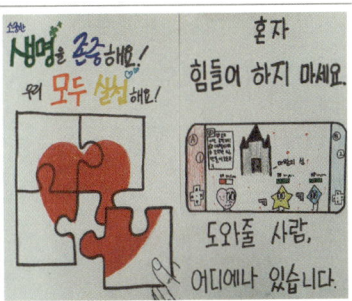

| 자살 예방 포스터 설명하기 | 자살 예방 포스터 완성 작품 |

■ '36.5℃ Heart 체인지' 활동

인간의 정상체온은 36.5℃이다. 우리들 마음의 정상 온도도 36.5℃라고 생각한다. 하지만 주어진 환경이나 상황에 따라 마음의 온도가 내려가기도 하고 올라가기도 한다. 내 마음의 온도를 변화하게 만드는 불안, 분노, 짜증 등의 부정적인 마음을 종이에 표출한다. 이렇게 표출한 마음을 아름답게 꾸며 봄으로써 긍정의 마음 온도인 36.5°로 바꿀 수 있다. 아이들은 알록달록한 작품을 보면서 부정적인 마음이 변화될 수 있다는 사실을 깨달았다.

활동 방법

① 부정적인 마음이 들었던 경험(나의 마음을 힘들게 하는 말)을 A4 종이에 적는다.
② 말이 적힌 종이를 공 모양으로 구긴다(너무 많이 구기거나 비비지 않도록 한다).
③ 구긴 종이를 다시 펴고 구겨진 선을 따라 검정색 유성 매직펜으로 그린다.
④ 검정 선으로 인해 조각들이 여럿 만들어진다. 각각의 조각 안에 다양한 색을 칠한다(나의 마음을 힘들게 하는 말은 색으로 덮어서 사라진다).
⑤ 활동 후 소감을 나눈다.

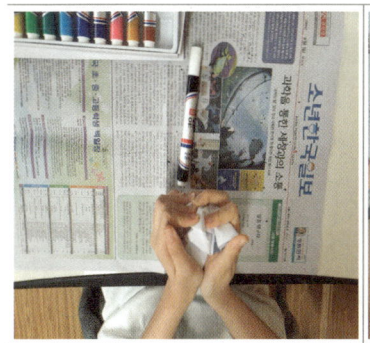

| 부정적 마음을 표현한 종이를 구기는 장면 | 구겨진 선을 매직으로 연결하는 모습 |

| 연결된 선을 색칠하기 | 36.5℃ Heart 체인지 완성 작품 |

■ '생명 존중 그립톡 만들기' 활동

공감의 말에는 강력한 힘이 있다. 지치고 힘든 상황에서 나를 배려하고 응원해 주는 따뜻한 말을 들으면 큰 위로가 된다. 요즘 아이들은 핸드폰과 함께하는 시간이 많다. 핸드폰을 볼 때마다 공감과 위로, 힘을 주는 말을 새겨 부정적인 마음을 다스릴 수 있는 긍정의 효과를 기대할 수 있다.

활동 방법

① 힘들어하는 사람에게 해 주고 싶은 말을 '쓰담쓰담 카드'에서 한 장 고른다(쓰담쓰담 카드를 사용하지 않고 자신만의 힘이 되어 주는 매체를 사용해도 된다. 그림에 자신 없는 아이들은 사진을 검색해 오면 교사가 원형 스티커 사이즈에 맞게 출력해 줘도 좋다. 예: 힘들 때 들으면 힘이 되는 노래 제목, 앨범 재킷 그림 등)

② 원형 그립톡 스티커에 상대방에게 힘을 줄 수 있는 말과 그림을 디자인한다.

③ 사인펜, 색연필 중 자신의 원하는 채색 도구를 선택해 칠한다(입체적인 것은 금지).

④ 그립톡에 완성된 스티커를 붙이고 에폭시 스티커를 붙인다.

⑤ 양면 테이프를 떼고 핸드폰 뒷면에 붙인다.

⑥ 활동 후 소감을 나눈다.

쓰담쓰담 카드를 고르는 모습

원형 그립톡 스티커 꾸미는 모습

 |

생명 존중 그립톡 완성품 | 핸드폰에 그립톡을 붙인 모습

생각 기부 시간

『하루거리』 그림책에서 발견하게 된 미덕의 보석을 알아보고, 나에게 주는 메시지를 포스트잇에 적어 학습 보드판에 붙이도록 했다. 친구들이 적은 메시지를 공유하며 생명 존중의 희망을 찾을 수 있고, 같이함의 중요성도 다시 한번 느낄 수 있는 계기가 되었다.

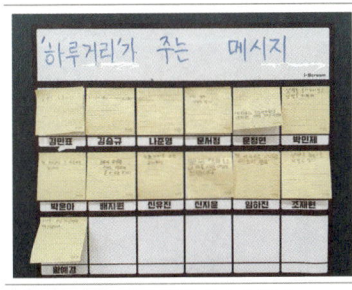 |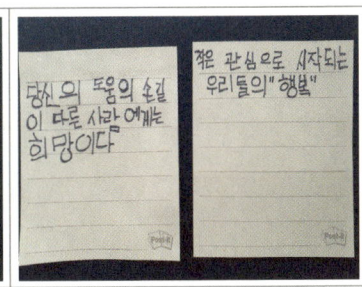

『하루거리』 그림책이 나에게 주는 메시지 학습 보드판 | 『하루거리』 그림책이 나에게 주는 학생 메시지 작품

나는 꿈을 꾸고 싶어요

『꾸고』
이범재 글·그림, 계수나무

교사용 지도안 및 함께 보면 좋은 책

"커서 무엇이 되고 싶나요?"라고 묻는 장래 희망 조사를 매년 하게 된다. 유튜브 크리에이터, 경찰관, 선생님 등 자신이 미래에 하고 싶은 직업을 자신 있게 말하는 아이가 있는 반면에 "하고 싶은 게 없어요.", "몰라요.", "아무 생각 없어요."라고 자신이 무엇을 좋아하는지, 어떤 일을 할 때 행복하고 기쁜지를 말하지 못하는 아이도 많다. 진로 교육의 첫걸음은 아이들이 자신의 내면을 들여다보고 꿈을 발견하는 기회를 가지는 것이다. 또한 다양한 일을 두려워하지 않고 도전하여 경험해 보는 것도 중요하다.

『꾸고』 그림책은 주인공 고래가 꿈을 이루기 위해 용기 있게 나아가는 모습을 보여 준다. 육지에 사는 고래인 꾸고가 바다에 살기로 결심한 후 여러 번의 실패와 좌절 속에서도 포기하지 않고 노력하여 바다로 가 행복한 삶을 마주하게 된다는 이야기다. 우리 아이들도 꾸고처럼 나만의 바다를 찾기 위해 도전하고 그 과정에서 한 단계 성장하길 바란다.

그림책과 마주하기

배구 선수 김연경은 자신의 관심사였던 배구를 시작하면서 행복함을 느꼈지만 키가 자라지 않아 경기에 뛸 수 없는 아픔을 겪기도 하였다. 김연경 선수의 일화에서 아이들은 콤플렉스를 극복하는 법과 꿈을 이루기 위해서는 열정이 필요하다는 것을 깨달았다.

그림책의 제목은 작가가 말하고 싶은 의도를 함축적으로 표현하기도 하고, 독자의 관심과 호기심을 불러일으키는 등의 다양한 기능을 가지고 있다. 아이들에게 그림책의 제목만 제시해 주고 상상력을 발휘하여 제목의 의미가 무엇일지 생각해 보도록 했다.

- 꾸고는 무슨 뜻일까요?
- 주인공이 친구에게 돈을 꾸어서 여행 가는 이야기입니다.
- "나는 꿈을 꾸고 싶어요."라는 말이 생각납니다.
- 꿈을 꾸는 사람의 이야기일 것 같습니다.
- 꿈을 꾸라는 교훈을 주는 그림책입니다.
- 잠을 잘 때 재미있는 꿈을 꾸어서 여행하는 기분이 드는 책일 것 같습니다.
- 나를 바꾸고 무엇을 만드는 일을 할 것 같습니다.

하브루타로 그림책 톺아보기

『꾸고』 그림책을 통해 아이들은 꿈을 가진다는 것만으로 꿈이 이루어지지 않는다는 것을 깨달았다. 그리고 꿈을 이루고자 하는 꾸고의 용기와 노력, 도전하는 태도를 닮고 싶어 했다.

■ 인상 깊었던 장면이나 문장 말하기

『꾸고』 그림책은 주인공이 육지에 사는 고래라는 설정에서부터 아이들의 관심을 불러일으켰고, 호기심을 가지고 집중하게 만들었다. 바다로 나아가기 위한 주인공의 여정을 보면서 꾸고의 바다처럼 자신의 꿈이 담긴 바다를 생각하게 했다. 또한 그 꿈을 이루기 위해 노력하는 태도를 닮고 싶은 마음을 품게 되었다.

"꾸고가 바다로 뛰어드는 순간이요. 왜냐하면 꾸고가 진심으로 원하는 곳으로 가는 모습이라 감동적이었어요."

"꾸고가 바다 친구들과 함께 있었던 장면이요. 꾸고가 처음으로 잘하는 것을 찾고 친구들이 많이 생겨서 기분이 좋아 보였기 때문이에요."

"꾸고가 바다로 가기 위해 열심히 훈련하는 장면이요. 왜냐하면 자신이 목표로 삼은 것을 이루기 위해 노력하는 모습이 보였기 때문이에요."

"'꾸고는 더 이상 부러울 것이 없었습니다.'라는 글이 기억에 남아요. 왜냐하면 육지에서는 부러운 것이 많았지만 바다에 갔을 때는 부러운 것이 없는 꾸고가 멋지다라는 생각이 들었기 때문이에요."

"코끼리가 꾸고를 도와주는 장면이 기억에 남아요. 왜냐하면 혼자 자신을 찾는 것도 좋지만 친구가 도와줄 수 있다는 것을 알려주는 것 같기 때문입니다."

■ 질문 만들기

그림책을 읽고 사실을 확인하거나 가정한 후 상상하여 만드는 질문 및 가치나 판단을 해 보는 등 다양한 질문을 만들어 본다.

학생들이 만든 질문

- 바다에서 첫 숨을 내쉬게 된 꾸고는 어떤 마음이었을까요?
- 꾸고는 바다로 나가기 위해 어떤 훈련을 했나요?
- 내가 바다에 뛰어든 꾸고라면 마음이 어떠했을까요?
- 코끼리는 꾸고를 왜 도와주었을까요?
- 꿈을 이룰 때 가장 중요한 것은 무엇일까요?
- 왜 꾸고는 바다로 가고 싶어 했나요?
- 꾸고가 코끼리를 구해 줘서 친구들이 칭찬해 줬을 때 어떤 마음이었을까요?

- 깊은 바다로 계속 가라앉았을 때 꾸고는 어떤 생각을 했을까요?
- 꾸고는 친구들의 놀림을 받았을 때 어떤 마음이 들었을까요?
- 작가는 왜 고래를 주인공으로 했을까요?
- 용기를 낼 수 있는 방법은 무엇이 있을까?
- 나는 나의 꿈을 위해 꾸고처럼 무슨 노력을 하고 있나요?

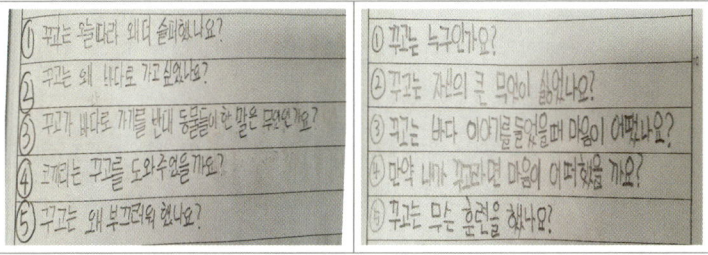

■ **하브루타 즐기기**

『꾸고』 그림책으로 짝과 함께 선정한 질문을 가지고 짝 대화를 해 본 후 모둠별 생생 질문을 선정하여 전체 하브루타를 진행하였다.

Q 바다에서 첫 숨을 내쉬게 된 꾸고는 어떤 마음이었을까요?

A1 꾸고는 뿌듯함을 느낄 것 같아요. 열심히 노력해서 바다에 와서 첫 숨을 쉬었기 때문이에요.

A2 시원할 것 같아요. 숨을 참았다가 쉬면 뻥 뚫리는 느낌이 들어서요.

A3 그동안 고생한 게 생각나고 기뻐서 눈물을 흘렸을 것 같아요.

A4 자기 자신이 자랑스러울 것 같아요. 꿈을 이루었으니까요.

Q 나는 나의 꿈을 위해 꾸고처럼 무슨 노력을 하고 있나요?

A1 나의 꿈은 태권도 관장인데 태권도 검정 띠를 따기 위해 품새를 열심히 외웠어요.

A2 외교관이 되고 싶어 영어 공부를 열심히 합니다.

A3 제 꿈은 운동선수인데 비대면 스포츠 대회를 준비하기 위해 매일매일 줄넘기를 했어요.

A4 나의 꿈은 음악 선생님인데 피아노 대회에 나가기 위해서 곡을 외우고 피아노 연습 시간을 많이 늘렸어요.

Q 꿈을 이룰 때 가장 중요한 것은 무엇일까요?

A1 바다에 뛰어든 꾸고처럼 용기입니다. 어려운 일도 용기가 있으면 노력해 볼 수 있기 때문입니다.

A2 포기하지 않고 도전하는 마음이요. 어렵다고 포기하면 목표를 달성할 수 없어요.

A3 응원해 주는 거요. 꾸고도 코끼리가 응원해 줬던 것처럼 가족이나 친구들이 응원해 주면 더 잘할 수 있어요.

A4 성실이요. 꾸준히 열심히 해야 하니까요.

그림책 모꼬지 속으로

막연하게 꿈을 키우기보다는 구체적인 전략을 세워 실천하는 경험과 미래의 내 모습을 꿈꿀 수 있는 기회를 제공하였다. 꿈을 이루는 데 도움이 되는 방법도 연구하여 내 꿈을 실현시키기 위해 한 걸음 더 나아갈 수 있도록 하였다.

■ '나의 꿈 씨 찾기' 활동

우리는 아이들이 꿈을 확실하게 알고 있는가에 중심을 두는 경우가 많다. 막연하게 나의 꿈을 정하는 것에 치우치기 보다는 꿈을 위해 구체적인 전략을 설계하여 그 꿈에 한 발짝 다가가기 위한 시간을 가져 보았다.

활동 방법
① 꿈 씨 찾기 활동의 의의를 함께 생각해 본다.
② 나를 알기 위해 '나 사용 설명서'를 작성해 보고 장점 20개를 적어 본다.
③ 자신이 살아가면서 하고 싶은 일이 무엇인지 정한다.
④ 내 꿈을 이루기 위해 실천할 수 있는 전략 4가지를 세워 본다 (만다라트 기법을 변형한 연꽃 마인드맵을 활용하여 학습지를 제작한다).

⑤ 4가지 전략을 실현시키기 위한 구체적인 방안 4개를 찾아보도록 한다(이때 학생들에게 꿈에 대한 다양한 정보를 얻고 확인할 수 있도록 태블릿 PC를 제공해 주도록 한다).
⑥ 꿈 씨 찾기 활동을 한 후 모둠별 발표를 통해 친구들이 꿈을 향해 나아가는 모습을 응원해 줄 수 있도록 한다.
⑦ 활동 후 소감을 나눈다.

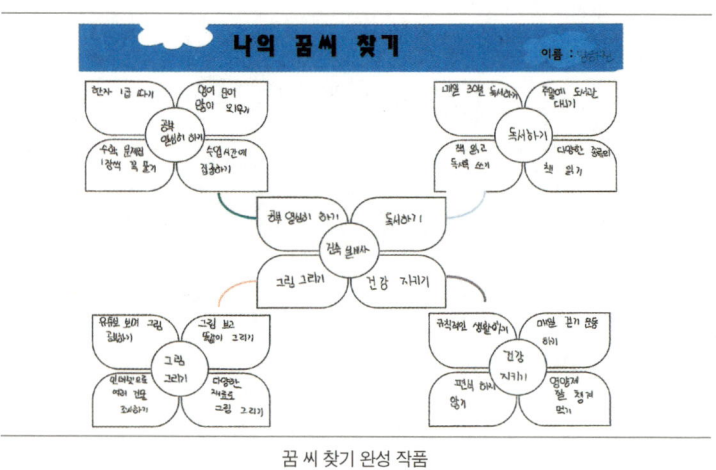

꿈 씨 찾기 완성 작품

■ '나의 미래 자서전 만들기' 활동

꿈을 이루기 위해 앞으로 나아갈 때, 항상 평탄하고 좋은 길만 갈 수는 없다. 생각지 못한 장애물을 만날 때도 있고, 많은 시간이 걸려 포기하고 싶은 마음이 들 때도 있다. 꿈을 이룬 60세의 자신을 상상하며 꿈에 대한 방향과 동기를 제공했다. 고난과 역경을 슬기롭게 이겨 내는 것과 자신의 꿈으로 인한 행복과 기쁨을 글과 그림으로 묘사해 봄으로써 도전할 수 있는 용기를 얻을 수 있었다.

활동 방법

① 내가 만약 60세가 되었을 때 어떤 삶을 살았을지 상상한다.
② 60세가 된 자신의 생애가 어떻게 전개되어 있을지 무지 스크랩북에 연필로 디자인한다.
③ 자신의 생애를 유년 시절, 청소년기, 성인기로 나누고, 자신이 꿈을 이루기 위해 노력하고 도전했던 점, 이룬 후의 모습 등을 글과 그림으로 표현한다(10대, 20대, 30대, 40대, 50대, 60대로 나누어도 좋다).
④ 교실에 미래 자서전 전시회를 열어 친구들의 미래의 모습을 감상할 수 있는 기회를 갖는다.
⑤ 활동 후 소감을 나눈다.

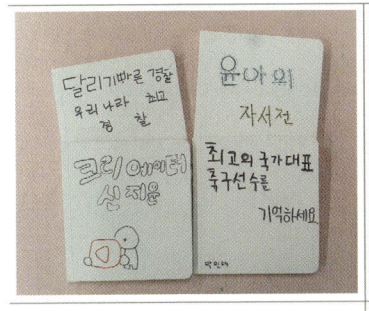	
아이들이 만든 미래의 자서전 표지	자서전 전시회

제목: 최고의 국가대표 축구선수를 기억하세요.

축구 경기를 볼 때마다 아빠는 2002년 월드컵 이야기를 하셨다. 축구에 흥분하는 아빠를 보며 관심을 갖게 되었다. 롤모델은 박지성이다. 평발임에도 끊임없는 노력으로 한국 프리미어 리그 1호가 되었기 때문이다.

초등학교부터 중학교까지 운동장을 돌며 달리기 연습을 하루도 빠지지 않았다. 전국체전에 중학교 대표로 나가자 달리기 빠른 나는 축구 선수로 스카웃 되었다. 이 후 청소년 국가 대표가 되어 우승을 했다. 내 발끝에서 골이 탄생하는 공격수로 이름을 알리기 시작했고 최연소 국가대표가 되어 2030년 월드컵에 참여했다. 이 후 두번째로 맞이한 월드컵에서 5골을 넣어 우리나라에 우승을 가져다주었다. 세계를 누비며 축구를 통해 우리나라를 알렸고 선수로는 늦은 나이인 48세에 은퇴를 했다. 나의 체력이 유지된 이유는 체력 훈련을 열심히 했기 때문이다. 은퇴 후 국가대표 감독이 되어 지금 이 순간까지 축구를 하고 있다.

■ '꿈이 이루어지는 마법의 거울' 만들기 활동

꿈을 이룬 사람들의 특징 중 하나는 매사에 긍정적이라는 점이다. 힘들고 포기하고 싶은 어려운 상황 속에서도 '반드시 할 수 있다.', '이겨낼 수 있다.'라고 생각하는 자세는 고난과 시련을 극복할 수 있는 힘이 된다. 이처럼 자신에게 힘을 줄 수 있는 말을 마법의 거울에 표현하여 좌절하지 않고 일어설 수 있는 에너지를 받아 보자.

활동 방법

① 꿈을 이룬 사람들이 힘든 상황을 극복한 방법을 알아본다.

　김재덕 선수: "화이팅!" – 팀원들에게 순간의 긴장감, 올림픽의 무게를 완화시키기 위해서 외쳤다.

　박상영 선수: "할 수 있다." – 모두가 포기했을 때 그 주문을 외워 경기에 더 집중할 수 있었다.

　김연경 선수: "해 보자. 해 보자. 후회 없이." – 팀원들이 어려운 상황을 잘 극복할 수 있도록 하기 위해 외쳤다.

② 힘든 상황을 이겨 낼 때 나에게 힘이 되는 말을 찾아본다.

③ 그중 하나를 선택하여 채색이 되어 있지 않은 거울 뒷면에 유성 매직이나 네임펜을 활용해 글을 쓰고 꾸민다.

④ 포기하고 싶은 순간의 나를 상상하며 주문 걸기를 연습한다.

⑤ 활동 후 소감을 나눈다.

아이들이 만든 마법의 거울	마법의 거울로 주문을 거는 모습

생각 기부 시간

『꾸고』 그림책 하브루타 후 나에게 주는 생각이나 느낌에 어울리는 그림을 찾고 한 문장으로 표현해 보는 활동을 한다. 픽사베이(pixabay.com/ko)에서 어울리는 이미지를 검색한 후 나에게 주는 메시지 문장을 입력하였다. 완성된 이미지를 패들렛에 업로드하여 친구들과 공유하는 시간을 가졌다.

> **아이들이 그림책에서 찾은 메시지**
> - 도전이 곧 성공이다.
> - 꿈은 노력하면 빛이 된다.
> - 친구들과 함께라면 두렵지 않다.
> - 노력은 배신하지 않는다.

4장

그림책 하브루타 열매 맺다

자신의 목소리를 들려준 경험이 있나요?

『꽃잎 아파트』
백은하 글·그림, 웅진주니어

교사용 지도안 및 함께 보면 좋은 책

책을 깊이 있게 읽다 보면 책의 내용과 연관된 문학, 영화, 사회적 이슈, 역사, 예술 등과 연결지어 생각할 수 있게 되어 사고력이 확장되는 효과가 있다. 나 자신과 또는 타인과 소통하는 간접경험을 통해 세상과도 소통할 수 있다.

소통하기 위해서는 무엇이 중요한가? 상대방의 말을 귀담아듣고 자신의 의견을 정확하게 전달하는 것이다. 경청을 하면서도 자신이 느낀 것을 제대로 표현하지 못하면 불통이 되기도 한다. 자신의 생각을 표현하는 연습으로 프레젠테이션을 활용할 수 있다. 그림책을 읽고 일상 문제뿐 아니라 사회문제와 연결하여 자신의 생각을 전달하는 독서 프레젠테이션은 자기 주도적 학습 능력을 길러 준다.

『꽃잎 아파트』 그림책은 이웃에 대한 배려를 담고 있다. 배려가 부족하여 발생하는 문제 상황과 이를 해결하는 과정이 아이들의 눈높이에 맞게 진행되어 이해하기가 쉽다. 또한 주제를 쉽게 찾을 수 있어 독서 프레젠테이션을 시작하는 아이들에게 알맞은 그림책이다.

그림책과 마주하기

『꽃잎 아파트』 그림책의 대표 주제인 '배려'와 관련한 다양한 사진을 제시하며 공통점을 찾아보는 시간을 가졌다.

 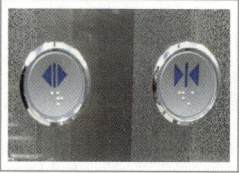 

🧑 보여 준 사진의 공통점은 무엇일까요?

👦 도움에 관한 사진 같습니다. 왜냐하면 장애인 화장실과 점자가 있는 버튼이 있기 때문입니다.

👦 배려를 보여 주는 것 같습니다. 장애인을 위한 화장실, 뒤에 오는 사람을 위한 열림 버튼, 택배 아저씨를 위한 구멍 뚫린 상자이기 때문입니다.

👧 다른 사람 생각해 주기 같습니다. 내가 아닌 다른 사람을 위한 사진들이기 때문입니다.

🧑 선생님은 엘리베이터를 탈 때 뒤에 오는 사람들이 보이면 열림 버튼을 눌러 주는 것이 배려라고 생각합니다. 여러분은 배려를 무엇이라고 생각하나요?

👧 친구가 물건을 떨어뜨렸을 때 주워 주는 것이 배려라고 생

각합니다.

- 화장실 갈 때 뒤에 친구가 오면 문을 잡아 주는 것이 배려라고 생각합니다.
- 택배 아저씨가 상자를 들고 현관문 앞에 있으면 문을 열어 주는 것이 배려라고 생각합니다.

아이들은 '배려'를 '도와주거나 보살펴 주려고 마음을 씀'이라고 표현하지 않는다. 막연한 느낌으로 알고 있던 배려를 구체적인 경험으로 재해석하여 정의함으로써 추상적인 개념이 내면화될 수 있었다.

하브루타로 그림책 톺아보기

『꽃잎 아파트』 그림책으로 내용을 이해하고 주제를 파악하기 위해 그림책 표지부터 관찰하기 시작했다. 주제와 어울리는 이미지를 선택하고 생각을 나누는 다양한 활동들은 독서 프레젠테이션을 위한 징검다리 역할을 한다.

■ **그림책의 내용 예상해 보기**

제목이 지워진 그림책 표지에 나타난 그림들을 보면서 어떤 내용인지 예상해 보는 활동을 하였다. 이런 활동은 아이들이 그림책을 만나기 전에 궁금증과 호기심을 자극하기에 좋다.

〈내용 예상〉

다양한 동물들이 서로 뿔뿔이 흩어져 살다가 먹이를 찾을 수 없는 일이 벌어진다. 그러다 어머어마하게 큰 거인 꽃을 발견하고 그곳에 맛있는 달콤한 꿀이 가득하다는 사실을 알게 된다. 집 잃은 동물들이 거인 꽃에 모여서 행복을 찾아 살아가는 이야기 같다.

    글을 지운 그림책의 그림만 보면서 인상적인 장면을 고르고 그 장면에 어울리는 문장을 생각해 보도록 했다. 동물들의 손만 나와서 삿대질하는 장면과 아파트 전체가 꽃으로 가득해서 화려해진 장면이 인상적이라고 했다. 그림만으로도 문제 상황을 포착하고 해결이 됐음을 알아차렸다.

    글과 그림을 같이 보여 주며 그림책을 한 번 더 읽고 그림책에서 떠오르는 것을 뇌 구조도에 기록해 보았다. 추상적으로 생각했던 것들을 단어로 적어 봄으로써 구조화시키고 그림책의 주제에 접근하는 방식이다.

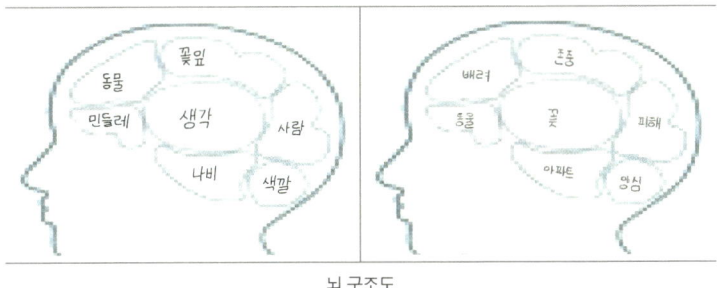

뇌 구조도

■ 그림책과 어울리는 이미지 찾아보기

독서 프레젠테이션에서 가장 중요한 부분은 첫 시작이다. 책에 대한 느낌과 감상을 다른 사람들이 쉽게 공감하도록 프레젠테이션하기 위해서는 호기심을 자극하는 것이 필요하다. 여는 말을 할 때는 어떤 이미지를 활용하느냐에 따라 메시지 전달 효과가 좌우된다. 그림책과 어울리는 이미지를 개인별로 선택하게 한 후 모둠원들에게 그것을 선택한 이유를 말하게 함으로써 다양한 생각을 들어 보는 시간을 가졌다.

아무리 아름다워도 자신만 보고자 하는 욕심으로 꺾어 버리면 장미는 금방 시들어 버린다. 자신만 생각하는 꽃잎아파트 주민들의 이기심으로 아파트가 삭막해졌지만 함께 하면 멋진 아파트가 되는 것을 말하고 싶어 선택했다.

	『꽃잎 아파트』 속 주민들은 서로 다른 색을 가지고 있고, 평화를 위해 서로 맞추어 가며 행복해졌다. 다른 색의 색종이들을 가위로 잘라 맞춰 가는 모습과 비슷해서 선택했다.
	『꽃잎 아파트』 이야기를 읽다 보면 마음이 따뜻해지고 차분해진다. 스탠드 램프에 따뜻한 햇살, 꽃병, 그리고 색감이 아늑하고 따뜻한 분위기를 느끼게 해 줘서 선택했다.

라면을 끓일 때 라면 봉지 뒤의 레시피만 보면 라면 끓이기가 힘들다. 하지만 레시피를 읽으면서 동시에 냄비와 물, 스프 등의 이미지를 떠올리면 쉽게 라면을 끓일 수 있다. 정보 또는 지식이 필요할 때 관련한 이미지를 찾아내면 메시지를 전달하는 데 효과적이다.

■ **질문 만들기 & 하브루타 즐기기**

『꽃잎 아파트』 그림책에서 떠오른 이미지를 뇌 구조도에 적고 주제에 접근하기 위한 질문을 만들었다.

학생들이 만든 질문

- 꽃이 피고 나서 동물들이 "네 덕분이야."라고 한 이유는?
- 만약에 내가 책 속의 아파트에 산다면 나는 어떤 동물일까요?

- 이 책에서 말하고자 하는 것은 무엇인가요?
- 나라면 돼지가 과자를 흘린 것을 보고 어떻게 했을까요?
- 같은 아파트에 살면서 이런 비슷한 경험을 한 적은?
- 문어는 어떤 곡을 연주했을까요?
- 만약 여자가 이사 오지 않았다면 꽃잎 아파트는 어땠을까요?
- 이 책에 나오는 동물들은 서로 어떤 행동을 했나요?
- 책 표지에 동물보다 꽃을 더 크게 그린 이유는 무엇일까요?
- 당신은 어떤 꽃인가요? 그리고 나는 어떤 꽃일까요?

질문 노트

『꽃잎 아파트』 그림책을 보고 짝과 함께 나누고 싶은 질문으로 짝 대화를 해 보았다. 질문을 주고받으며 나의 생각과 친구의 생각을 한 줄로 정리하고 '주제망 마인드맵'을 만들어 어떤 이야기를 친구에게 하고 싶은지 주제를 선택하게 하였다.

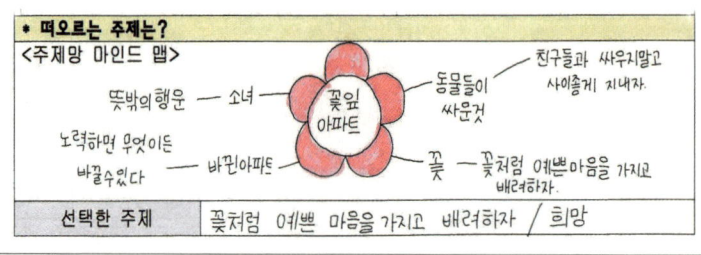

주제망 마인드맵과 선택한 주제

그림책 모꼬지 속으로

자신이 선택한 주제가 잘 드러나도록 자료를 찾아 적절하게 활용하여 발표함으로써 아웃팅 능력과 함께 내가 하고자 하는 말을 연결시키는 능력을 키우고자 했다.

■ '독서 프레젠테이션' 알아보기

독후감을 쓰는 것도 생각을 정리하기 위한 하나의 방법이다. 그런 의미에서 독서 프레젠테이션은 독후감을 이미지로 나타내어 말로 설명하는 것이라고 생각하면 이해가 쉽다.

(사)대한독서문화예술협회에 따르면 독서 프레젠테이션은 자신이 읽은 책을 다른 사람들에게 소개하고 안내하는 방법의 하나라고 말한다. 책의 느낌과 감상을 전달하는 방법으로는 독서감상문, 스토리텔링, 설명글, 주장글 등 다양한 형식이 있는데, 독서 프레

젠테이션은 그 형식의 주요 요소들을 다 포함하는 것이다. 프레젠테이션에서 선택한 책을 청중이 공감하고 호기심을 갖게 하려면 텍스트를 최소화하고, 시각적인 이미지를 활용하는 것이 특히 중요하다고 강조한다. 프레젠테이션을 통해 자기 생각을 발표하고 표현할 수 있는 능력도 향상된다.

프레젠테이션을 하기 위해서는 먼저 책의 내용을 충분히 이해해야 하고 화술 능력이 동반되어야 청중을 설득할 수 있다. 즉 스토리텔링 능력은 청중의 호응을 유도하고 관심을 갖게 하는 중요한 열쇠가 된다.

독서 프레젠테이션의 일반적 절차

	도입 ⇨ 차례 ⇨ 줄거리 ⇨ 문제 제기 ⇨ 근거 ⇨ 마무리
도입	전체 내용을 느낄 수 있도록 이미지를 활용해 주제 언급(책, 드라마, 뉴스 한 장면, 속담, 사자성어, 책 제목 등)
차례	발표 순서 소개
주제 제시	다양한 주제어들을 제시하고 그중 하나를 가지고 마무리까지 한 맥락으로 연결한다.
줄거리	줄거리에 필요한 장면 언급하며 설명(장면 이미지)
문제 제기	주제가 가장 잘 드러나는 문제상황 제시 갈등의 원인과 갈등의 해결 나누고 싶은 이야기(사회와 연결)
근거	다양한 장르와 연계(역사, 인물, 사건, 시사, 책, 영화, 경험, 일화 등)
마무리	제시된 주제를 다시 언급(메시지, 명언, 시 등)

■ 『꽃잎 아파트』 그림책의 '독서 프레젠테이션' 활동

프레젠테이션을 위해 책의 내용을 이해하여 주제를 파악하고, 자신이 생각한 문제를 연결하여 주장하고자 하는 것을 효과적으로 전달하도록 진행하였다. 프레젠테이션을 처음 접하는 아이들을 위해 '오방색 학습지'와 현장에서 쉽게 접하고 배울 수 있는 파워포인트를 활용했다.

활동 방법

① '오방색 학습지'를 활용해 선택한 주제가 드러날 수 있도록 독서 프레젠테이션을 구상한다.
 - 이미지(적), 줄거리(황), 문제 제기(청), 삶과 연결(백), 지혜 나누기(흑)
② 태블릿 PC를 이용해 구글에서 필요한 자료를 찾아 저장한다 (속담, 사자성어 등도 가능).
③ 교사는 파워포인트의 각 면에 들어갈 것을 제시한다.
 - 1면: 제목, 주제 이미지 / 2면: 차례 제시 / 3면: 줄거리
 - 4면: 문제 제기, 사례 제시(사회 이슈와 연결 및 타 장르 연결)
 - 5면: 주제 재언급
④ 아이들은 미리 찾은 자료로 파워포인트의 각 면을 구성한다.
⑤ 저장한 후 파일을 교사에게 제출한다.
⑥ 모둠에서 발표자를 정하여 독서 프레젠테이션을 한다.

⑦ 발표가 끝나면 질의응답 시간을 갖는다. 잘된 점과 부족했던 점을 나누는 시간으로 할애해도 좋다.

⑧ 모두의 발표가 끝나면 소감을 나눈다.

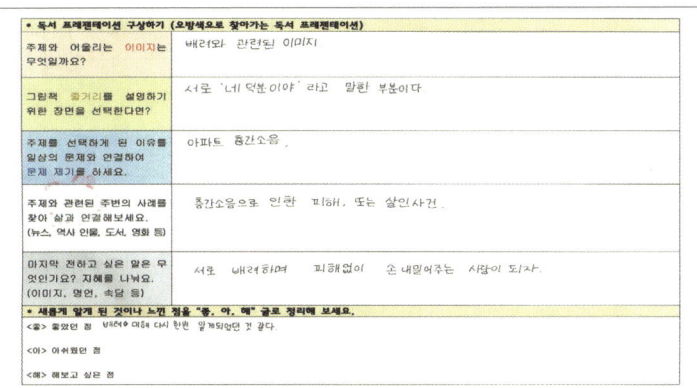

오방색 학습지

『꽃잎 아파트』 그림책 프레젠테이션 학생작 2

사람에게 첫인상이 매우 중요하듯, 프레젠테이션에서도 첫인상에 해당하는 '문 열기'가 정말 중요하다. 문 열기 1분이 그 뒤에 오는 나머지 내용을 결정지을 수 있기 때문이다. 아이들이 주제가 드러나는 이미지를 선택할 때 문 열기의 중요성을 교사가 미리 언급해 주는 것이 좋다.

생각 기부 시간

내용을 이해하는 것에서 멈추지 않고 사회문제와 연결하여 자신의 생각을 표현하고 공유하는 활동으로 독서의 즐거움을 느꼈다.

■ '나도 한 마디' 코너 - 좋·아·해

'나도 한 마디' 코너는 독서 프레젠테이션 활동의 좋았던 점, 아쉬웠던 점, 해 보고 싶은 점으로 생각을 나누고, 각자가 생각하는 미덕을 허니컴보드에 적어 공유했다.

좋 그림책의 주제를 발표하기 위해 많은 것을 생각하게 되어 좋았다.
아 이미지를 찾을 때 제대로 찾지 못해 시작이 너무 아쉬웠다.
해 다른 그림책으로 독서 프레젠테이션을 다시 해 보고 싶다.

좋 '배려'라는 주제를 찾고 우리 주변에 어떤 문제가 있는지 관련된 것을 찾으면서 진짜 배려가 중요하다는 것을 알아 좋았다.

아 친구들과 이런 수업을 더 하고 싶은데 자주 하지 못해 아쉽다.

해 주변 사람들에게 배려를 많이 해 주고 싶다.

	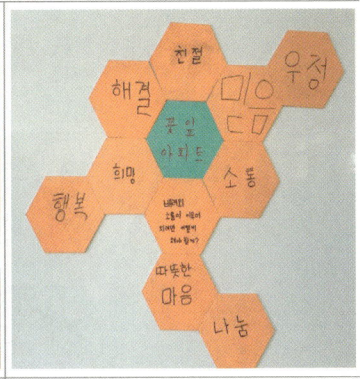
좋·아·해 발표 모습	선택한 미덕

🌱 아이들이 그림책에서 찾은 메시지

▶ 처음에는 어려웠지만 뇌가 운동하는 기분이 들어 즐겁다.

▶ 작은 배려가 우리 사회에서 얼마나 중요한지 깨달았다.

▶ 사회에서 일어나는 많은 문제들과 연결하는 활동이 신선했다.

▶ 나의 뇌가 건강해진 기분이 든다. 자주 생각을 해야겠다.

아이들의 행복을 지켜 주세요!

『아빠의 술친구』
김홍식 글, 고정순 그림, 씨드북

교사용 지도안 및 함께 보면 좋은 책

매년 11월 19일은 세계 아동학대 예방의 날이다. 아이들의 건전한 성장을 도모하고 모든 사람이 아동학대를 예방하고 방지하는 것에 관심을 가지기 위해 지정한 날이다. 그럼에도 불구하고 우리 사회에는 어른들로부터 신체적, 정신적, 성적 폭력을 당하여 고통받는 아이들이 여전히 많다. 씻을 수 없는 상처를 남기는 아동학대를 예방하기 위해서는 무엇보다도 아이들을 향한 지속적인 관심과 따뜻한 눈길, 사랑이 필요하다.

『아빠의 술친구』 그림책은 매일 술을 마시는 아빠에게 맞고 자란 아이의 상처를 그린 그림책이다. 가정 폭력을 당한 아이는 아빠의 폭력을 대물림하여 가해자가 되는 어른으로 성장하고 싶지 않았다. 아이가 아빠처럼 되고 싶지 않아 발버둥치는 동안 우리는 어디에 있었으며, 무엇을 했는지 생각해 보게 된다. 아동학대로 힘들어하는 아이들을 위해 우리가 할 수 있는 일을 생각해 보고, 저항할 수 없는 아이들에게 어른들이 해야 할 일이 무엇인지에 대한 답을 찾을 수 있는 그림책이다.

신문 기사 마주하기 & 톺아보기

신문은 여러 사회 현상에 관심을 가지고 깊이 있게 생각할 수 있도록 해 주는 매체이다. 사회적 이슈를 다루고 있어 신문의 기사 내용으로 생각을 나누면 비판적 사고력, 종합적 판단력이 길러진다. 아동학대에 관한 문제도 신문에 자주 등장해 그 심각성을 수시로 알리고 있다. 그림책으로 다가가기 보다 실제 사례를 통해 현실적 문제로 체감하고자 신문 기사로 먼저 아동학대의 문제점에 대해 알아보았다.

신문 기사로 만나기 전 아동학대 관련 공익광고를 시청한 후 공익광고에서 말하는 메시지를 찾아봄으로써 아동학대에 대한 관심을 유도했다.

- 공익광고가 우리에게 전하고자 하는 메시지는 무엇일까요?(공익광고:「어떤 소리가 들리시나요?」)
- 나쁜 어른들 때문에 신체적·정신적으로 피해를 보는 아이들이 있다는 것을 말하는 것 같아요
- 학대받고 있다는 사실을 알아차리는 것이 어렵기 때문에 우리가 관심을 많이 가져야 한다는 것을 말해 주는 것 같아요.
- 아동학대를 예방하기 위해서는 우리가 착한 의심을 해야

한다는 메시지를 주는 것 같아요.

🧑 아동학대의 소리가 생활 소음과 비슷하니까 자주 그런 일이 발생하면 우리가 의심해 봐야 한다는 것을 말하는 것 같아요.

공익광고를 통해 아동학대 피해의 심각성을 느낀 아이들은 신문 기사를 더 적극적으로 읽었다. 일명 '정인이 사건'이라 불리는 신문 기사를 활용해 하브루타 활동을 시작하였다. 종이 신문을 구하기 힘들면 태블릿 PC로 신문사의 누리집을 방문하여 기사를 활용하는 것도 좋다.

• 신문 하브루타 즐기기 활동 방법
① 신문의 제목을 확인한다.
② 기사를 세 번 읽는다(훑어 읽기 → 밑줄 그으며 읽기 → 구조화하며 읽기).
③ 기사의 내용을 요약해 본다.
④ 기사의 내용으로 질문을 만든다.
⑤ 짝과 함께 하브루타를 한다.
⑥ 생생 질문을 뽑아 전체 하브루타를 한다.
⑦ 신문 기사로 하브루타를 한 소감을 이야기한다.

신문으로 하브루타 즐기기

세 번의 신고에도…'16개월 입양아' 학대에서 구하지 못한 이유

생후 채 지나지 않은 영아를 입양한 뒤 모질게 학대해 숨지게 한 혐의로 구속된 사건은 아동학대의 사회적 책임을 다시 한번 환기한다. 정부가 2018년, 2019년 대책을 잇달아 내놓았지만 아동학대를 막지 못하고 있기 때문이다. 전문가들은 경찰과 아동보호전문기관 현장 담당자들이 아동학대를 민감하게 인지하고 분별 있게 처리할 전문성을 키워야 한다고 지적한다.

(본문 내용 중략)

★ 기사 내용을 요약하기

1. 첫돌이 지나지 않은 영아를 입양한지 9개월 만에 학대해 숨지게 한 사건이 일어났다
2. 양이가 숨지기 전에는 아동학대로 인정되는 소견을 찾지 못했다
3. 양이 다니던 어린이집 교사가 학대 의심 신고를 3번이나 했으나 경찰 조사 결과 기각됐다
4. 세번의 신고이 처리 방식이 양이를 보호 심고였으나 학대의 결과로 사망 증거하였다 변원, 어린이집, 정부직, 등
5. 아동학대의 신고가 나오지만 아이를 제대로 지키지 못했다
6. 사건 담당자 등의 아동학대 전문성을 높이고 아동학대법 규정대로 집행이 필요하다

★ 기사를 보고 질문을 만들어 보아요.	★ 신문 하브루타를 하고 난 생각과 느낌 적기
① 이 엄마는 왜 아이를 때렸을까?	앞으로 이런 가슴 아픈 일이 일어나지 않았으면 좋겠고 아동학대를 예방하는 방법도 알려주면 좋겠다
② 이 아이의 마음은 어떠했을까?	
③ 친구가 아동학대를 당하면 어떻게 할까?	
④ 아동학대 인지성을 높이려면 어떻게 해야 할까?	
⑤ 이 아이가 죽었을 때 엄마의 마음은 어떠했을까?	

신문 하브루타 학습지

■ **질문 만들기 & 하브루타 즐기기**

아이들의 경우 신문 기사에 대한 충분한 이해가 전제되고 호기심이 작동해야 질문 만들기가 수월해진다. 아이들은 "왜 이런 기사가 나왔을까?", "사건의 원인은 무엇일까?" "사람들에게 주는 메시지는 무엇일까?" 등 신문 기사를 읽으면서 궁금한 점이나 이야기를 나누고 싶은 생각을 질문으로 표현했다.

학생들이 만든 질문

- 부모들은 왜 아이를 학대했을까요?
- 어린이집 선생님들은 아이를 보고 어떤 생각을 했나요?
- 내가 아이라면 부모님께 어떤 말을 하고 싶을까요?
- 내가 아이라면 사람들에게 어떤 도움을 받고 싶었을까요?
- 어떤 행동이 아동학대일까요?
- 아이들이 행복한 세상이 되려면 어떻게 해야 할까요?
- 부모들은 아이를 낳으면 어떤 의무를 가져야 할까요?
- 아동학대는 어떻게 예방할 수 있을까요?
- 자식을 학대하는 사람들은 어떤 마음일까요?
- 아이 부모님들은 어떤 벌을 받았으면 좋을까요?
- 입양하는 부모님이 갖추어야 할 조건은 무엇일까요?
- 아이의 엄마는 어떤 집에서 자랐을까요?

아동학대 NIE 학습지를 바탕으로 짝과 함께 선정한 질문을 가지고 짝 대화를 해 본 후 모둠별 생생 질문을 선정하여 전체 하브루타를 진행하였다.

Q 내가 아이라면 부모님께 어떤 말을 하고 싶을까요?

A1 "엄마, 아빠! 나도 다른 친구들처럼 부모님께 사랑받으면서 살고 싶어요."라고 말할 것 같습니다.

A2 "제가 엄마의 아이로 태어나서 죄송해요."라고 말할 것 같아요.

A3 "아파요. 그만 때리세요. 엄마, 아빠가 무서워요."라고 말할 것 같아요.

Q 아동학대는 어떻게 예방할 수 있을까요?

A1 아동학대를 당하는 친구가 보이면 112에 신고해서 더 이상 아동학대를 당하지 않도록 보호해 줘야 합니다.

A2 친구들에게 관심을 가져야 합니다. 우울하거나 힘들어 보이지 않는지, 몸에 상처가 있는지, 우리가 늘 관심을 가지고 친구를 지켜 줘야 합니다.

A3 부모들 교육이 필요할 것 같아요. 아이들도 인권을 가지고 있고, 보호 받아야 할 존재라는 것을 알려 줘야 합니다.

Q 아이들이 행복한 세상이 되려면 어떻게 해야 할까요?

A1   폭력이 없어져야 하고, 서로 배려해 주고 아껴 주어야 합니다.

A2   아이들이 안전하게 살 수 있게 어른들이 아동학대를 방지하는 법에 대해 잘 알고 지켰으면 좋겠어요.

A3   어린아이라고 무시하거나 약하다고 학대하는 경우가 있는데 아이들의 인권을 먼저 보호해 줘야 할 것 같아요. 아동 인권을 보호할 수 있는 단체가 더 생겼으면 좋겠어요.

아이들은 '정인이 사건' 기사로 하브루타를 하면서 대부분 분노했다. 기사를 접하지 못한 아이들도 있었지만 대부분은 친구들과 이야기를 나눈 후 사회문제를 제기하는 신문 기사에 관심을 가져야겠다고 말했다.

그림책 모꼬지 속으로

그림책을 읽고 나의 생각을 표현하다 보면 사고력이 확장된다. 깨달은 바를 친구들과 나누다 보면 감성이 풍성해진다. 아동학대를 당하는 사람의 마음과 감정을 나에게 투명함으로써 피해자와 간접적인 소통을 경험할 수 있었다.

■ 『아빠의 술친구』 그림책 만나기 활동

『아빠의 술친구』는 전체적으로 어두운 색과 선을 이용하여 추상적 느낌을 강하게 표현한 그림책이다. 아이들은 책을 읽으면서 아동학대가 심각한 문제임을 인지하고 아동학대를 당한 아이의 아픔과 슬픔을 느꼈다.

> "의지했던 엄마가 가방을 싸서 나갔던 장면이 기억에 남아요. 엄마가 싼 큰 가방에 기대어 슬퍼하고 있는 주인공을 생각하니 많이 외로울 것 같기 때문이에요."
>
> "'아빠와 똑같은 사람이 되고 싶지 않았다.'라는 문장이 기억에 남아요. 전 저희 아빠와 같은 사람과 결혼하고 싶은데 아빠랑 닮기 싫어하는 주인공이 너무 불쌍하기 때문이에요."
>
> "아빠가 술병을 꽉 끌어안고 있는 장면이 떠올라요. 아빠가 술을 먹어서 주먹으로 때리고 욕을 하니까 술이 없어졌으면 좋겠다는 생각이 들었어요."
>
> "'내가 담기길 기다리는 술통'이라는 문구가 기억에 남아요. 폭력은 대물림된다고 하던데 나의 주먹과 헛바닥은 아빠처럼 되고 싶어 하지 않는 주인공의 마음이 느껴지기 때문이에요."

아이들이 나눈 말들이 교실의 분위기를 가라앉히며 정인이의 사건이 떠올라 모두의 마음을 먹먹하게 만들었다.

- S·K·B(Stop. Keep. Begin) 활동

『아빠의 술친구』의 주요 등장인물은 아빠와 나이다. S·K·B 활동을 통해 이야기 속 인물이 되어 자신이 그 상황을 맞게 되었을 때 해결책을 제시하도록 하였다. 다양한 상황에서 문제해결 능력을 길러 주는 활동이다.

활동 방법

① 아이들에게 S·K·B 활동지를 나누어 준다.
② 그림책 등장인물(아빠, 아이)의 S·K·B를 적는다.
  Stop: 이제는 그만 멈춰야 할 것
  Keep: 앞으로 계속 지켜 나갔으면 하는 것
  Begin: 다시 새롭게 시작했으면 하는 것
③ 친구들과 자신이 찾은 S·K·B를 이야기 나눈다.
④ 활동 후 소감을 나눈다.

S·K·B 활동

■ '꽃으로도 때리지 않기' 활동하기

프란시스코 페레는 "사랑의 매는 없다. 꽃으로도 아이들을 때리지 마라." 하고 이야기했다. 아이들에게는 절대 폭력을 가하면 안 된다는 뜻이다. 아이들에게 폭력이 없는 세상을 꿈꾸며 행복한 가족의 의미와 아동학대를 예방할 수 있는 방법을 생각해 볼 수 있는 기회를 제공하였다.

활동 방법

① 둥근 물체를 활용하여 색종이에 원을 2개 그리고 오린다(원하는 색 2가지를 고르도록 한다. 둥근 색종이를 구입해 활용해도 좋다).

② 원 모양의 색종이를 8등분으로 접는다.

③ 교사는 '행복한 가족이란 무엇인가?', '아동학대를 예방하는 방법'을 주제로 제시한다.

④ 8등분으로 접은 둥근 색종이 하나에 '행복한 가족이란 무엇인가?'에 대한 답을 8개 적는다(8등분한 칸 하나에 하나를 적는다).

⑤ 다른 색종이 한 장에는 '아동학대를 예방하는 방법'에 관해 8개를 적는다(8칸을 다 채우는 것에 대해 학생들이 부담스러워할 수 있으니 다 채우지 않아도 된다고 안내한다).

⑥ 둥근 색종이를 반으로 접고, 다시 반으로 접는다. 다시 반원

으로 편 후 대문 접기를 한다.

⑦ 뒷면 2칸에 풀칠을 해서 A4 용지에 붙인다.

⑧ 붙인 색종이가 꽃이 될 수 있도록 색연필이나 사인펜으로 꽃의 줄기와 잎을 꾸며 준다.

⑨ 꽃 위에는 '행복한 가족', '아동학대 예방' 제목을 써 준다.

⑩ 활동 후 소감을 나눈다.

| 8등분한 원 모양 색종이 | 8칸 꽃 내용 |

아이들이 완성한 작품[1]

---

1. 남혜란 지음,『신개념 독서교육 그림책 놀이』, 72~74쪽, 렛츠북, 2019

- **'희망 등대 밝히기' 활동하기**

아동학대 사건이 되풀이되지 않으려면 무엇보다도 우리의 관심이 두 배로 필요하다. 아동학대에 대한 사회 인식을 개선하기 위해 아동학대에 대한 생각을 캔버스에 나타내 학대 받는 아이들에게 희망의 불을 켜 주는 등대를 만들었다. 아이들은 자신과 친구들이 만든 문구와 그림을 통해 작은 관심이 하나의 생명을 살릴 수 있고 아동학대를 근절시킬 수 있는 예방 활동이 된다는 것에 자부심을 느꼈다.

활동 방법

① A4 용지에 자신의 생각하는 아동학대 예방을 위한 문구와 그림을 디자인한다.

② 캔버스 액자에 밑그림을 그린다(캔버스 액자의 크기는 아이들의 수준에 맞게 선택하여 활용하도록 한다).

③ 사인펜, 색연필 등을 이용해 아동학대 예방 문구와 어울리는 그림을 표현한다.

④ 모둠별로 자신이 완성한 희망 등대를 친구들에게 소개한다.

⑤ 학급 친구들의 작품을 모아 게시판에 등대를 만들어 준다 (장구 핀을 꽂고 캔버스를 건다).

⑥ 활동 후 소감을 나눈다.

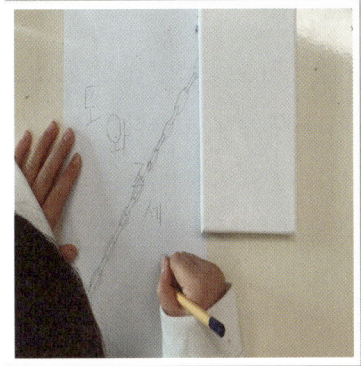

| A4 용지에 디자인하는 모습 | 캔버스 액자에 표현하는 모습 |

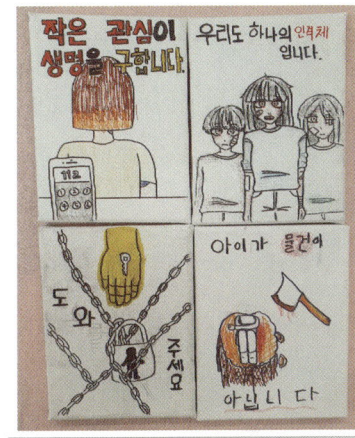 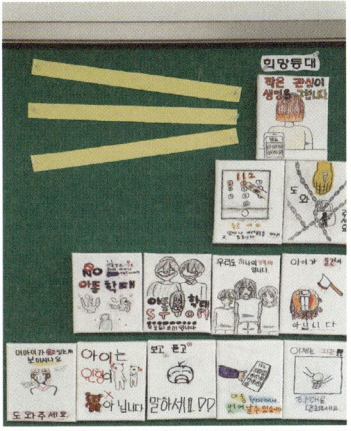

| 아이들이 완성한 작품 | 희망의 등대 만들기 |

　희망의 등대를 만드는 활동은 아이들이 아동학대라는 사회문제에 진지한 마음으로 대하고, 세상의 어떤 폭력도 정당화될 수 없음을 느끼며, 아동학대에 대한 올바른 가치관을 형성하는 데 도움이 되었다.

- **'내 마음을 알아 줘' 활동하기**

아동학대를 당했던 옛이야기의 등장인물이 되어 생각과 마음을 들여다보는 활동을 하였다. 인물이 처한 상황을 생각하고, 인물의 마음을 짐작하여 다른 가족에게 하고 싶은 말을 써 봄으로써 아동학대로 힘들었을 주인공의 처지에 공감할 수 있었다.

활동 방법

① 옛이야기 속 등장인물 중에 아동학대를 받은 인물을 선정한다(인물 : 콩쥐, 헨젤과 그레텔, 신데렐라, 백설공주).
② 옛이야기 속 등장인물이 했던 일, 인물의 행동과 말, 성격 등을 떠올려 본다.
③ 아동학대를 받았던 등장인물이 되어 인물의 속마음을 나타내어 본다(신체적 학대, 정서적 학대, 성 학대, 방임을 당했을 때 이야기 속 등장인물이 어떤 마음이었을지 느낄 수 있도록 한다).
④ 모둠별로 등장인물의 마음을 발표한다.
⑤ 활동 후 소감을 나눈다.

'내 마음을 알아 줘' 학습지

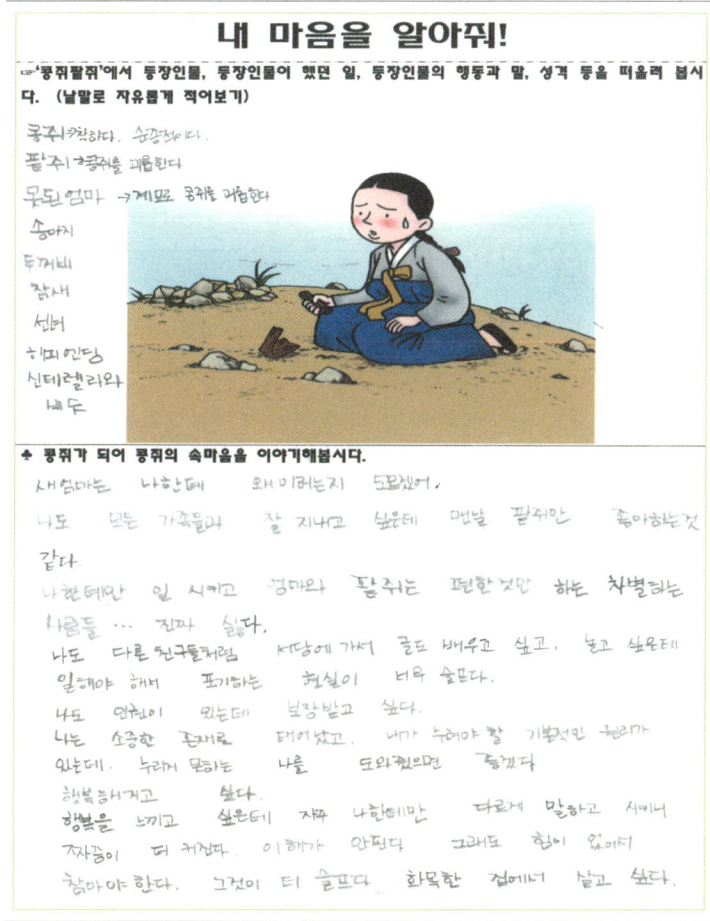

아이들은 '내 마음을 알아 줘' 활동을 하면서 아동학대를 당하는 피해자의 고통을 간접적으로 느껴 보고, 아동학대 예방에 대한 의지를 다질 수 있었다. 아이들에게 익숙한 옛이야기를 선택해 서로

의 공감대를 높일 수 있었는데, 예전부터 아동학대가 존재하고 있었다는 것에 놀라워했으며, 옛이야기 속에 숨겨진 메시지가 있음을 알게 되었다.

생각 기부 시간

『아빠의 술친구』 그림책에서 발견한 미덕의 보석을 싱킹 보드판에 써 보고, 그 미덕을 선택하게 된 까닭을 친구들과 공유했다.

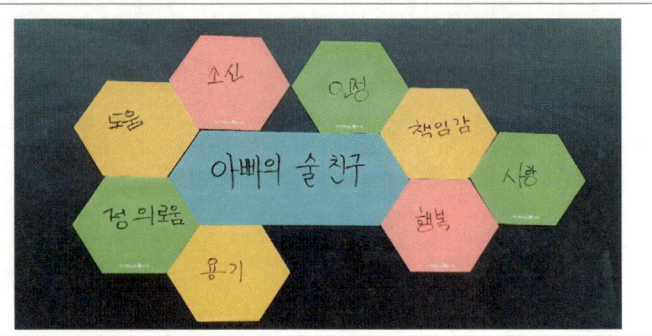

"책임감입니다. 아동학대라는 사회 문제를 해결하기 위해 우리 모두가 책임감을 가지고 관심을 가져야 하기 때문입니다."

"행복입니다. 모든 아이들은 행복할 권리가 있는데 그 권리를 침해받지 않도록 우리가 모두 노력해야 하기 때문입니다."

🌱 **아이들이 그림책에서 찾은 메시지**

▶ 아이들도 인권이 있으니 아동 인권을 보호하자.
▶ 아이들을 행복하게 해 주는 가족은 중요하다.
▶ 아동학대를 신고할 수 있는 용기가 필요하다.
▶ 내가 아이들에게 관심을 가짐으로써 아동학대를 예방할 수 있다.

그림책이 음악과 통(通)하다!

『여름이 온다』
이수지 글·그림, 비룡소

교사용 지도안 및 함께 보면 좋은 책

　세계가 학생들의 핵심 역량을 키우기 위해 학문 간 혹은 분야 간 연결, 전이, 확장의 융합적 사고를 강조하고 있다. 특히 그림책은 미술과 국어의 연결로 문화 예술 향유 능력과 심미적 역량을 향상시켜 준다. 그림책은 미술관이라고 표현하는 사람이 많을 정도로 하나의 예술품이다. 이런 그림책에 음악이 더해진 시각과 청각의 만남은 작가가 나누고 싶은 순간의 느낌, 분위기 등을 극대화한다. 일상의 아름다움을 발견하거나, 상상의 창의력, 마음의 풍요로움, 정서적인 안정감을 주며 감동이 배가된다.

　『여름이 온다』는 비발디의 「사계」 중 여름을 듣고 느꼈던 감동을 한여름 신나는 물놀이로 표현한 이수지 작가의 그림책이다. 1악장은 여름의 시작을, 2악장은 여름의 울림을, 3악장은 여름의 풍경을 다양한 미술 기법으로 표현했다. 비발디 「사계」 중 '여름'이 QR코드가 제시되어 있어 그림책을 보면서 악장별 특징, 빠르기, 리듬, 선율을 느낄 수 있어 흥미롭다. 온 감각을 열어 놓고 즐길 수 있는 그림책이다.

그림책과 마주하기

바실리 칸딘스키는 사물이 아닌 음악을 그림으로 표현한 추상화의 선구자이다. 음악을 시각적으로 표현할 수도 있다는 것을 아이들에게 소개함으로써 『여름이 온다』 그림책에 대한 흥미를 높일 수 있었고, 다른 장르와의 조화로 새로운 그림책이 탄생할 수도 있다는 것을 알게 하였다.

 이 그림은 무엇을 표현했을까요?

「구성 Ⅷ」(바실리 칸딘스키, 1923)

 가운데 큰 삼각형이 산을 나타내서 등산하면서 정상에 올랐을 때 느낌을 표현한 것 같아요.

- 🧑 수학 공부를 나타낸 것 같아요. 원, 사각형, 삼각형으로 표현했기 때문이에요.
- 🧢 우주 공간을 표현한 것 같아요. 우주선을 타고 다른 행성을 가는 모습을 표현한 것 같기 때문이에요.
- 👧 불꽃놀이를 표현한 것 같아요. 불꽃이 펑 터지는 모습을 모양으로 표현한 것 같기 때문이에요.
- 👩 바실리 칸딘스키는 음악을 듣고 박자, 가락, 화성을 미술에 점, 선, 면, 색으로 변화시켜 그림을 그렸어요.

아이들은 음악이 주는 느낌을 그림으로 표현할 수 있다는 사실에 호기심을 가졌다. 『여름이 온다』 그림책의 제목을 가리고 표지만 관찰한 후 음악과 주제가 어떻게 구성되었는지 생각해 보았다.

- 👩 (제목을 가리고) 그림책의 표지를 보고 어떤 음악이 생각나나요?
- 🧑 빠르기가 빠른 음악이 떠올라요. 호수에서 물이 나오는 것 같은 모양이 빠른 음악과 잘 어울리게 보였기 때문이에요.
- 🧑 맑고 청아한 음악이 생각나요. 파란색 물방울이 있어서요.
- 🧢 잔잔한 음악이 생각나요. 평화롭게 화분에 물을 주고 있는 것 같아 보여서요.
- 👧 즐거운 음악이 떠오릅니다. 호수로 물놀이를 하고 있는 것

같기 때문입니다.
- 주제는 무엇인 것 같나요?
- '물'입니다. 파란색의 물줄기가 하늘 높이 올라가고 있기 때문이에요.
- '놀이'입니다. 표지에서 남자아이가 물놀이를 하고 있기 때문이에요.
- '원'입니다. 물줄기를 원 모양으로 표현해서 원으로 나타낼 수 있는 모든 것을 표현했을 것 같기 때문이에요.
- '여름'입니다. 물을 가지고 놀 수 있는 계절이기 때문이에요.

글과 그림을 보며 서사를 형성하는 그림책에서 벗어나 음악을 듣고 이미지를 떠올리며 그림책을 읽는 색다른 경험이 시작되었다.

하브루타로 그림책 톺아보기

『여름이 온다』는 시각과 청각의 교차적 경험을 통해 자신의 감각, 경험, 감정을 떠올려 보고, 친구들과 질문을 통해 음악과 그림책의 내용에 대해 소통할 수 있었다.

■ **인상 깊었던 장면 말하기**

『여름이 온다』는 악장에 따라 콜라주, 크레용, 드로잉 등 다양한 표현 기법을 활용하였다. 각 장의 특징에 따라 표현 기법을 달리하여 아이들이 더욱 재미있게 감상할 수 있었다.

"물을 뿌렸을 때 무지개가 뜨는 장면이 기억에 남아요. 왜냐하면 실제로 무지개를 본 적이 없는데 그려진 장면이 너무 예쁘게 느껴졌어요."

"그림에 악보가 있는 점이 재미있었어요. 왜냐하면 음악을 듣고 만든 그림책이라는 것을 보여 주는 것 같아서요."

"물놀이하는 장면이 기억에 남아요. 2학년 때 학교에서 친구들과 물총 놀이를 하면서 신났던 경험이 떠올랐기 때문이에요."

"태풍이 오는 것을 표현한 장면이 기억에 남아요. 몇 년 전에 태풍이 와서 우산도 날아가고 바람 때문에 창문에 테이프도 붙이고 했었거든요."

■ **질문 만들기**

아이들의 생각을 좀 더 명확히 하기 위해 비발디의 「사계」 중 '여름'을 들으면서 한 장면 한 장면을 감상하고 다양한 관점에서 질문을 만들어 보았다.

학생들이 만든 질문

- 작가는 비발디의 「사계」 중 왜 '여름'을 선택했을까?
- 음표를 어떻게 표현했나요?
- 한여름의 어떤 날씨를 표현했나요?
- 물놀이를 할 때 아이들은 어떤 기분이 들었을까요?
- 나에게 가장 기억에 남는 여름 추억 중 그림책에 넣고 싶은 것은?
- 비발디의 「사계」 음악에는 어떤 악기가 사용되었을까요?
- 내가 만약 음악으로 그림책을 만든다면 어떤 음악을 사용하고 싶나요?
- 천둥, 번개가 우르릉, 쾅 번쩍이는 것을 어떻게 표현하고 싶나요?
- 오케스트라는 비발디의 「사계」를 연주할 때 어떤 마음일까요?
- '여름' 1악장 앞에 있는 시를 바꾼다면 어떻게 바꾸고 싶나요?
- 작가는 왜 악장 사이에 다른 느낌의 종이를 사용했을까요?
- 빠르기에 따라 그림은 어떻게 표현되었나요?
- 음악과 미술 작품 중 어느 것이 더 마음을 움직이나요?
- 음악을 들으면서 그림책을 감상하니까 어떤 느낌이 드나요?

■ **하브루타 즐기기**

『여름이 온다』 그림책으로 짝과 함께 선정한 질문을 가지고 짝 대화를 해 본 후 모둠별 생생 질문을 선정하여 전체 하브루타를 진행하였다.

Q 나에게 가장 기억에 남는 여름 추억 중 그림책에 넣고 싶은 것은?

A1 가족과 함께 물놀이를 가서 신나게 놀았던 경험이 떠올라 저도 여름으로 그림책을 만든다면 물놀이하는 장면을 넣고 싶어요.

A2 여름에는 꼭 태풍이 와서 바람이 불고, 우산이 뒤집어졌던 것이 떠오릅니다. 하지만 태풍이 지나간 뒤에는 하늘이 아주 맑고 예뻐서 태풍이 온 것과 지나간 후를 그림에 넣고 싶어요.

A3 전 여름에 팥빙수를 먹는 게 너무 좋아요. 여름을 시원하게 해 주는 음식을 그림책에 넣고 싶어요.

Q 내가 만약 음악으로 그림책을 만든다면 어떤 음악을 사용하고 싶나요?

A1 「카피라의 작은 기차」 음악으로 그림책을 만들고 싶어요. 음악 시간에 감상했을 때 신났고 재미있었기 때문이에요.

A2 「아리랑」으로 하고 싶어요. 「아리랑」을 부르면 감동이 있고 애국심이 생겨서 모든 사람이 우리나라를 사랑하도록 하고

싶기 때문이에요.

A3 전 BTS의 「소우주」를 그림책으로 만들고 싶어요. BTS를 너무 좋아하고 세계적인 스타이기 때문이에요.

Q '여름' 1악장 앞에 있는 시를 바꾼다면 어떻게 바꾸고 싶나요?

A1 여름은 방학이 있다. 가족과 함께 물놀이도 갈 수 있고, 무더위를 피해 계곡, 바다에서 신나게 놀 수 있다. 하지만 태풍을 조심해야 한다.

A2 여름은 햇님이 아주 찐한 빨강이다. 때로는 회색, 검정색으로 변하기도 해서 변덕쟁이다.

A3 여름은 기분파다. 기분이 좋을 때는 행복한 물놀이를 할 수 있게 해 주고, 심술이 날 때는 비, 바람, 천둥, 번개를 보낸다.

Q 음악을 들으면서 그림책을 감상하니까 어떤 느낌이 드나요?

A1 음악을 들을 때 그림의 내용에 더 빠져서 감상할 수 있어요. 번개와 천둥이 치는 장면을 표현했을 때는 더 실감 났어요.

A2 눈앞에 그림이 있어서 음악의 내용이 더 잘 이해되는 것 같아요.

A3 신나는 장면은 더 신나고 조용한 장면은 더 조용해지는 느낌이 들어요. 내가 그림 속 안에 들어가서 함께하고 있다는 기분이 들어 감동이 더 커지는 것 같아요.

그림책 모꼬지 속으로

음악으로 소통한 아이들이 그림책 작가가 되어 그림책에 담을 메시지를 창조해 보는 경험을 제공하였다. 음악이 있는 새로운 방식의 그림책 세계를 맛본 후 스스로 생각하고 이야기를 구성하는 방법을 배우는 시간이 되었다.

- **'나만의 음악 그림책 만들기' 활동**

음악을 감상하고 생각과 느낌을 점, 선, 도형, 그림 등으로 나타내면 청각이 시각화되어 공감각적 심상을 느끼는 경험을 할 수 있게 된다. 아이들은 교사가 미리 준비한 음악을 들으며 자신의 생각과 느낌을 자유롭게 표현해 보며 감정에 더 집중할 수 있었다.

활동 방법

① 편안한 분위기에서 생상스의 「동물의 사육제」 중 '백조'를 감상한다(단, 제목을 말해 주지 않고 감상할 수 있도록 하여 사고가 고정되지 않도록 한다).
② 생상스의 「동물의 사육제」 중 '백조'를 감상하면서 들었던 생각이나 느낌을 자유롭게 이야기한다.
③ '백조'를 다시 들으며 악보가 그려져 있는 아코디언북 도안에 자신의 생각이나 느낌을 표현한다(음악을 듣고 떠오르는 이

미지를 자유롭게 그림, 도형 등으로 나타낼 수 있도록 한다).
④ 완성된 도안을 오려서 풀칠하는 부분에 풀을 칠하고 두 장을 연결한다.
⑤ 연결되면 부채 접기 기법으로 접어 준다.
⑥ 앞, 뒤쪽 표지를 꾸며 준다.
⑦ 자신이 표현한 아코디언북에 나만의 제목을 붙여 준다.
⑧ 아코디언북을 친구들에게 소개한다.
⑨ 활동 후 소감을 나눈다.

음악을 들으며 표현하기

아코디언북 완성 작품

■ '내 마음 오르골 편지' 활동

음악에서는 연주자가 표현하고자 하는 감정을 느끼게 하는 것이 악기다. 악기로 내 마음을 표현해 보는 경험을 통해 새로운 에너지를 얻을 수 있고, 자기 표현에 대한 성취감을 맛볼 수 있다.

활동 방법

① 30노트 악보를 선택한다.

② 원하는 음을 종이 악보에 연필로 표시한다(자신이 좋아하는 곡의 음을 악보에 표시하거나, 자신의 생각이나 느낌을 자유롭게 표시하여 악보를 만들 수 있다).

③ 연필로 표시된 부분을 악보 펀칭기로 뚫어 준다.

④ 오르골에 악보를 넣어 음악을 감상한다.

⑤ 자신이 만든 오르골 음악을 친구들에게 들려주고 감상평을 이야기한 다음 소감을 나눈다.

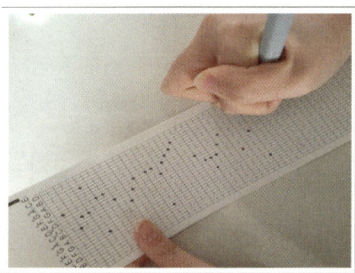
종이 악보에 점을 찍는 장면

종이 악보를 펀칭기로 뚫는 장면

오르골에 악보를 넣어 음악을 들어 보는 장면

친구에게 내가 만든 음악을 들려주는 장면

■ '나의 비타민 노래가 그림책과 만나다' 활동

노래에는 일상생활의 희로애락이 담겨져 있다. 노래를 부르면 힐링이 되기도 하고, 가사가 삶의 방향을 이끌어 주기도 한다. 적극적인 감상을 위해 자신에게 의미 있는 노래를 글과 그림으로 표현하여 그림책으로 만들어 보았다. 노래에 담겨진 메시지에 따라 내면의 문제를 직면하고 긍정적인 힘을 느꼈다.

활동 방법

① 나에게 의미 있는 노래를 선곡한다(힘들 때 부르거나, 가장 좋아하는 곡 중에서 선정할 수 있도록 안내한다).
② 내가 선곡한 곡의 제목, 가사, 들을 때 어떤 마음이 드는지를 생각해 본다.
③ 선곡된 곡의 가사를 무지 스크랩북(10쪽 분량)에 페이지를 나누어 적어 본다(무지 스크랩북은 인터넷에서 판매하는 것을 구입하여 사용하였다).
④ 사인펜, 색연필 등을 활용해 가사에 어울리는 그림을 표현하여 그림책을 완성한다.
⑤ 모둠별로 자신이 완성한 그림책을 친구들에게 소개한다.
⑥ 친구의 비타민 노래에 대한 느낌을 그림책 뒷장에 포스트잇으로 적어 준다.
⑦ 활동 후 소감을 나눈다.

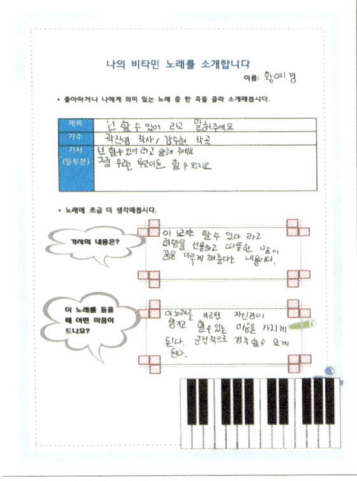

비타민 노래 소개하기

나의 비타민 노래 만드는 모습

나의 비타민 노래 그림책 완성 작품

생각 기부 시간

『여름이 온다』 그림책에서 발견하게 된 가치를 멘티미터 워드 클라우드로 나타내어 음악과 그림책이 주는 감동을 나누었다.

| 유연성 자율 소통
도전 행복 창의
호기심 희망 즐거움
성장 긍정 | 호기심입니다. 음악과 그림이 만난 것처럼 주변을 그냥 지나치지 말고 호기심을 가지고 살펴보며 새로운 것을 찾고 싶어요. |

나라를 버려야 하는 아픔을 아나요?

『두 마리 당장 빠져!』
신디 더비 글·그림, 이숙진 옮김, 천개의바람

교사용 지도안 및 함께 보면 좋은 책

　우리가 살아가는 세상에는 많은 일이 일어난다. 나의 의지와 상관없이 일어난 일에 무엇 하나 할 수 없는 현실의 아픔을 간직한 사람들이 많다. 내 자리가 안전하고 평화롭다고 관심을 두지 않고 지나치는 사람들이 많아지는 것도 안타깝다. 개인주의와 이기주의보다 함께하고자 하는 마음이 아이들에게 깃들어 나의 평화에서 더 나아가 세상의 평화를 생각해 보는 기회를 제공해 주어야 한다. 더불어 세계 평화를 위해 공동체가 움직여야 함을 깨닫고 세상을 바르게 보는 눈을 가져야 한다.

　『두 마리 당장 빠져!』 그림책에는 규칙을 철저히 지키며 '금지'를 외치는 새 한 마리가 등장한다. 회색 지킴새는 임시 수용소 같은 나무에서 일정 수 이상의 새가 오지 못하게 나무를 지킨다. 새로운 보금자리를 찾으려는 새(난민)들은 힘을 가진 존재에게 아무런 항의를 하지 못한다. 회색 지킴새가 나무를 지키는 모습은 마치 뉴질랜드가 해수면이 높아져 침수 위기에 처한 투발루와 가까이 있음에도 노동이 가능한 인력만 수용한 사례와 흡사하게 보였다. 아기새 두 마리가 태어나 추가된 것을 용납하지 못한 회색 지킴새는 새들의 저항으로 쫓겨난다. 그러나 회색 지킴새는 아기새 두 마리의 도움으로 새로운 터전을 일구며, 함께 살아가는 방법을 모색하는 것이 옳았음을 깨닫는다. 순수함을 간직한 아기새 두 마리로 인해 회색 지킴새에게 변화가 일어난 것이다. 아기새는 앞으로 우리 세계를 짊어지고 나아갈 새로운 젊은 인력을 대변하는 것으로 보인다.

회색 지킴새는 새로운 세상을 구현하는 것을 방해했지만 아기새들의 도움을 받으며 모두가 평화롭게 지낼 수 있는 공동의 터전을 만들 수 있었다. 우리 아이들은 아기새와 같은 역할을 잘 해낼 수 있을까? 자신 또는 세상이 세운 규칙이 정당하지 못하다는 것을 알았을 때, 어떤 마음으로 세상을 바라보고 살아가야 하는지 한 번쯤 생각해 보는 시간을 마련해 주는 그림책이다.

그림책과 마주하기

2015년 시리아 난민과 관련한 사진 한 장이 세계를 뒤흔들었다. 배를 타고 이동하다 바다에 빠진 세 살배기 꼬마 아이 사체가 파도에 밀려 터키 해변가에서 발견된 것을 찍은 사진이다. 6학년 2학기 사회 교과서 2단원에 등장하는 사진이기도 하다. 사진 속 아이에게 무슨 일이 있었는지 상상해 보는 시간을 가졌다. 자신을 지켜 줘야 하는 나라에서 위협을 받고 도망칠 수밖에 없는 아픔과, 낯선 곳에서 두려움에 떨다 죽음을 맞이한 난민의 현실에 대해 생각해 볼 수 있었다.

> "물놀이를 하다가 익사 사고가 난 것 같아요."
> "모래사장에서 놀다가 큰 파도에 휩쓸려 사고가 난 것 같아요."
> "배가 뒤집혀 물에 빠져 허우적거리다가 결국 사망하고 해변가로 밀려온 것 같아요."

하브루타로 그림책 톺아보기

『두 마리 당장 빠져!』 그림책을 읽으면서 우리가 인식하지 못한 사회의 여러 문제점을 생각하며 함께 이야기해 보고 생각을 확장하는 기회를 제공하는 것이 중요하다.

■ 그림책 제목 예상하기

먼저 제목을 지운 그림책 표지를 보여 주며 제목 알아맞히기 활동을 진행했다. 아이들이 말한 제목과 그 이유는 대부분 새들과 관련된 내용이며, 경비원이 소리를 지르는 이유에 대해 궁금증을 가지고 있음을 알 수 있었다.

🧑 그림책의 제목은 무엇일까요?

👦 '다양한 새들의 모험기' 같습니다. 왜냐하면 나무 위의 새들이 다 다양하게 생겼기 때문입니다.

👦 '나무새' 같습니다. 왜냐하면 나무 위에 새들이 많이 앉아 있기 때문입니다.

👦 "나무에서 떨어져." 같습니다. 왜냐하면 많은 새들이 나무에 앉아 있어 나무가 힘들어하고 있고 경비원 아저씨가 소리를 지르고 있는 것 같기 때문입니다.

👦 "나의 집을 찾아 주세요~" 같습니다. 왜냐하면 새들이 집을 잃고 한 나무에 모여 있는 것처럼 보이기 때문입니다.

👦 "너희 집으로 가!" 같습니다. 왜냐하면 나무 주인이 자신의 나무에 있는 새들을 집으로 쫓아내기 위한 이야기 같기 때문입니다.

👧 "내려와 이놈들아!" 같습니다. 왜냐하면 회색 새가 화가 나서 위를 쳐다보며 외치는 모습이 혼내는 것 같기 때문입니다.

👧 "내 구역에서 꺼져!" 같습니다. 왜냐하면 회색 새의 집이 나무인데 다른 새들이 자꾸 날아오는 모습 같기 때문입니다.

제목을 예상해 보는 활동으로 내용을 상상하는 아이들도 있었다. 긴 서사를 형성하지는 못했지만 대부분의 아이들이 내용을 짐작했다. 시간이 부족하거나 다양한 활동을 해야 할 상황이라면 제목을 알아맞히는 활동만으로도 충분하다.

■ **질문 만들기 & 하브루타 즐기기**

『두 마리 당장 빠져!』 그림책을 읽고 친구들이 지은 제목을 보며 다양한 질문을 만들어 보았다.

학생들이 만든 질문

- 왜 아기새들은 회색 지킴새에게 도토리를 주었을까?
- 회색 지킴새가 다 금지한 이유는? 금지를 외치는 이유는 무엇인가?
- 회색 지킴새가 다른 곳으로 쫓겨난 이유는?
- 자신을 받아들이지 않은 회색 지킴새를 도운 아기새의 역할은?
- 이 책의 나무는 무엇을 뜻하나?
- 내가 회색 아저씨라면 어떻게 했을까?
- 새들은 경비원을 어떻게 생각하는가?
- 그 나무는 언제, 누가 심었는가?
- 100마리만 들어갈 수 규칙은 누가 세웠는가?
- 왜 새들은 저 나무에 들어가고 싶어 하는가?
- 나무에 있으면 무엇이 좋은가?
- 경비원이 나였으면 도토리 싹이 나오는 것을 보고 드는 생각은?
- 아기새 두 마리가 태어나 나무 위에 102마리가 앉게 되었을 때 새들의 기분은?

- 경비원이 '금지'라고 외칠 때 새들의 마음은?
- 경비원은 처음부터 금지를 외쳤을까?
- 경비원은 쓰러지는 나무를 보고 무슨 생각이 들었을까?
- 다른 사람들이 나만의 구역 안으로 들어오지 못하게 한 경험이 있었는가?
- 더불어 같이 산다는 것은 무엇일까?
- 난민들이 우리나라 또는 우리 옆집으로 온다고 한다면?

다양한 질문을 만들어 낸 아이들일수록 그림책에 관심이 높다는 것을 느꼈다.

Q 왜 아기새들은 회색 지킴새에게 도토리를 주었을까?

A1 회색 지킴새가 외톨이인 것 같아서 다가가려고 준 것 같아요.

A2 혼자 앉아서 다른 새들을 지켜만 보고 있는 회색 지킴새를 위로해 주고 싶어서 도토리를 준 것 같아요.

A3 자신들은 다 함께 나무에 있는데 혼자 있는 회색 지킴새가 불쌍하게 보였기 때문에 도토리를 준 것 같아요.

Q 100마리만 들어갈 수 규칙은 누가 세웠는가?

A1 안정적인 것을 추구하고 내가 좋아하는 사람들하고만 함께 하고픈 자가 세웠을 것 같아요.

A2 새들이 행복하게 살기 위해서 다 같이 약속해서 만들었을 것 같아요.

A3 자기 것을 지키고 싶은 힘 있는 자가 세웠을 것 같아요.

Q 아개새 두 마리가 태어나 나무 위에 102마리가 앉게 되었을 때 새들의 기분은?

A1 두 마리 때문에 내가 피해 볼 수 있을지도 모른다는 생각으로 짜증이 날 것 같아요.

A2 나뭇가지가 부러질까 봐 무서웠을 것 같아요.

A3 100마리만 있다는 규칙을 알기 때문에 나 말고 다른 새가 나가길 바라는 마음으로 초조한 기분이 들 것 같아요.

Q 난민들이 우리나라 또는 우리 옆집으로 온다고 한다면?

A1 저에게 불편함을 주는 것이 아니라면 저는 상관없을 것 같아요.

A2 거부감이 생기겠지만 난민들도 우리와 같은 권리가 있으니 인사하며 지내고 싶어요.

A3 나와 다른 생각과 외모를 가진 사람이 오면 낯설게 느껴져 두려울 것 같아요. 피할 수 있으면 피하고 싶어요.

질문을 만들어 짝과 하브루타를 하면서 '난민'이라는 주제를 생각하게 되었다.

그림책 모꼬지 속으로

많은 사람이 살고 있는 지구촌에서는 매일 다양한 갈등이 생긴다. 따라서 공동체가 함께 살기 위해서는 규칙이 꼭 필요하다. 하지만 모두가 함께 살아가기 위해 아픔을 겪고 있는 사람들에 공감하고 관심을 가지는 것도 중요하다. 다양한 활동을 통해 난민에 대해 생각해 보도록 구성하였다.

■ **난민 바로 알기 시간 - '그것이 알고 싶다'**

'난민'이라는 지구촌의 문제를 생각해 보는 시간을 가졌다. 우리나라에서 일어나지 않고 자신에게 일어나지 않은 먼 나라의 일로만 알고 있는 아이들에게는 '난민'이란 글자가 생소하게 다가왔다. 난민 단어를 검색하고 관련된 연관 검색어를 찾아보는 활동만으로도 난민에 대해 자연스럽게 알게 되었다.

활동 방법
① '난민'에 관한 낱말을 검색하여 포스트잇에 적고 칠판에 붙인다.
② 교사는 아이들과 함께 '난민'과 관련하여 모은 내용을 유목화하여 정리한다.
③ 유목화된 '난민'에 관한 낱말을 큰 주제어로 제시한다.
④ 모둠원들은 모둠에서 만들 보고서의 주제어를 선택한다.

⑤ 모둠원들은 역할을 나누어 난민 관련 주제어를 검색하여 공유한다.

⑥ 보고서에 넣을 내용과 제목을 정하여 보고서를 기획한다.

⑦ 각자가 만든 내용을 모아 보고서를 완성한다.

⑧ '난민, 그것이 알고 싶다' 보고서를 발표하고 질의응답 시간을 가진 후 활동 소감을 나눈다.

'그것이 알고 싶다' 보고서

■ '난민의 하루' 활동

우리 아이들의 하루 일과와 난민 아이들의 하루 일과는 다르다. 우리 아이들에게 난민이 되어 그들을 공감할 수 있는 시간을 마련하였다.

활동 방법

① 자신의 하루 일과를 시간별로 자세히 적는다.
② 난민이 되었다는 가정하에 할 수 없는 것을 체크해 본다.
③ 짝과 바꾸어 체크해 본다.
④ 왜 할 수 없는지 짝과 이야기를 나눈다.
⑤ 짝 활동이 끝나면 지금 우리의 일과 중 난민이 되면 할 수 있는 것과 할 수 없는 것을 정리한다.
⑥ 그 이유에 대해 전체가 이야기를 나눈다.
⑦ 활동 후 소감을 나눈다.

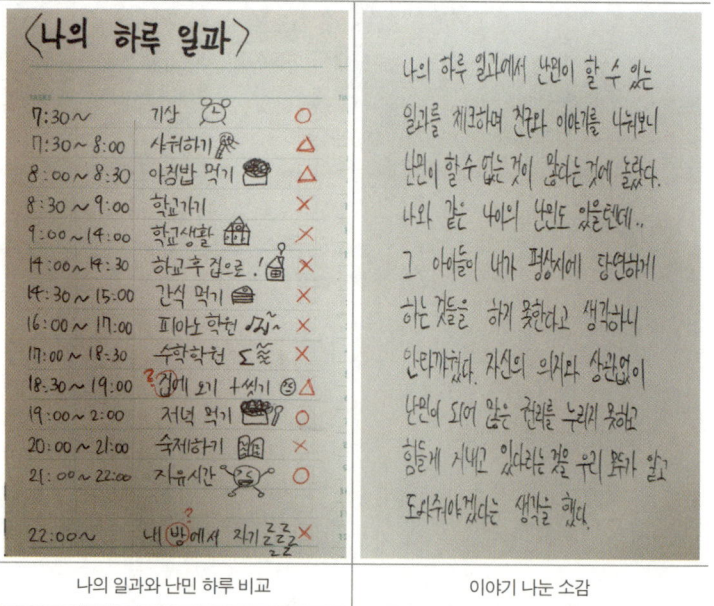

| 나의 일과와 난민 하루 비교 | 이야기 나눈 소감 |

- **'난민 기구 만들기' 활동**

비정부기구는 지역, 국가, 국제적으로 조직된 자발적인 비영리 시민 단체로 개인이나 기업의 이익이 아닌 공공의 이익을 위해 활동한다. 이들은 정치, 인권, 환경, 보건, 성차별 등 다양한 목적을 가지고 활동한다. 난민의 인권을 존중해 주기 위한 '난민 기구 만들기' 활동을 진행하였다.

활동 방법

① 비정부기구에 대해 설명한다.
② 모둠(4~5명)을 구성한다.
③ 난민을 위해 어떤 기구를 만들고 싶은지 기획한다.
④ 기획서에 기구 이름, 로고(로고 의미), 목적, 활동, 기구 홍보 등이 들어가도록 한다.
⑤ 교사는 로고가 완성된 모둠의 로고를 사진으로 찍어 파워포인트에 발표 자료를 준비한다(사진 로고만 보일 수 있도록 해도 좋다).
⑥ 모둠원의 대표가 나와서 자신들이 만들 기구에 대해 발표한다.
⑦ 발표 후 각각의 기구에 대해 궁금한 점을 질문하고 답한다.
⑧ 모든 모둠 발표가 끝나면 가입하고 싶은 난민 기구에 투표한다(1인 2표를 주었다).
⑨ 활동 후 소감을 나눈다.

난민 기구에 대해 설명하는 모습

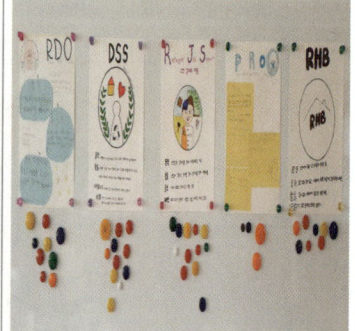
투표 결과

학생 작품

Daily Supplies Support 의 약자
로고 의미: 난민 주위를 둘러싼 이파리들은 보호를 뜻하고 옆에 있는 물건들은 DSS에서 지원해 주는 것으로, 서로 주고 받음을 상징.

Refugee Job Support의 약자
로고 의미: 난민들이 할 수 있는 다양한 일자리들을 하나에 넣어 표현함. 난민들이 잘하는 분야를 찾아 일자리를 지원함을 상징.

■ '우리 반 난민 입국 심사' 활동

우리나라는 1910년 일본에게 국권을 빼앗기고 35년 동안 식민

지의 아픔을 겪었다. 1945년 독립을 하였지만 1950년 6.25전쟁이 일어났고 3년간 치열한 전투 속에서 살아야 했다. 낙후된 우리나라는 해외 각국의 도움에 힘입어 가난을 벗어났고 경제성장을 이루어 지금의 대한민국이 되었다. 도움을 받았던 기억을 되살려 이제는 어려움에 처한 나라에게 도움의 손길을 주었으면 한다. 하지만 안타깝게도 최근 난민 심사 과정에서 난민 인정 신청자의 진술 내용을 허위로 작성해 탈락시킨 이른바 '난민 면접조서 조작 사건'이 보도되었다. 2021년 12월 7일자 『법률신문』의 「난민 면접조서 조작… 국가가 배상해야」기사는 난민 인권의 중요성을 알고 있는 아이들에게 실망을 안겨 주었는데, 이에 왜 이런 문제가 발생했는지 알고 싶어 난민 입국 심사를 직접 체험해 보기로 했다.

활동 방법

① 4~5인으로 모둠을 구성한다.
② 각 모둠별로 난민 입국 심사 기준을 정한다.
③ 모둠별 난민등록증 양식을 만든다.
④ 기준이 정해지면 면접 시 활용할 질문을 만든다(교사는 질문을 만드는 동안 심사 기준표와 난민등록증 양식을 출력한다).
⑤ 학생 모두 가상의 인물을 설정한다(나라, 나이, 성별, 직업 등).
⑥ 책상을 마주 보게 배열한다(난민 대기실, 입국 심사, 난민등록증 발급 자리를 지정한다).

⑦ 1모둠 학생들은 안내자, 입국 심사 면접관, 난민등록증 발급자의 역할을 정해 지정 자리에 앉는다.

⑧ 난민 역할을 한 친구들은 안내자의 안내에 따라 입국 심사 면접관과 면접을 본다.

⑨ 입국 심사 면접관은 '통과, 보류, 금지' 등을 정하고 통과된 난민을 난민등록증을 발급받는 곳으로 안내한다.

⑩ 난민은 난민등록증을 받은 후 자신의 자리로 돌아간다.

⑪ 1모둠의 활동이 끝나면 어떤 문제가 있었는지 이야기를 나눠 본다.

⑫ 같은 방법으로 2, 3, 4모둠의 입국 심사팀이 진행된다.

⑬ 난민이 된 소감, 입국 심사를 할 때의 마음에 대해 이야기를 나눈다.

⑭ 전체 활동 후 소감을 나눈다.

모둠이 아닌 전체로 진행하는 경우 안내자, 난민, 입국 심사 면접관, 난민등록증 발급인 등의 역할을 정하면 좋다. 다만, 역할을 정하기 때문에 난민의 역할을 해 보지 못하는 아이들이 생긴다는 단점이 있다.

난민을 면접하는 모습

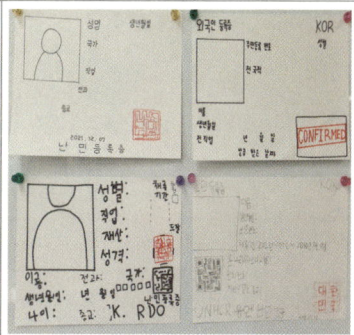
난민등록증 디자인

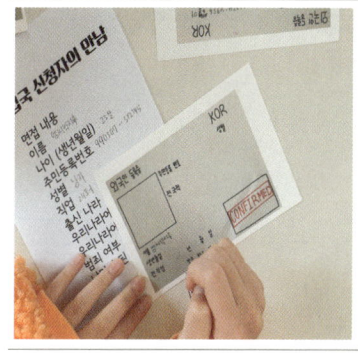
난민등록증 발급 모습

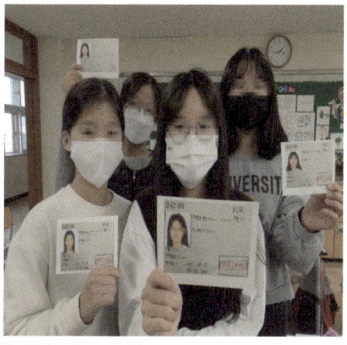
난민등록증 인증 샷

　난민 역할을 한 학생들은 입국 심사를 통과하지 못할까 봐 "긴장되고 떨렸다.", "불안했다.", "무서웠다."는 소감을 전했다. 가상 체험도 이런 마음이 드는데 실제 난민들은 얼마나 떨릴까 하는 생각이 들었다고 한다. 그러면서 거짓 난민이 없고, 올바른 입국 심사 면접이 이루어져 우리의 안전도 보장받고 난민도 돕고 싶다는 마음을 전했다.

생각 기부 시간

아이들은 생소하고 무거운 주제인 난민 문제를 그림책을 통해 다가가 자연스럽게 스며드는 시간이 되었다고 말했다. 난민과 관련한 용어를 살피고 체험 활동을 하면서 우리에게 필요한 미덕이 무엇인지 생각해 보았다. 필요한 미덕을 찾았지만 어떻게 실천해야 할지 막연한 아이들을 위해 구체적인 실천 사항을 생각해 보는 '선 위에 살기' 활동으로 마무리하였다. 친구들의 생각을 공유하면서 자신이 생각하지 못한 것도 실천할 수 있는 계기가 되었다.

"존중, 협동일 것 같다. 왜냐하면 난민은 차별받지 않고 존중받아야 하고 난민과 같이 어우러져 함께 지내야 하기 때문입니다."

"배려입니다. 왜냐하면 난민을 무시하면 안 되고 그 사람도 인간이 마땅히 누려야 하는 권리인 인권을 가지고 있기 때문입니다."

"관심과 도움입니다. 우리나라가 어려울 때 도움을 받았던 것처럼 이제는 우리가 도와줄 차례이고 그러기 위해 난민 문제에 관심을 가져야 하는 것이 먼저이기 때문입니다."

	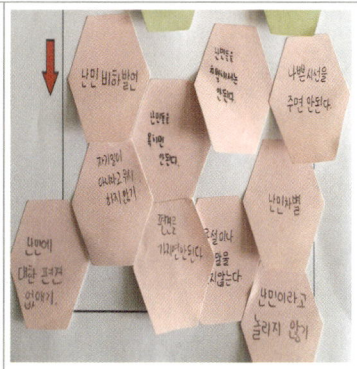
선 위에 살기(해야 할 것)	선 아래 살기(하지 않아야 할것)

> **아이들이 그림책에서 찾은 메시지**
>
> ▸ 나만 아는 세상은 의미가 없다.
> ▸ 사람 한 명 한 명이 모두 소중하다.
> ▸ 나라의 경계를 넘은 지구촌에서는 모두가 함께 연결되어 있다.
> ▸ 나의 일이 아니라고 넘기지 말고 사회현상, 이슈에 관심을 가지고 비판적으로 바라보는 시각을 키우고 싶다.

우리는 북큐레이터!

『우린 모두 기적이야』
R. J. 팔라시오 글·그림, 김경연 옮김, 책과콩나무

교사용 지도안 및 함께 보면 좋은 책

　지금 이 순간에도 다양한 책이 출판되고 있으며, 우리는 자신에게 필요한 책을 선정하는 데 어려움을 겪고 있다. 우리는 어떤 책을 선택해서 읽어야 할까? 북큐레이션의 한 종류라고 할 수 있는 온라인 서점의 리뷰, 블로그나 유튜브 등에 있는 책의 감상평을 읽고 선택하기도 한다. 북큐레이션은 우리 곁에 있으며 이를 통해 서로의 생각을 공유하는 통로가 되어 주기도 한다. 영화, 문학책 등으로 연결한 북큐레이션은 아이들에게 다양한 분야를 접하게 하고 사고의 폭을 넓혀 새로운 시각을 갖게 해 준다.

　『우린 모두 기적이야』 그림책은 남들과 다른 외모를 가진 아이가 성장하는 내용을 담고 있는 그림책이다. 영화 '원더'로 대중에게 알려져 있으며 관심, 자존감, 배려 등과 같이 아이들이 찾을 수 있는 주제가 명확하게 제시되어 있어 북큐레이션하기 좋은 그림책이다. 책을 읽고 느낀 것을 카드 뉴스, 설명글 DP 등 다양한 방법을 활용하여 북큐레이션하는 활동으로 책에 대한 흥미와 호기심을 불러일으켜 독서 문화를 조성하고자 한다.

그림책과 마주하기

평소 자신의 외모에 대해 만족하는지 이야기를 나누며, 스스로 자신을 어떻게 생각하는지 생각해 보는 시간을 가졌다. 또한 자신만이 가진 특별한 점을 친구들과 나눔으로써 긍정적으로 스스로를 되돌아보는 시간을 가졌다.

🧑 자신의 생김새에 대해 만족하나요?
🧒 저는 만족해요. 왜냐하면 저는 안경을 쓰고 있긴 하지만 씻고 나서 거울을 보면 제가 엄청 예뻐 보이거든요.
🧒 저도 거울을 보면 멋져 보여서 만족하고 있어요.
🧒 저는 외모에 대해 딱히 생각해 본 적은 없지만, 제 모습이 그냥 좋아요.
🧒 저는 만족하지 못해요. 왜냐하면 얼굴에 상처들이 많이 생겨서 자꾸 신경이 쓰여요.
🧑 자신만이 가지고 있는 특별한 점에 대해 이야기해 볼까요?
🧒 저는 특별히 사진을 잘 찍어요. 어떤 장소든지 소품을 이용해서 멋있는 사진을 찍거든요.
🧒 글씨를 예쁘게 잘 써요. 제가 봐도 또박또박 글씨를 예쁘게 쓰는 것 같아요.
🧒 저는 좋은 꿈을 꾸는 것이 특별한 것 같아요. 어제 꿈에도

화장실이 4개, 수영장이 2개 있는 집에서 신나게 노는 꿈을 꾸었거든요. 그리고 항상 행복하고 좋은 꿈을 꿔요.

 저는 그림을 잘 그리는 것이요. 부모님도 그림을 잘 그린다고 칭찬하셨고, 스스로도 제 그림 실력에 만족해요.

나의 특별한 점 쓰기

자신만의 특별한 점을 이야기하라고 했을 때, 아이들은 월등히 잘하는 것을 생각하는 경향이 있었다. 하지만 사소하지만 조금 더 잘한다고 생각한 것을 말해 보자고 했더니 자신만의 이야기를 꺼내 놓기 시작했다. 아이들의 눈높이에서 발문하는 것이 중요하다는 것을 다시 한번 배우는 시간이었다. 특별한 점을 찾지 못한 아이들은 친구들이 찾아 줄 수 있도록 하였다.

하브루타로 그림책 톺아보기

『우린 모두 기적이야』 그림책과 영화 「원더」에 대해 이야기를 나누고, 두 장르가 비슷한 주제에 대해 이야기하고 있음을 스스로 깨닫게 하여 그림책에 대한 흥미를 높였다.

■ 『우린 모두 기적이야』를 영화로 만나기

『우린 모두 기적이야』 그림책의 원작은 『아름다운 아이』로, 영화 「원더」로 만들어졌다. 그림책으로 만나기 전 영화로 먼저 배경 지식을 활성화시켜 준다. 북큐레이션의 필수 조건이 내용 이해이기 때문에 그림책으로 만나기 전 영화로 먼저 배경 지식을 활성화시켜 주었다. 영화 속 내용과 비슷한 자신의 경험, 또는 영화를 보면서 떠오른 자신의 생각과 느낌, 주제 등에 대해 생각을 나누어 보았다.

"어기처럼 무엇이든 자신감 있고 용기 있게 도전해 보는 게 중요한 것 같아요. 그래서 자신감 있는 어기의 모습을 보고 친구들이 많이 생겼잖아요."

"저는 썸머가 참 멋진 친구 같아요. 어기 생김새 때문에 친구들이 다가가지 않을 때 먼저 다가가서 밥을 먹었잖아요."

"생김새로 사람을 판단하면 안 될 것 같아요. 친구들의 이런 생각으로 어기가 상처를 많이 받았을 것 같아요."

"다르게 생겼어도 같은 사람이니까 외모에 신경 쓰지 말고 마음을 보자고 말하는 내용 같아요."

영화에 대해 먼저 이야기를 나누는 활동은 그림책의 주제를 찾고 그림책의 내용을 심도 있게 이해하는 데 도움을 주었다. 영화 시청은 교육과정을 재구성하여 시수를 확보하고 학급에서 보는 방법, 또는 주말 과제로 제시하여 보는 방법을 추천한다.

■ 질문 만들기

『우린 모두 기적이야』 그림책을 읽고 질문 만들기 활동 전에 '우린 모두 기적이야'의 제목이 주는 의미를 짐작해 보며 주제에 대해 생각을 나누었다.

"'우린 모두 기적이야'라는 제목은 주인공한테 어떤 기적이 일어나서 지은 것 같아요."
"우리가 이 세상에 태어나는 것 자체가 기적이라서 그런 것 같아요."
"사람들이 고생을 많이 했는데 좋은 일이 생겨서 이렇게 지은 것 같아요."
"우리가 하는 말과 행동이 다른 사람에게 기적을 선물할 수 있다는 의미인 것 같아요."
"우리 모두 소중한 것을 가지고 있다는 의미인 것 같아요."

『우린 모두 기적이야』 그림책과 영화 「원더」의 내용과 비교하며 공통된 주제에 접근하기 위한 질문을 만들었다.

> **학생들이 만든 질문**
>
> - 주인공은 손가락질 당했을 때 기분이 어땠을까요?
> - 만약 그림책에 나오는 소년이 나였다면?
> - 작가가 우리에게 주고 싶은 메시지는?
> - 남자아이는 사람들이 자신을 욕하는 걸 들었을 때 어떻게 이겨 냈을까요?
> - 자신에게 어떤 기적이 일어나길 바라나요?
> - 왜 주인공은 헬멧을 쓸까요?
> - 주인공은 왜 사람들과 자신이 다르게 생겼다고 생각했을까요?
> - 나는 주인공에게 말을 걸 수 있는 친구가 될 수 있을까요? 어떤 말을 하고 싶나요?
> - 사람들이 나를 알아 주지 못한 경우 어떻게 극복하나요?
> - 남자아이는 힘들거나 속상할 때 왜 헬멧을 썼을까요?
> - 마지막 장면에서 친구가 말을 걸어 주었을 때 주인공의 기분은 어땠을 것 같나요?

■ 하브루타 즐기기

짝과 함께 선정한 질문을 가지고 짝 대화를 해 본 후 모둠별 생생 질문을 선정하여 전체 하브루타를 진행하였다. 그림책의 내용을 이해하고, 주인공의 마음을 공감하여 주제에 접근할 수 있도록 생생 질문을 교사가 흐름에 맞게 재배치하여 진행하였다.

Q 주인공은 손가락질 당했을 때 기분이 어땠을까요?

A1 기분이 나빠요. 나의 생김새를 가지고 놀리는 것이 용서가 안 돼요.

A2 외모가 다르다는 하나의 이유로 손가락질 받고 안 좋은 말을 들어서 속상할 것 같아요.

A3 억울해요. 자기도 원해서 이렇게 태어난 것이 아니기 때문이에요.

A4 아무렇지 않아요. 왜냐하면 저는 남의 시선을 무시하고 신경 안 쓰거든요.

A5 무시당한 기분이에요. 다른 사람들이 손가락질한다면 기분이 나쁘고 나를 존중해 주지 않는다고 생각이 들어요. 저의 존재 자체를 인정하지 않은 느낌이에요.

Q 남자아이는 사람들이 자신을 욕하는 걸 들었을 때 어떻게 이겨 냈을까요?

A1 헬멧을 쓰고 우주로 가는 상상을 하면서 이겨 냈을 것 같아요.

A2 반려견 데이지가 유일한 친구여서 데이지에게 위로를 받았을 것 같아요.

A3 지금보다 더 좋은 기억을 떠올리며 버텼을 것 같아요. 지금보다 더 좋은 기억은 기분을 좋게 하기 때문이에요.

A4 엄마가 해 준 "너는 이상한 것이 아닌 특별하단다."라는 말과 반려견으로 이겨 냈을 것 같아요.

Q 마지막 장면에서 친구가 말을 걸어 주었을 때 주인공의 기분은 어땠을 것 같나요?

A1 이제 나에게도 말을 걸어 주는 친구가 있고, 내 편이 있다는 생각에 행복한 기분이 들 것 같아요.

A2 누군가 자신에게 말을 걸어 주어서 마음이 따뜻해지고 기분이 좋아질 것 같아요.

A3 친구가 없다가 생겨서 설레일 것 같아요.

Q 나는 주인공에게 말을 걸 수 있는 친구가 될 수 있을까요? 어떤 말을 하고 싶나요?

A1 "괜찮아?" 하고 위로를 해 주고 싶어요. 상대방의 마음이 궁금해요.

A2 혼자 지내는 모습이 쓸쓸해 보여서 옆에서 말없이 가만히 있어 주고 싶어요.

A3 "나랑 친구하자."고 말하고 싶어요. 친구가 생겨야 그 아이도 학교를 다니는 즐거움을 느낄 수 있기 때문이에요.

A4 "뭐 하니?"라고 말을 걸면서 친구에게 관심을 가지고 있다는 것을 표현할 것 같아요.

Q 사람들이 나를 알아 주지 못한 경우 어떻게 극복하나요?
A1 다른 사람들의 관심을 가질 만한 것을 하면서 시선을 끌고 싶어요. 친구들 사이에서 '인싸'가 되면 기분이 좋기 때문이에요.
A2 나를 보여 주려고 노력할 것 같아요. 내가 잘하는 것을 친구들이 알아 주면 그 노력의 성과가 나오는 것이고, 그럴 때는 내가 뭔가 된 것 같아 기분이 좋아지기 때문이에요.
A3 좋아하는 노래를 들으면서 스트레스를 풀 거예요.
A4 나를 더 사랑하려고 노력해요. 자기 자신이 얼마나 소중하고 빛나고 특별한 존재인지를 알면 극복할 수 있기 때문이에요.

그림책 모꼬지 속으로

그림책의 주제가 잘 드러나도록 다양한 방법으로 북큐레이션하며 통합적 사고력을 키우도록 하였다.

■ '북큐레이션' 알아보기
(사)대한독서문화예술협회(이하 '대독문')에서는 신개념 독서

활동과 책 문화 증진으로 북큐레이션을 강조한다. 북큐레이션은 책과 큐레이션의 합성어이다. 요즘은 성인, 학생들 대부분 종이책보다 웹툰이나 전자책을 더 선호한다. 미디어의 발전을 활용해 각종 소셜네트워크서비스(SNS)를 통해 누구나 자신이 읽은 책의 감상을 게재하고, 불특정 다수와 공유하는 것을 즐긴다.

"책에 대한 호기심을 갖게 함으로써 종이책을 구입해서 볼 수 있는 통로 역할을 하는 것이 북큐레이션"이라고 '대독문'은 정의하였다.

'대독문'은 아날로그식 독서 교육에 새로운 패러다임인 북큐레이션이 추가됨으로써 기존의 책에 대한 인식을 바꾸고 자신만의 색을 즐길 수 있는 독서 활동이 가능하다고 주장한다.

북큐레이션의 대표 단어는 '호기심'이다. 2~3개의 문장 안에 호기심을 불러일으키는 내용을 담기 위해서는 그림책 이해가 필수가 되어야 하고, 이미지 선택도 중요한 요소로 작용한다.

북큐레이션의 일반적인 방법은 다음과 같다.
첫째, 그림책을 읽고 하브루타를 통해 충분히 감상한다.
둘째, 그림책에서 느껴지는 핵심어를 생각하고 선택한다.
셋째, 핵심어를 통해 자신이 다루고 싶은 주제를 선정한다.
넷째, 주제와 관련하여 북큐레이션을 어떻게 할 것인지 기획한다.
다섯째, 기획을 바탕으로 단어의 조합, 문장 등을 생각한다.

여섯째, 설명글 DP, 북트레일러, 카드 뉴스 등을 활용해 북큐레이션할 자료를 완성한다.

일곱째, 완성한 자료를 전시하여 다른 사람과 공유한다.

■ 『우린 모두 기적이야』 그림책 큐레이션 - '어기를 알리자'

영화「원더」와 그림책『우린 모두 기적이야』두 장르에서 공통된 주제를 찾아 북큐레이션을 했다.

활동 방법

① 북큐레이션하는 방법을 안내한다.

안내 사항	북큐레이션의 개념 및 필요성 북큐레이터가 하는 일 북큐레이션 방법 : 카드뉴스(파워포인트, 미리캔버스 이용), 북트레일러 설명글
들어갈 내용	호기심을 자극하는 문구 주제가 들어간 문구 간단한 줄거리
주의 사항	글의 내용은 많지 않게 책의 결말이 노출되지 않게

② 영화와 그림책에서 서로 공통된 주제 또는 가치를 가치 카드 목록에서 찾는다.

③ 공통적인 가치를 찾고 두 장르에 맞는 주제를 선정한다.

④ 주제에 어울리는 문장과 디자인을 기획한다.
⑤ 미리캔버스, 파워포인트 등을 활용해 북큐레이션할 자료를 완성한다.
⑥ 북큐레이터가 되어 발표하고 전시한다.
⑦ 활동 후 소감을 나눈다.

북큐레이터(주제: 용기)

미리캔버스를 활용한 북큐레이션(주제: 내면의 아름다움)

파워포인트를 활용한 북큐레이션(주제: 관심)

북큐레이션을 이해하지 못하는 아이들에게 홈쇼핑 영상을 보여 주면서 쇼핑호스트의 역할에 대해 이야기했더니 쉽게 이해했다. 판매를 위한 광고와 북큐레이션은 사람들에게 '무엇'인가를 소개한다는 공통점이 있다. 그림책 광고지 또는 홍보지를 만들어 보는 활동을 통해 북큐레이션에 자연스럽게 접근하는 방법도 좋다.

■ '어기는 빛나고 있어요' 활동

등장인물에게 자존감 또는 용기를 북돋워 주는 문장을 생각하여 트로피를 만들고 수여하는 활동을 했다. 어기의 가치를 찾은 후 어기에게 트로피를 주는 활동으로 연계하여 누구에게나 가치가 존재한다는 것을 알게 해 주었다.

활동 방법
① 어기에게 전해 주고 싶은 트로피 문구를 생각한다.

② 포스트잇에 상장 문구를 쓴다.
③ 라벨지에 문구를 적고 꾸민다.
④ 어기에게 트로피를 수여한다.
⑤ 활동 후 소감을 나눈다.

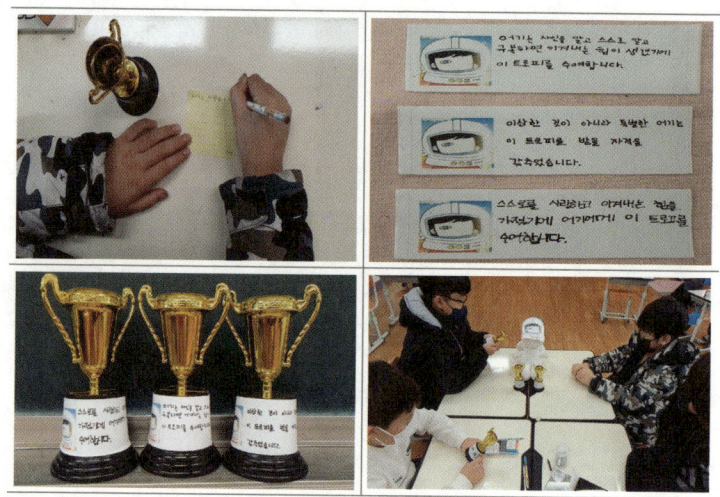

어기에게 트로피 만들어 주기 활동

트로피를 만들고 수여하는 활동은 아이들에게 신선한 경험을 주었다. '나는 친구에게 어떤 친구가 되고, 친구들은 나를 어떤 친구로 생각하는지'를 더 생각하게 되었다는 학생도 있었다. 한 친구는 글을 적고 어기에게 트로피를 주면서 자신도 받고 싶다는 생각을 하게 되었다며, 어기처럼 자신의 존재를 꼭 인정받고 싶다고 했다.

■ **북큐레이션 퍼레이드**

김미정이 쓴 『북큐레이션』의 표지에는 "책과 사람을 연결하는 힘"이란 글이 있다. 북큐레이션 퍼레이드는 도서관 활용 수업으로 도서관에서 다양한 책과 만나 자신의 생각과 느낌을 다른 사람과 공유하기 위한 활동이다.

활동 방법

① 도서관 서가에서 그림책의 제목을 살펴본다.
② 그림책 제목이 한 글자, 두 글자, 세 글자… 로 되어 있는 그림책을 찾아 10층 피라미드를 쌓는다(한 글자 책은 1권, 두 글자 책은 2권… 찾기).

> 그림책 탑 쌓기는 평소 보지 못한 그림책을 고르게 되어 다양한 그림책을 접할 수 있는 기회를 제공해 준다.

③ 완성된 그림책 탑에서 끌리는 그림책을 한 권 선택한다.
④ 선택한 그림책 제목 글자 하나하나를 이용하여 내용을 예상해 보는 n행시를 지어 본다(예: 세 글자 제목이면 삼행시).
⑤ 선택한 그림책을 읽고 자신이 예상한 내용과 비교해 본다.
⑥ 읽고 난 후 줄거리, 추천하고 싶은 사람 등의 내용이 드러나게 카드뉴스를 기획한다.

⑦ 완성된 카드뉴스를 전시한다.

⑧ 활동 후 소감을 나눈다.

⑨ 일정 기간 동안 그림책 탑에 있는 그림책들을 읽고 자신만의 북큐레이션 북을 만들고, 학예회 때 작품으로 전시한다.

그림책 탑

〈학생 예시작〉

펭: 펭귄과 만나고 싶은 거북이가
권: 권 있는 펭귄이 사는 마을로 갔다.
이: 이렇게 간절히 펭귄을 만나고 싶은 이유는 뭘까?
된: 된장을 선물로 들고 펭귄 마을로 간 거북이는
꼬: 꼬마 펭귄을 만났다. 꼬마 펭귄은
마: 마을 펭귄들을 불러
거: 거북이를 소개해 주었다.
북: 북을 치며 모두가 거북이를 환영해 주었다.
이: 이렇게 기쁠 수가! 거북이의 소원이 이루어졌다.

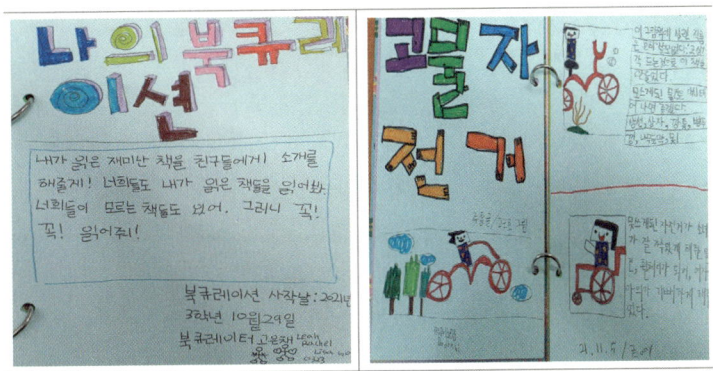

그림책 탑 5층에 있는 '고물자전거' 북큐레이션

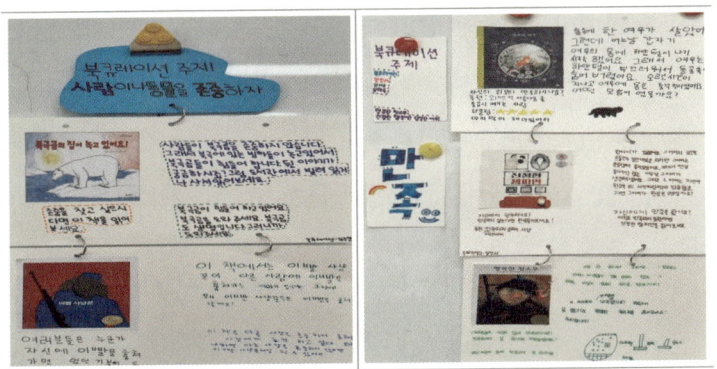

주제 관련 책 찾아 북큐레이션하기

생각 기부 시간

그림책에서 발견한 가치 또는 미덕을 서로 공유하고 가치 갈란드(가랜드)를 만들었다. 그림책에서 많이 찾은 가치는 '관심, 아름다움, 용기, 자신감, 배려' 등이었다.

"저는 자신감이요. 다른 사람들과 다른 생김새면 부끄러워서 밖에 안 돌아다닐 것 같은데 자신감 있게 밖으로 나가 활동하는 모습 때문이에요."

"저는 아름다움의 가치를 찾았어요. 내면적 아름다움이 중요한 것 같아서요."

"저는 관심을 찾았어요. 생김새가 다르더라도 그 사람에 대해 관심을 가져야 잘 알 수 있는 것 같아요."

"저와 생김새가 다른 사람들에게 먼저 손 내밀어 줄 수 있는 용기를 찾았어요."

"저는 관심을 찾았어요. 몸이 불편한 사람들에게 관심이 필요하다는 것을 말하는 것 같아요."

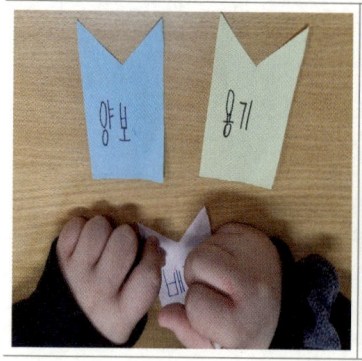 

가치 갈란드(가랜드) 만들기

> **아이들이 그림책에서 찾은 메시지**

- 그림책이나 책을 볼 때마다 주제가 무엇인지 생각하게 되었다.
- 작가가 우리에게 하고 싶은 이야기가 무엇인지, 나는 무엇을 알게 되었는지, 친구에게 추천하고 싶은 이유가 무엇인지를 생각하게 된 것이 나에게 온 선물이다.
- 친구에게 그림책을 소개시켜 줄 수 있을 것 같고, 그림책을 고르는 법을 알게 되었다.
- 미리캔버스를 처음 이용해 봤는데 미리캔버스를 활용해서 자료를 만들 수 있게 됐다.
- 편견 없이 다양한 책을 보고 싶은 생각이 나에게 온 선물이다.

아는 것과 모르는 것이 뭘까?

『당나귀 실베스터와 요술 조약돌』
윌리엄 스타이그 글·그림, 김영진 옮김, 비룡소

교사용 지도안 및 함께 보면 좋은 책

　문해력은 문자를 읽고 이해하는 능력으로 모든 교육의 기초가 된다. 문해력이 갖춰져야 책을 읽는 즐거움을 맛볼 수 있고 스스로 공부할 수 있는 능력을 가질 수 있다. 문해력이 부족한 아이들은 지적 즐거움을 모르고 책을 통해 이루어지는 간접경험을 하지 못해 배경 지식이 활성화되지 못한다. 그래서 쉽게 정보를 찾고 즐거움을 주는 미디어 세계에 빠져드는 건지도 모른다. 이런 현상이 지속된다면 인지 능력과 자존감뿐 아니라 학력이 낮아지는 결과를 초래한다. 즉 문해력 회복이 시급하다. 긴 호흡의 글을 거부하는 아이들을 위해 그림책으로 먼저 접근하여 문해력을 향상 시켜 줄 필요가 있다.

　『당나귀 실베스터와 요술 조약돌』 그림책은 주인공 실베스터가 요술 조약돌을 주운 후 순간의 위험을 피하기 위해 바위로 변하면서 일어나는 이야기다. 실베스터를 찾기 위한 부모님의 간절한 마음과 가족과 다시 만나고 싶은 실베스터의 마음을 느낄 수 있다. 판타지 요소가 가미되어 아이들의 흥미를 이끌어 내고 긴 호흡의 글로 가기 전에 만나면 좋은 그림책이다. 다른 그림책에

비해 글이 차지하는 부분과 아이들이 일상생활에서 사용하지 않는 단어가 많아 어휘력 향상에도 도움을 준다.

그림책과 마주하기

아이들이 한글을 알고 신문 기사를 읽고 계약서를 읽는다고 해서 문해력을 갖춘 것은 아니다. 글의 의미를 제대로 파악하는 중요성을 알려 주기 위해 먼저 박규민 작가의 『왜 띄어 써야 돼?』 그림책을 보여 주었다. 어휘력과 문장 이해력이 낮은 아이들이 수업을 따라가는 데 어려움이 많다는 사례를 통해 문해력의 중요성을 주지시켰다. EBS의 「당신의 문해력」에 나오는 학교 속 문맹자들의 사례를 활용했다.

🧑‍🦰 그림책이랑 영상을 보고 나니 무슨 생각이 들어요?
👦 글에서 말하고자 하는 것이 무엇인지 아는 것이 중요한 것 같아요.
👦 모르는 단어가 많아 수업 시간에 힘든 것 같아요.
👦 '아버지가가방에들어가신다'의 문장을 읽으니 진짜 띄어쓰기가 중요하다는 것을 알았어요.
👧 독서를 많이 해야겠어요.

하브루타로 그림책 톺아보기

그림책의 글만 따로 편집해서 아이들에게 나눠 주고 훑어 읽기, 소리 내어 읽기, 돌아가며 읽기 등 다양한 방법으로 글을 자세히 읽었다. 모르는 낱말이 나오면 사전을 찾아보게 하거나 빙고 게임, 질문 나누기 활동 등을 통해 낱말의 의미나 생략된 내용을 짐작하면서 글을 읽을 수 있게 했다.

- **그림책 표지 보고 제목과 내용 예상하기**

제목을 제시하지 않은 『당나귀 실베스터와 요술 조약돌』 그림책 표지를 자세히 관찰한 후 내용과 제목을 예상해 보았다.

"닭과 돼지가 이야기하는 표지를 보니 닭을 돼지가 입양하는 내용일 것 같습니다."

"당나귀가 마을로 이사 와서 벌어지는 이야기일 것 같습니다."

"동물들이 서로 싸우는 이야기일 것 같습니다."

"제목이 '우리 아가를 찾습니다'면 좋겠어요. 왜냐하면 표지에 무언가를 찾는 듯한 동작을 보고 생각했습니다."

"'동물농장'이 어울려요. 왜냐하면 동물들이 등장한 것 같기 때문입니다."

"'넌 누구니?'라고 하고 싶어요. 왜냐하면 무언가를 물어보고 있는 것 같은 모습이 보였기 때문입니다."

■ **그림책의 글 읽기 & 한 문장 만들기**

문해력을 향상시키기 위해서는 의미를 이해하면서 천천히 읽는 것이 중요하다. 그래서 눈으로 훑어 읽기, 소리 내어 읽기, 친구에게 설명할 수 있게 읽기, 모르는 단어에 표시하며 읽기 등의 방법으로 여러 번 글을 읽게 했다. 독서 수준이 비슷한 친구와 짝이 되면 더 좋은 효과가 있다.

1. 눈으로 훑어 읽기 — 첫 번째 읽기

글만 제시된 학습지를 눈으로 훑어보고 방금 읽은 글에서 생각나는 단어 말하기를 해 보았다. 이야기 다시 들려주기는 힘들어하나 주인공이 누구인지는 파악한다.

"'빨간 요술 조약돌'이다. 왜냐하면 빨간 조약돌 때문에 실베스터가 바위가 되었기 때문이다."

"'실베스터를 찾아요!'가 생각난다. 왜냐하면 실베스터가 사라져서 엄마와 아빠가 찾기 때문이다."

"'꼬마 당나귀 실베스터'가 생각난다. 왜냐하면 실베스터에 대한 이야기이기 때문이다."

2. 친구에게 이야기를 들려준다고 생각하며 소리 내어 읽기 — 두 번째 읽기

글을 읽을 때 아무 생각 없이 글자만 읽는 아이들이 많아 친구에게 자신이 읽은 이야기를 들려줘야 한다고 생각하며 읽는다. 첫 번째보다 천천히 읽어야 하기에 손가락을 짚어 가며 글을 읽어 가도록 했다.

3. 읽은 내용 친구에게 줄거리 들려주기 — 말하기

읽은 내용을 친구에게 들려주는 것은 글을 읽고 내용을 이해하여 구조화가 되어야 가능하다. 짝에게 읽은 이야기의 줄거리를 잘 들려주는 아이도 있었지만 대부분의 아이들은 이야기의 줄거리가 매끄럽지 못했다. 그래서 글을 두세 번 더 읽게 했다.

> 당나귀 실베스터는 귀리죽 마을에서 엄마, 아빠와 살았어. 어느 날 빨간색 예쁜 조약돌을 발견했어. 그런데 갑자기 비가 왔어. 빨간 조약돌이 요술 조약돌이라는 것을 알게 됐어. 그래서 엄마, 아빠에게 자랑하려고 딸기 언덕을 지나가는데 사자가 나타났어. 실베스터가 "바위가 되고 싶어."라고 해서 바위가 되었어. 사자는 "여기 당나귀 한 마리가 분명히 있었는데 어디 갔지?" 하고 찾지 못했어. 실베스터는 다시 당나귀로 변하고 싶었는데 안 변했어. 조약돌이 손에 닿아야만 변할 수 있다는 걸….

4. 모르는 단어 표시하며 소리 내어 읽기 — 세 번째 읽기

마지막으로 처음 보는 단어, 뜻을 모르는 단어에 형광펜으로 표시하며 글을 읽게 했다.

소리 내어 읽기 　　　　　친구에게 책 내용 들려주기

소리 내어 읽으면서 모르는 낱말 표시하기

5. 국어사전 찾기 & 단어로 한 문장 만들기 — 쓰기

형광펜으로 표시한 단어의 뜻을 짐작하여 써 보도록 했다. 아이들은 모르는 단어를 만나면 앞뒤 문장으로 단어의 의미를 추측해 보는 활동을 많이 경험하지 않아 어려워했다. 익숙하지 않은 단어 '찬찬히'를 보면서 '천천히'를 책에서 잘못 표현했다는 친구도 단

어의 의미를 정확히 알려고 하지 않고 지나쳤기 때문이다. 국어사전 찾아보기 활동으로 자신이 모르는 단어였음을 인지했다. 아이들이 짐작한 뜻과 사전 속 뜻을 비교하는 활동은 어휘력을 확장해 나갈 수 있는 좋은 경험이었다.

국어사전을 이용해 낱말 뜻 찾기

국어사전에서 찾아본 낱말의 뜻을 확인한 후 생활에서 사용할 수 있는 짧은 문장으로 만들어 보게 했다. 자신이 찾은 어휘가 실제 생활에 어떻게 쓰이는지 '한 문장 쓰기'를 통해 어휘력을 키우고 생활에 적용할 수 있는 능력을 높여 주고자 했다.

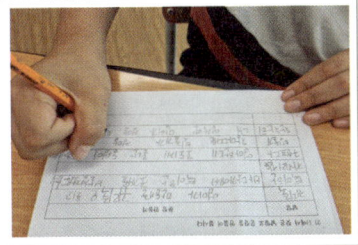

국어사전에서 찾아본 낱말로 문장 만들기

■ 사실 질문으로 하브루타 즐기기

본문에서 정답을 찾을 수 있는 '사실(내용) 질문'을 만들어 서로 묻고 답하는 활동을 통해 문해력을 높이고자 했다.

각자 사실 질문을 만들고 짝과 바꾼 후 짝의 사실 질문에 답해보게 했다. 모르는 문제는 번호에 별 표시를 하였고, 질문의 답을 본문의 글에서 찾아 밑줄을 그으며 텍스트 안에서 답을 찾아 확인하게 했다.

사실(내용) 질문	정답
Q. 실베스터의 취미는?	A. 예쁜 조약돌을 모으는 것
Q. 실베스터는 사자를 보고 무엇으로 변했을까요?	A. 바위
Q. 마법의 조약돌은 어떻게 해야 소원이 이루어지나요?	A. 몸에 닿거나 손으로 만져야 된다.
Q. 실베스터가 마법의 조약돌로 빈 첫 번째 소원은 무엇인가요?	A. 비를 멈추는 것.
Q. 실베스터가 당나귀로 돌아왔을 때 실베스터와 가족은 어떤 행동을 했나요?	A. 소리를 지르고, 얼싸안고, 입을 맞추고, 따뜻한 눈길을 주고 받고 질문과 대답을 했다.
Q. 실베스터 부모님은 누구한테 실베스터가 어디에 있냐고 물어보았을까요?	A. 경찰서, 이웃
Q. 실베스터를 찾지 못하고 얼마의 시간이 흘렀나요?	A. 1년 정도가 지났다.

Q. 실베스터는 어떻게 해서 다시 당나귀로 돌아왔나요?	A. 아빠가 빨간 조약돌을 바위가 된 실베스터 위에 올려놓았고 실베스터가 당나귀가 되고 싶다고 빌었다.
Q. 실베스터 아빠는 요술 조약돌을 어떻게 했나요?	A. 금고에 숨겼다.

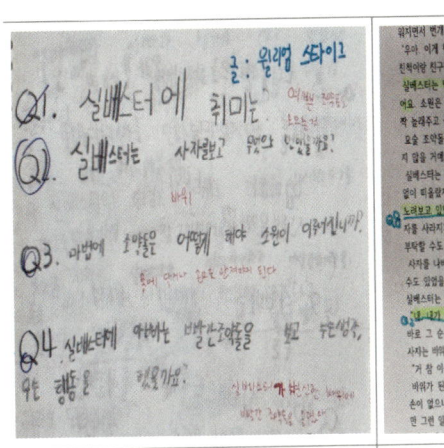

짝끼리 질문 만들고 정답 쓰기	글에서 정답 확인 표시하기

그림책 모꼬지 속으로

『당나귀 실베스터와 요술 조약돌』 그림책을 자세히 읽고 난 후 이해한 내용을 바탕으로 스토리 빙고 게임을 하며 내용을 요약했다.

4장 그림책 하브루타 열매 맺다 369

■ 스토리 빙고 게임

스토리 빙고는 빙고 게임과 하브루타의 만남으로 종이와 연필만 있으면 언제든지 가능한 놀이이다. 빙고 게임으로 접근하기 때문에 학습에 부담을 느끼지 않고 즐길 수 있으며, 수업의 주체가 교사가 아닌 아이들이기에 시간 가는 줄 모르고 참여한다.

활동 방법

① 그림책 텍스트를 제공하고 중심 낱말 8개를 골라 표시한다.
② A4 용지를 세로로 두 번 접은 후 잘라서 준비해 둔 용지를 나눠 준다.
③ 자른 종이를 세 번 접어서 8칸으로 만든다.
④ 선택한 핵심 단어 8개를 한 칸에 1개씩 적는다.
⑤ 친구들과 돌아가며 낱말을 말한다.
⑥ 친구가 말한 단어가 맨 위와 맨 끝에 적혀 있으면 찢는다(중간에 낱말이 적혀 있는 경우는 찢을 수 없으며 위아래에 위치한 낱말만 찢는다).
⑦ 두 낱말이 남고 마지막 찢는 순간 '빙고'라고 외치면 승리한다.
⑧ 활동 후 소감을 나눈다.

스토리 빙고 게임하는 모습

■ **내용 요약하기**

게임 후 각자 적은 8개의 단어를 짝과 합치면 16개의 단어가 된다. 같은 단어가 있는 경우는 줄어들기도 한다. 나열된 단어를 조합하여 줄거리를 서로 말해 보게 한다. 주로 '실베스터, 엄마, 아빠, 부모님, 사자, 바위, 딸기 언덕, 요술 조약돌, 비, 토요일, 당나귀, 귀리죽 마을' 등의 단어들이 있었다.

활동 방법

① 낱말이 적힌 찢어진 종이를 그림 내용에 맞게 다시 배열한다.
② 자신이 배열한 낱말들을 보며 짝에게 그림책의 줄거리를 이야기한다.
③ 이야기를 들은 친구도 자신의 낱말들을 보며 줄거리를 말한다.
④ 짝과 단어를 합쳐서 줄거리를 더 상세히 만든다.
⑤ 줄거리를 말하는 데 필요한 단어가 들어간 문장을 만들어 발

표한다.

⑥ 교사는 발표한 문장을 전체가 볼 수 있도록 칠판에 기록한다(전자칠판의 경우 한글 작업 또는 파워포인트를 활용해도 좋다).

⑦ 아이들은 칠판에 적힌 문장을 보면서 이야기 순서에 맞게 재배열한다(교사는 중복된 문장은 지우고 비슷한 문장은 한 문장으로 수정한다).

⑧ 줄거리를 완성한다(교사는 아이들이 주체가 되어 내용을 요약하도록 조력자 역할을 한다).

⑨ 활동 후 소감을 나눈다.

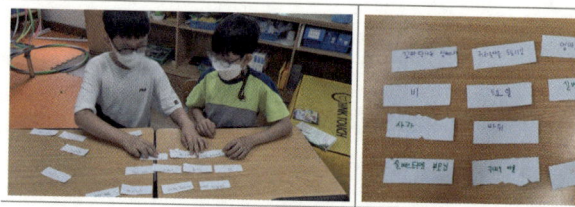

짝과 줄거리 말하기

내용 요약하기

완성된 줄거리

실베스터는 귀리죽 마을에서 엄마, 아빠와 살았다. 실베스터는 예쁜 **조약돌**을 줍는 것이 취미였다. 어느 토요일 **비**오는 날 실베스터는 시냇가에서 요술 조약돌을 주웠다. 그리고 그 조약돌을 엄마, 아빠한테 자랑하려고 했다. 집으로 가는 길에 **사자**를 만난 실베스터는 깜짝 놀라 요술 조약돌에게 바위로 변하게 해 달라고 했고, **바위**로 변했다. 실베스터가 집으로 돌아오지 않자 **엄마, 아빠**는 딸기 언덕에서 실베스터를 찾아다녔다. 하지만 실베스터를 찾지 못했다. 1년이 지나고 엄마, 아빠는 딸기 언덕으로 **소풍**을 갔다. 엄마는 음식을 바위에 차려 놓았다. 아빠는 바위 주변에 있는 요술 조약돌을 발견했고, 바위 위에 올려놓았다. 실베스터는 당나귀로 변하게 해 달라고 간절히 빌었고, **당나귀**로 변했다. 실베스터 아빠는 요술 조약돌을 금고에 넣었다. 실베스터와 엄마, 아빠는 행복하게 살았다.

■ 그림책 읽어 주기

글로만 내용을 이해했던 아이들에게 그림과 글을 온전히 보여 주며 읽어 주었다. 내용을 인지하고 있어 그림을 한층 더 감상할 수 있는 여유가 생겼고 풍부한 이야기를 나눌 수 있었다.

"실베스터가 당나귀로 다시 변하는 장면이 인상 깊었다. 왜냐하면 당나귀가 되어서 부모님을 만날 수 있게 되었기 때문이다."

" 엄마, 아빠와 실베스터가 서로 안아 주는 마지막 장면이 인상 깊었다. 왜냐하면 실베스터가 돌아오고 다시 행복한 가족이 되었기 때문이다."

"바위가 된 실베스터 위에서 늑대가 구슬프게 우는 장면이 인상 깊었다. 왜냐하면 늑대가 실베스터 위에 올라가서 우는 게 실베스터가 더 쓸쓸해 보였기 때문이다."

"엄마 품에 안기는 실베스터의 모습이 가장 인상 깊었다. 왜냐하면 엄마를 못 만날 줄 알았는데 만났기 때문이다."

생각 기부 시간

공감하는 장면을 선택하여 필사한 후 그중 가장 마음에 드는 한 문장을 캘리그래피로 표현해 환경판에 게시했다. 그리고 그 장면에 어울리는 미덕의 보덕을 찾아 공유했다.

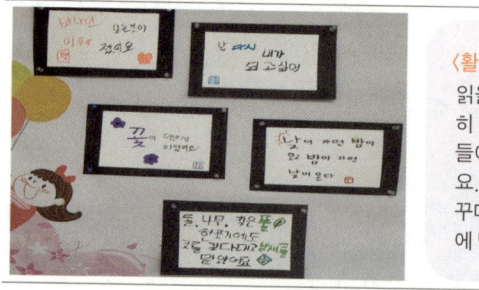

〈활동 소감〉
읽을 때는 몰랐지만 자세히 보니 마음에 드는 문장들이 많다는 것을 느꼈어요. 문장을 캘리그래피로 꾸며 보니 오랫동안 기억에 남을 것 같고 뿌듯해요.

필사 문장 캘리그래피로 나타내 환경판 게시

"실베스터 가족이 서로 안아 주면서 사랑을 표현하는 모습을 보며 '너그러움'의 미덕을 찾았어요."

"개들이 열심히 힘을 합해서 실베스터를 찾는 모습에서 '화합'의 미덕을 찾았어요."

"바위가 된 실베스터에게 가장 필요한 보석으로 '인내'가 필요할 것 같아요."

"실베스터를 찾아서 엄마, 아빠가 기뻐하는 모습에서 '기뻐함'의 미덕을 찾았어요."

필사한 내용과 더불어 등장인물들의 마음 또는 생각과 느낌을 이해하여 책에 대한 이해력이 깊어졌다.

> **아이들이 그림책에서 찾은 메시지**
> - 포기하지 마!!
> - 나에게 나쁜 일이 생겨도 희망을 버리지 말자.
> - 함부로 말하지 말자.
> - 가족을 소중히 여기자.